Atención Temprana
y familia

Atención Temprana y familia

CÓMO INTERVENIR CREANDO ENTORNOS COMPETENTES

Sonsoles Perpiñán Guerras

NARCEA, S. A. DE EDICIONES
MADRID

A los Perpis,
que han caminado conmigo
descubriendo los hitos y las encrucijadas

© NARCEA, S. A. DE EDICIONES, 2009
Avda. Dr. Federico Rubio y Galí, 9. 28039 Madrid. España
www.narceaediciones.es
Cubierta: Fernando García de Miguel
I.S.B.N.: 978-84-277-1639-1
Depósito legal: M-24.055-2009
Impreso en España. Printed in Spain
Fotocomposición EFCA. Verano, 28. 28850 Torrejón de Ardoz (Madrid)

Índice

© narcea, s. a. de ediciones

Colaborar con la familia en el diseño adecuado del contexto físico, social y afectivo en el que el niño se desenvuelve. Ayudar a las familias a mantener unas relaciones afectivas eficaces con el niño y a lograr un ajuste mutuo. Proporcionar información, apoyo y asesoramiento adecuados a las necesidades de cada familia. Potenciar los progresos en las distintas áreas del desarrollo para lograr la independencia del niño. Favorecer el acceso a distintos recursos personales y sociales que potencien la autonomía del niño y de la familia.

Atribuciones relativas a los Conceptos. Atribuciones relativas a Sistemas. Atribuciones relativas a Referencias. Atribuciones relativas a Emociones. Atribuciones relativas a Expectativas. Atribuciones generadoras de estrés.

La entrevista. Las reuniones. Técnicas que facilitan la comunicación. El silencio. La escucha activa.

Programas Individuales. Programas de acogida: Programa "Primera noticia". Programa "Padre a padre".

Programas de Seguimiento Individual: Participación en las sesiones de estimulación. Seguimientos familiares. Contactos puntuales.

Programas Grupales: Grupos terapéuticos. Grupos de formación. Participación en actividades de ocio. Programas de "respiro familiar". Implicación de la familia en los CDIATs.

© narcea, s. a. de ediciones

Introducción

Los padres son también expertos.
La ayuda empieza por comprender lo que creen,
esperan y necesitan.

C. CUNNINGHAM

Para empezar voy a describir un comentario de una madre que ha marcado profundamente mi trayectoria profesional.

Por entonces yo era muy joven y estaba dando los primeros pasos en Atención Temprana. En ese tiempo, nuestra sociedad no había avanzado mucho en esto de la intervención familiar, pero es posible que aún hoy nos encontremos experiencias similares.

Se trataba de un niño con Síndrome de Down. Tenía 4 años, estaba en una Escuela Infantil. Tras un proceso de evaluación psicopedagógica, en el que traté de hacer un diagnóstico basado en sus potencialidades y sus puntos fuertes para partir de ahí en el proceso de intervención, me reuní con la madre para contarle los resultados e iniciar un programa de AT. Cuando terminé de contarle como veía yo a su hijo me miró sonriente y me dijo:

"Es la primera vez que me cuentan algo bueno de mi hijo, porque hasta ahora solo he escuchado de los profesionales lo que mi hijo no hace, o no puede hacer, incluso los problemas que va a tener en el futuro".

Las conclusiones que cualquiera puede sacar de este comentario son evidentes, se trata, simplemente, de aplicar el sentido común.

Valga este comentario para abrir paso a la autocrítica que debemos hacer como profesionales porque cuando nos sentamos delante de una familia se abre todo un mundo de expectativas y emociones que un profesional debe saber manejar.

Recoger las expresiones de las familias, reflexionar sobre sus comentarios, es una de las estrategias en las que nos vamos a basar para trabajar con ellas.

Cuando me planteé escribir este libro, consideré si el proyecto tenía algún sentido. Pensé que tal vez otros profesionales que, como yo, dedican su energía y su tiempo a los niños y a sus familias podían sentir en muchos momentos, las dudas y las ansiedades que yo misma he pasado y sigo pasando en mi tarea cotidiana.

Cómo dar a unos padres * la noticia de que su hijo tiene una discapacidad; qué hacer para acompañarles cuando sufren porque su hijo no sigue un patrón de desarrollo acorde con su edad; cómo recuperarme de la ansiedad que siento cuando no logro comunicarme bien con una familia o cuando uno de "mis niños" no avanza como a mí me gustaría. Éstas son algunas de las dificultades con los que habitualmente me encuentro.

Trabajar con la discapacidad no es algo fácil para los profesionales porque, además de tener conocimientos teóricos sobre multitud de diferentes trastornos del desarrollo, y de dominar técnicas y estrategias de intervención, es imprescindible saber gestionar adecuadamente nuestras propias emociones.

Cuando además te mueves en una franja de edades tempranas, como es el caso de los profesionales de atención temprana, con niños de 0 a 6 años, los procesos de vinculación afectivos resultan aún más intensos, no solo con ellos sino también con sus familias.

Por otro lado, las líneas actuales que marcan una intervención de calidad, nos dirigen inexcusablemente hacia el trabajo en los contextos en los que el niño se desenvuelve. Ya no solo hay que estimular al niño, sino que, sobre todo, hay que crear contextos cálidos y ricos para que el niño, al interactuar en ellos, crezca desarrollando al máximo sus posibilidades.

Por lo tanto, una de las mayores exigencias con las que nos encontramos en estos momentos, es saber cómo intervenir con las familias y con los educadores de nuestros niños.

---

* A lo largo de los siguientes capítulos utilizaré los genéricos "niño", "hijo" o "padres" con objeto de hacer más fácil la lectura. No obstante es importante hacer constar que no pretendo utilizar un lenguaje sexista por lo que me refiero a los niños y las niñas, los hijos y las hijas y los padres y las madres.

También puede aparecer el término "normal" para definir una conducta o para describir un niño. Se trata de una palabra con un significado muy difuso ya que la normalidad se establece en base a un punto de referencia; por lo tanto la "normalidad" es siempre relativa. Emplearé este adjetivo para diferenciar a los niños con trastornos del desarrollo, de aquellos que no lo tienen, a sabiendas de que, en este contexto, se trata de un significado muy impreciso.

Se emplearán las siglas AT para hacer referencia a Atención Temprana.

A lo largo de muchos años he buscado formación para afrontar esta tarea de una forma adecuada. He encontrado autores que me han enseñado mucho acerca de cómo trabajar con familias y me han ayudado a construirme un modelo que me ha aportado seguridad y confianza. También he ido acumulando multitud de experiencias diferentes, unas más exitosas, de las que he obtenido satisfacción y refuerzo para mis esquemas de trabajo, otras han supuesto fracasos que me han servido para buscar nuevas perspectivas, para comprender los límites de mi modelo de intervención y para recordarme, en todo momento, que hay que mantener una actitud de búsqueda, y que las realidades son tan diversas que sólo a través de la flexibilidad y la humildad del profesional pueden darse pequeños pasos hacia delante.

He compartido innumerables momentos con mis familias, llenos de connotaciones afectivas que han ido modelando la idea que ahora tengo sobre la intervención familiar en Atención Temprana.

He aprendido tantas cosas de mis padres y madres que no sé si voy a ser capaz de transmitirlas a través de estas páginas.

Por eso me he planteado que quizá mi experiencia podría ser útil a otros profesionales que, como yo, buscan con entusiasmo estrategias, ideas o propuestas para responder mejor a las necesidades de los niños con trastornos del desarrollo y a las de sus familias.

He tratado de poner en orden innumerables experiencias e ideas dando una estructura lógica a todo ello mediante la construcción de un Modelo de Intervención con Familias en Atención Temprana. Trataré de ejemplificar los distintos contenidos evocando recuerdos de experiencias vividas con mis familias.

Agradezco desde aquí a todos ellos esos momentos especiales que hemos vivido juntos y que me han permitido comprender, aprender y vivir con intensidad.

* * *

El objetivo fundamental de este libro es proporcionar estrategias a los profesionales de la Atención Temprana en la compleja tarea de intervenir con las familias en las primeras etapas del desarrollo de sus hijos, cuando presentan algún trastorno del desarrollo o alguna condición de riesgo.

Pretende hacer un análisis profundo del sistema familiar y más en concreto de las familias que poseen un miembro con discapacidad o trastorno del desarrollo, en la convicción de que un adecuado conocimiento de dicha realidad permite una aproximación más realista y más ajustada a sus necesidades.

El libro se divide en tres partes claramente diferenciadas.

La primera parte es una aproximación teórica en la que se define el papel de la familia en los programas de Atención Temprana, se explican las distintas aportaciones de teorías psicológicas y se analizan distintos modelos de intervención familiar.

El capítulo 1 aborda la definición de la Atención Temprana (AT) y la situación actual por la que atraviesa. En la que los contextos adquieren una dimensión fundamental, situando la importancia de las familias en los programas de Atención Temprana. La segunda parte de este capítulo trata de fundamentar las estrategias de intervención con las familias en una serie de postulados teóricos que las sustentan. Se analizan las aportaciones de diversas teorías y su aplicación al ámbito de la intervención familiar. En la tercera parte del capítulo se profundiza sobre las aportaciones de distintos autores respecto a modelos de relación entre los profesionales y los padres para anclar un nuevo modelo de intervención que se propone en el capítulo 2.

El capítulo 2 presenta el Modelo de Entornos Competentes. Se trata de una propuesta ecológica de intervención en los contextos naturales del niño. Se desarrollan los conceptos clave en los que se basa y una aproximación metodológica.

La segunda parte tiene por objeto conocer en profundidad el sistema familiar y hacer reflexionar al lector sobre la complejidad del mismo para adecuar su posicionamiento a la hora de intervenir con las familias.

El capítulo 3 hace un análisis del funcionamiento del sistema familiar, su definición, funciones, normas y características. Pretende hacer un barrido sobre las distintas variables que influyen en el funcionamiento del sistema familiar y que lo hacen altamente complejo.

El capítulo 4 se centra en aquellas familias que tienen un hijo con trastornos del desarrollo o una situación de riesgo. Analiza las distintas fases por las que atraviesa la familia desde que recibe el diagnóstico hasta que se va adaptando a la situación, haciendo hincapié en las emociones que experimentan los distintos miembros. Supone una aproximación aún mayor a la realidad objeto de intervención.

El capítulo 5 aborda el sistema profesional. Pretende revisar el funcionamiento del equipo interdisciplinar responsable de los programas de Atención Temprana, y sobre todo sus actitudes, para que, a la hora de intervenir con

© narcea, s. a. de ediciones

las familias, éstos sean conscientes de su propia realidad y de las variables que puedan estar influyendo.

En la tercera parte, se proponen estrategias metodológicas concretas para la intervención familiar.

El capítulo 6 hace una propuesta de cuáles son los objetivos generales que pretende la intervención con las familias y los divide en otros más concretos.

El capítulo 7 revisa los contenidos que habitualmente se manejan, no solo en las entrevistas con las familias sino también en otros programas de actuación. Se estructuran en torno al esquema básico de atribuciones, procedente del modelo de entornos competentes propuesto en el capítulo 4 y se revisan algunos enunciados concretos que resultan significativos.

El capítulo 8 plantea sugerencias prácticas para el desarrollo de entrevistas y reuniones que faciliten la tarea de los profesionales con objeto de mejorar la eficacia de éstos en el desempeño de sus funciones.

Por último, el capítulo 9 revisa los distintos programas de intervención con familias dividiendo éstos en tres apartados: Programas de Acogida en los que se plantea cómo dar la primera noticia y los Programas Padre a Padre; Programas de Seguimiento Individual en los que se revisa los seguimientos individuales, la participación en las sesiones de estimulación y los contactos puntuales; y por último los Programas Grupales entre los cuales se hablará de grupos terapéuticos, grupos de formación, participación en actividades de ocio y programas de respiro familiar. En cada programa se propondrán objetivos y estrategias.

I. FUNDAMENTACIÓN TEÓRICA

1. Marco conceptual de la Atención Temprana

Concepto de Atención Temprana

Hace ocho años aproximadamente, vino a verme un papá, hacía dos días que había nacido su segundo hijo, tenía síndrome de Down. Su mujer aún estaba en el hospital y venía a hacerme una pregunta

"Eso de la Atención Temprana ¿qué es? Mi mujer está muy preocupada por saber si va a ser capaz de hacerlo bien".

Recuerdo que en aquel momento traté de tranquilizarle. Le dije que hasta que nos pudiéramos sentar tranquilamente a hablar, le dijera a su mujer que no se preocupara, que la AT es lo que hacen las abuelas, es relacionarse con su hijo, es disfrutar jugando con él.

Esta explicación aparentemente tan sencilla, tenía el sentido de tranquilizar a la familia en un momento muy vulnerable, pero bajo la apariencia de simple, encierra muchas connotaciones que tiempo después, estos papás y yo, hemos tenido ocasión de manejar.

Traigo este recuerdo para comprender, en qué medida es necesario que, tanto las familias como los profesionales, construyamos significados sobre los que apoyar nuestras acciones. Definir marcos conceptuales comunes y apoyarnos sobre teorías es el punto de partida para tratar de diseñar un modelo de intervención.

Cuando hablamos de Atención Temprana, se abre un universo de ideas, de acciones y sobre todo de expectativas. La AT es un concepto amplio, cargado de matices que incluye múltiples acciones sobre distintos ámbitos donde el niño se desenvuelve durante las primeras etapas del desarrollo.

© narcea, s. a. de ediciones

Intervenir en AT no es solamente estimular al niño, es sobre todo favorecer la creación de contextos adecuados donde él pueda interactuar en condiciones óptimas. Así la familia se convierte en objetivo prioritario de la AT. El contexto físico, la interacción afectiva y las emociones de todas las personas que conviven con el niño son elementos básicos sobre los que debemos actuar.

Según el Libro Blanco de la Atención Temprana (2000), "se entiende por AT el conjunto de intervenciones dirigidas a la población infantil de 0 a 6 años, a la familia y al entorno, que tienen por objeto dar respuesta, lo más pronto posible, a las necesidades transitorias o permanentes que presentan niños con trastornos en el desarrollo o riesgo de padecerlos. Estas intervenciones, que deben considerar la globalidad del niño, han de ser planificadas por un equipo de profesionales de orientación interprofesional o transdisciplinar".

Podemos resaltar algunas *ideas básicas* en esta definición en las que se plasma la importancia de la intervención con la familia:

• *"Conjunto de intervenciones dirigidas a la población infantil de 0 a 6 años, a la familia y al entorno"*. El objeto de intervención ya no es el niño, también es el entorno familiar y el entorno escolar en el caso en que el niño esté escolarizado en un centro de Educación Infantil. El niño construye su desarrollo en su ámbito natural, a través de la interacción con sus adultos de referencia. En este sentido, la comunicación cobra un papel fundamental como elemento mediador y motivador de sus adquisiciones. Intervenir con la familia supone favorecer dicha interacción de modo que la estimulación se produzca, sobre todo, mediante estrategias incidentales insertas en sus rutinas cotidianas y en un clima de seguridad afectiva que establece el adulto si su posicionamiento emocional es ajustado. La unidad de análisis ya no es el niño, sino el sistema compuesto por el niño, la familia y el entorno escolar con las interacciones múltiples entre estos elementos.

• *"Dar respuesta lo más pronto posible"*. La intervención debe producirse tan pronto como sean detectadas las necesidades, aprovechando la plasticidad del sistema nervioso en las primeras etapas del desarrollo. Pero esta afirmación tiene también todo el sentido desde el punto de vista de la familia. En el momento en que se detecta algún trastorno del desarrollo o riesgo de padecerlo los padres atraviesan por estados emocionales de ansiedad y de crisis que pueden influir en la interacción afectiva y emocional con su hijo. Estos primeros momentos van a ser determinantes en el establecimiento de la relación. Los profesionales de la AT, conscientes de esta realidad, deben intervenir con las familias lo antes posible, para favorecer el ajuste a la nueva situación potenciando la flexibilidad del sistema familiar ante los cambios que se han producido.

• *"Los niños con trastornos del desarrollo o que tienen riesgo de padecerlos"*. Trastorno del desarrollo debe considerarse como la desviación del curso del desarrollo como consecuencia de acontecimientos de salud o de relación que comprometen la evolución biológica, psicológica y social. Estos pueden ser transitorios o permanentes. Los niños en situación de riesgo son aquellos que han estado sometidos a situaciones de origen biológico o social que han podido alterar su proceso madurativo. Intervenir, desde el punto de vista social, se convierte en un recurso imprescindible no solo en la prevención primaria, para evitar la aparición de alteraciones, sino también en la prevención secundaria, para detectar lo más tempranamente posible los factores de riesgo, y desde luego en la prevención terciaria para aminorar los efectos de un trastorno ya establecido.

• *"Debe considerar la globalidad del niño"*. En la actualidad está superado el modelo centrado exclusivamente en el niño donde se pretendía mejorar sus capacidades en las distintas áreas. Considerar la globalidad del niño implica tener en cuenta todas sus necesidades biológicas, interpersonales, psicosociales, etc. y por lo tanto las necesidades de su entorno. Las necesidades interpersonales del niño se ven respondidas prioritariamente en el contexto familiar. Son los padres los primeros en reaccionar a las señales comunicativas del bebé, son los que otorgan significados a sus conductas, por lo tanto son clave en el proceso de AT. Y no solo como dispensadores de recursos para el niño, sino también como parte misma del proceso. Las propias necesidades de la familia, sus recursos, sus características van a determinar la dirección que tome el desarrollo del niño.

• *"Planificadas por un equipo de profesionales de orientación interprofesional"*. En la actualidad la AT viene siendo abordada por equipos de profesionales que, trabajando coordinadamente, aportan perspectivas procedentes de distintas disciplinas, de modo que den respuesta a las necesidades múltiples y variadas que presenta el niño y el contexto en el que se desenvuelve. El enfoque social es uno de los más complejos de abordar ya que las metodologías son imprecisas, las estrategias muy costosas y la evaluación poco fiable. Los resultados son poco evidentes y además se suelen producir a largo plazo por lo que la eficacia de la intervención en los contextos puede resultar difícil. La orientación interprofesional permite que los distintos profesionales que forman parte del equipo tengan en cuenta aspectos sociales y de relación que de otra manera podrían ignorarse desde posiciones más individualistas.

Evolución de la Atención Temprana

El concepto de Atención Temprana ha ido evolucionando a lo largo de las últimas décadas, pasando de un modelo tradicional, imperante en los años 70-80, hasta el modelo actual basado en una concepción biopsicosocial.

El modelo tradicional también llamado estimulación precoz, planteaba una intervención dirigida fundamentalmente al niño. Estaba basado en el entrenamiento sensoriomotor y utilizaba criterios conductuales para enseñar al niño habilidades concretas. El objetivo era potenciar al máximo las capacidades del niño y para ello se ponían en marcha actividades sistemáticas que pretendían mejorar los niveles madurativos en las distintas áreas.

Las familias en este modelo tenían el papel de ejecutar las pautas que ofrecía el profesional y realizar series de ejercicios para lograr las distintas habilidades. Este modelo tuvo una gran importancia en el momento en el que surgió. El presente ha ido evolucionando a partir de aquellos primeros pasos en los que los profesionales fueron conscientes de la necesidad de intervenir lo más pronto posible aprovechando las posibilidades que ofrece la plasticidad de un sistema nervioso en los primeros momentos de su desarrollo.

Estos profesionales, pioneros de una nueva disciplina, sentaron las bases que han hecho posible que lleguemos hasta nuestros días. Su labor nos ha permitido observar, evaluar y aprender, marcando la línea de actuación actual.

Pudimos observar cómo el entrenamiento en habilidades concretas no era suficiente para que los niños utilizaran sus aprendizajes de un modo realmente funcional. También comprobamos que sin la implicación de las familias, los logros eran escasos, ya que ésta proporciona continuidad a la intervención y la posibilidad de generalizar todo aquello que el niño aprende a diferentes situaciones y ambientes. Por otro lado, el factor motivacional multiplica la eficacia. Se trata de una motivación con un doble sentido: por una parte la familia tiene mucho interés en potenciar el desarrollo de su hijo, más interés que nadie. Por otro lado, el vínculo afectivo que se establece entre el niño y sus padres o hermanos sirve de motor al desarrollo de éste, ya que la interacción supone múltiples experiencias de aprendizaje mutuamente satisfactorias.

El modelo actual de AT cuya definición hemos analizado antes plantea una intervención dirigida al niño, su familia y su entorno. No solo comprende la estimulación del niño en diversas áreas sino también el asesoramiento al entorno familiar mediante el diseño concreto de acciones con los padres y familiares. También implica una intervención en el contexto escolar cuando el niño acude a una Escuela Infantil.

El modelo actual de AT otorga un papel fundamental a la interacción. Consiste en un conjunto de acciones que tienen por objeto mejorar la *relación* del niño con su entorno. Esto nos hace contemplar la interacción como una unidad básica de análisis en el ámbito de la intervención familiar.

El diccionario define la palabra interacción como influencia recíproca. Podría concebirse también como el conjunto de acciones diversas que se producen cuando dos individuos se relacionan entre sí influyéndose mutuamente. Esta visión tiene un marcado carácter ecológico ya que la acción de un adulto influye sobre el desarrollo del niño pequeño, pero a su vez, la respuesta que éste tiene provoca cambios en el adulto.

Si esta interacción se produce de forma apropiada, se va estableciendo entre ambos una dinámica de adaptación mutua y un reajuste continuo que ayuda a la construcción del desarrollo del niño.

Hay una serie de puntos en común que inciden en los actuales modelos de Atención Temprana (Candel, 2003).

- *Se considera al niño como un aprendiz activo* implicado en sus procesos de aprendizaje. Observa y percibe los estímulos de su entorno y construye estrategias de acción que posteriormente valida a través de la experiencia y pone en práctica estrategias aprendidas en situaciones nuevas haciendo posible la generalización de sus aprendizajes.

- *El aprendizaje se produce sobre todo en el contexto natural.* Las situaciones cotidianas ofrecen al niño múltiples oportunidades de construir aprendizajes, de ahí la importancia de que el entorno próximo sea adecuado y estimulante.

- *Las actividades deben ser funcionales y motivadoras,* insertas en sus rutinas diarias, de modo que faciliten el aprendizaje significativo. Huimos por tanto de listados de ejercicios que deben repetirse cierto número de veces y lo sustituimos por incluir acciones acordes con el nivel del niño y que formen parte de su zona de desarrollo próximo, dentro de las tareas cotidianas propias de la vida del niño, en el juego, el baño, la comida, el paseo, etc., y que respondan a su interés.

* *Utilizaremos fundamentalmente refuerzos naturales* como la satisfacción que produce la consecución de sus propósitos y sobre todo el refuerzo social.

* *El vínculo afectivo se constituye en auténtico motor del desarrollo.* El niño está fuertemente motivado por mantener la proximidad y el contacto físico con sus figuras de apego, busca activamente los intercambios comunicativos; por lo tanto resulta muy importante que la interacción entre el niño y los adultos con los que se relaciona sea gratificante en ambos sentidos.

* *Se produce una reciprocidad en las relaciones familia-niño,* influyéndose mutuamente. La evolución del niño permite avanzar en el ajuste de las expectativas de la familia y a su vez, dichas expectativas van a marcar significativamente el desarrollo del niño.

* *Familia considerada como un todo.* La AT no va a ir dirigida sólo al niño sino a la familia, dado que el niño es una parte muy importante de dicho sistema.

Intervención en el contexto

Un Programa de Atención Temprana debe articularse en dos líneas:

1. *La intervención con el niño.* Entendida como un proceso de evaluación-intervención continua en donde se abordan las distintas áreas del desarrollo de forma global, a través de acciones significativas que tengan en cuenta la motivación del niño en un clima de seguridad afectiva. Esta intervención se abordará por parte de uno o varios profesionales especialistas de forma coordinada. Cada especialista deberá incluir en su plan de actuación no solo aspectos relativos a su disciplina sino que potenciará el desarrollo integral del niño teniendo en cuenta sus necesidades en las diferentes áreas. La multidisciplinariedad debe garantizarse para poder ofrecer una atención de calidad que responda, de un lado a las características concretas derivadas del

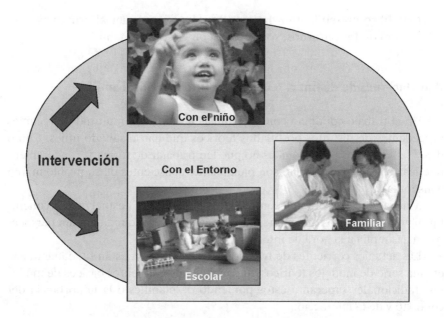

trastorno, y de otro lado a las necesidades que presenta como niño en proceso de crecimiento.

2. *La intervención con el entorno.* Es un conjunto de medidas dirigidas a los contextos donde el niño se desenvuelve. Incluye todas aquellas acciones que permitan mejorar la calidad de dichos medios: ajustando la respuesta educativa, equilibrando la situación emocional y evitando la aparición de otros trastornos asociados. Esta intervención debe abordarse por un solo profesional experto en asesoramiento y que aglutine la labor de todo el equipo de forma que sirva de referencia a la familia o los educadores y pueda establecer con ellos una relación fluida que dé cabida a multitud de contenidos, algunos de ellos de carácter emocional. Los entornos donde se va a intervenir fundamentalmente son dos: el entorno familiar y el entorno escolar.

Estas dos líneas de intervención van a tener un mismo nivel de significación. Hasta ahora, los servicios de AT han dado una respuesta aceptable a la intervención con el niño; los profesionales estamos buscando alternativas para hacer una adecuada intervención con el entorno, pero igual que la primera línea resulta fácil de abordar, esta segunda implica cambios sustanciales en las fórmulas de intervención.

© narcea, s. a. de ediciones

Este libro pretende abordar este aspecto y proponer alternativas para intervenir con los entornos, sobre todo con el entorno familiar.

Aportaciones de distintas teorías a la Intervención Familiar

En el trabajo cotidiano con las familias he utilizado multitud de recursos procedentes de distintos postulados teóricos que han resultado útiles. Como dice Heifetz: "Los profesionales no pueden trabajar de forma verdaderamente eficaz con los padres si no son plenamente conscientes de su propio marco conceptual".

Muchas veces operamos con modelos implícitos. El esfuerzo por concretar algunos conceptos que manejamos en la práctica redunda en una perspectiva más amplia a la hora de intervenir.

Las actuales corrientes de trabajo en esta disciplina están fundamentadas en una serie de modelos teóricos, que incluyendo elementos básicos de modelos tradicionales superan a estos poniendo de manifiesto la importancia del contexto y de la interacción.

Parto de una posición un tanto ecléctica en la que voy a tratar de rescatar aspectos significativos de diversas teorías. Muchos de los conceptos que se van a explicitar tendrán una doble aplicación: de un lado, van a explicarnos multitud de aspectos sobre el desarrollo del niño y las relaciones de éste en su entorno familiar, realidad que debemos conocer profundamente para poder hacer un adecuada orientación a las familias. Por otro lado, nos van a explicar y dar sentido al propio proceso de asesoramiento o a la relación que se establece entre el profesional y la familia.

En un programa de AT, el profesional va a moverse siempre en esta doble realidad: la relación adulto-niño en el contexto natural donde el niño crece; y la relación de asesoramiento adulto-adulto entre el profesional y la familia.

La intervención sobre la primera se va a realizar a través de la segunda.

El constructivismo

Desde el constructivismo se entiende la AT como un proceso de construcción del desarrollo del niño y del entorno óptimo que se realiza a través de la interacción y el andamiaje.

El andamiaje consiste en proporcionar ayudas que permitan al alumno ir aprendiendo, y que irán desapareciendo progresivamente a medida que éste vaya adquiriendo autonomía. Para ejemplificar el concepto de andamiaje me viene a la memoria el comentario de una madre en un grupo terapéutico de padres de niños con Síndrome de Down. Era un grupo que venía funcionando desde hacía tiempo donde se acogían familias de bebés recién nacidos. En una ocasión se hablaba de si era más o menos difícil criar y educar a un hijo cuando tiene Síndrome de Down. Esta madre comentó:

"Yo tengo dos hijas, la pequeña con Síndrome de Down y os aseguro que me ha resultado más fácil educar a esta última, porque desde el primer momento he contado con los consejos y la ayuda de un profesional de AT que me orientaba, mientras que con mi hija mayor hacía lo que yo creía conveniente pero no tenía la seguridad de que lo estaba haciendo bien".

El aprendizaje, según estos autores, se produce a través de la interacción. El sujeto participa activamente en la construcción de la realidad. El conocimiento que tenemos del mundo exterior es una mezcla entre sus propiedades reales y nuestras aportaciones en el acto del conocimiento. Cada cambio o avance presupone un cambio en la estructura y organización del conocimiento.

Algunos conceptos que maneja esta teoría como el de "zona de desarrollo próximo", "actividad autoestructurante" o "aprendizaje significativo" son con los que vamos a operar en un proceso de intervención familiar.

El propio proceso de asesoramiento o interacción que se produce entre la familia y los profesionales de la AT es una situación de aprendizaje mutuo a la que ambas partes acceden con un conocimiento determinado de la realidad, que está compuesto por las características reales de la misma y por matices añadidos de la propia percepción del individuo, con una serie de ideas acerca de la educación de su hijo, de la discapacidad, etc. A partir de la interacción es previsible que se introduzcan o propongan cambios referidos a estos conocimientos que los implicados en el proceso, padres y profesionales, tienen que recoger y reestructurar en su complicada estructura de conocimientos.

Resultan muy importantes las representaciones mutuas y la representación de la propia relación. Esta relación es un continuo de situaciones de enseñanza-aprendizaje, donde ambos cumplen, en distintos momentos, papeles de alumno y de educador. Cuando el profesional actúa como asesor, debe adaptarse a las características de los padres con los que interactúa, tratar de

conocer cual es el nivel de conocimientos previos que tienen sobre un contenido concreto y adaptarse a sus necesidades de ayuda. No debe presuponer
que el padre o la madre comparten con él el mismo nivel de conocimiento,
pero tampoco que no dominan en absoluto la materia. El papel del profesional será, desde esta perspectiva, colaborar en el análisis de la información
para facilitar la actividad autoestructurante. Para ello hay que tener en cuenta cuáles son los contenidos potencialmente significativos y la zona de desarrollo próximo para aportar situaciones de reflexión o aprendizaje que permitan a la familia construir un nuevo conocimiento en condiciones de
seguridad.

Conviene avanzar en la construcción del conocimiento de forma paula-
tina, de modo que ambos (familia y profesional) vayan construyendo un sistema de conocimientos compartido que permita cambios progresivos en las
actuaciones o en la realidad, tratando de anclar en la experiencia diaria dichos contenidos para que sean funcionales y por lo tanto realmente significativos.

A veces podemos abrumar a los padres con temas que no les motivan, ni
desde el punto de vista lógico, porque no los comprenden, ni desde el punto
de vista psicológico, porque no los pueden relacionar con su experiencia cotidiana.

Hace poco he tenido una experiencia poco afortunada con una familia, su
hija estaba próxima a escolarizarse en un centro de educación especial. La familia estaba pasando por un proceso de asimilación de esta situación, y me
sorprendí explicándoles la conveniencia de que el centro que acabábamos de
visitar tuviera residencia. Argumentaba mi tesis en la necesidad que tienen
las familias, cuando los niños van siendo mayores, de contar con recursos de
respiro para que la familia pueda descansar de la sobrecarga que supone tener un hijo con una gran discapacidad. Su hija tenía 6 años. Después de tratar
de hacer comprensible mi argumento observé que ambos padres me miraban
un poco sorprendidos, y me explicaban que ellos no necesitaban ayuda porque contaban con abuelos y hermanos, que estaban disponibles y con los que
podían contar cuando lo necesitaban. Posiblemente se trataba de un contenido poco significativo para ellos en ese momento.

El profesional no debe situarse únicamente en el papel de educador en la
relación con los padres, lo que le otorgaría una posición de experto, porque el
papel va a variar según los contenidos de los que se trate. Y esa actitud es
poco eficaz en el asesoramiento. También debe adoptar la posición de alumno ya que tiene mucho que aprender de cada familia y de cada experiencia.

El constructivismo parte del respeto por el individuo en la medida que le otorga una estructura de conocimientos. Por lo tanto debemos, como profesionales, partir de los aprendizajes previos de las familias, para andamiar correctamente su proceso de construcción.

Desde la doble perspectiva de la que ya hemos hablado, el asesoramiento va a incidir también en la relación adulto-niño, y por lo tanto en el desarrollo del niño. La intervención familiar en AT posibilita, a través del asesoramiento, la construcción de un entorno favorable al desarrollo. De nuevo la familia y el niño vuelven a ser dos realidades del proceso de enseñanza/aprendizaje, alternando sus papeles de alumno/educador tal y como ya hemos definido antes respecto a la relación padres/profesional de AT.

Los conceptos definidos en la concepción constructivista cobran especial relevancia cuando el profesional de AT, conjuntamente con la familia, diseña un programa individual de intervención, en el que: los objetivos deben tener en cuenta la zona de desarrollo próxima del niño; las actividades deben planificarse para que sean significativas; y la metodología para poner en marcha dicho programa debe tener en cuenta la implicación del propio niño en su aprendizaje.

Hay un conjunto de autores dentro de este modelo, que van a desarrollar conceptos muy relacionados con el desarrollo de la comunicación y el lenguaje, que nos van a permitir profundizar en la interacción adulto-niño para una vez conocida poder intervenir.

Bruner introdujo el concepto de "formato" como una interacción rutinizada, repetida y con un alto grado de predictibilidad que se da entre los niños pequeños y sus adultos de referencia, uno de los más estudiados es el de "leer cuentos".

Kaye propone la noción de "marco" como una situación cotidiana estructurada y dinámica en la que el niño tiene influencia sobre el adulto que reacciona adaptándose. Son situaciones en las que el niño participa activamente, seleccionando opciones, reproduciendo modelos, anticipando acontecimientos y tomando iniciativas de modo que pueda ir controlando la situación.

La teoría de la "sobreinterpretación" de Lock pone de manifiesto la importancia de que los padres interpreten los actos de los niños, sus sonidos o sus acciones. Cuando el niño realiza una acción concreta, las reacciones de los adultos bien a través de sus gestos o comentarios permiten que el niño atribuya significados haciendo posible que avancen en el proceso de la comunicación.

En los años 70 se llevaron a cabo una serie de investigaciones sobre las interacciones comunicativas madre-hijo, algunas de ellas introdujeron el concepto de *"baby talk"* para referirse al lenguaje que emplean las madres o adultos de referencia cuando se dirigen a los niños pequeños. Se trata de un lenguaje con unas características especiales en cuanto a estructura sintáctica, vocabulario empleado, entonación, etc.

Esta forma peculiar de hablar con los niños pequeños hace más fácil la comprensión. Pero este estilo de lenguaje debe ir acompañado de los que Cross llama *fine-tuning* o adaptación precisa, que implica que el adulto va modificando su lenguaje adaptándose a las posibilidades de expresión y comprensión del niño, según éste va avanzando en edad y en capacidad, de tal modo que el niño influye en el nivel de lenguaje que adopta el adulto al comunicarse con él.

Reflexionar con los padres sobre todos estos conceptos les permitirá mejorar su capacidad de observar las conductas de su hijo; conocer su propio estilo comunicativo e introducir elementos en su interacción que la hagan más eficaz.

Teoría de los Constructos Personales de Kelly

Según esta teoría, las personas construyen modelos mentales para explicar y prever los acontecimientos y elaboran explicaciones a modo de hipótesis que deben confirmarse con la experiencia. Este proceso no es meramente cognitivo sino que afecta a todas las facetas de la actividad humana (Kelly, 1955). Se concibe a la familia, al profesional o al niño como un científico que elabora explicaciones o hipótesis respecto a los acontecimientos que deben ser confirmadas o contrastadas.

Los modelos mentales que construyen los padres y educadores del niño con trastornos del desarrollo van a ser de crucial importancia en la Atención Temprana.

En una ocasión vino a verme una madre, que hacía unos meses que había recibido un diagnóstico de hiperactividad con déficit de atención de su hijo mayor con cinco años. Cuando le dieron la noticia, sintió la necesidad de saber muchas cosas sobre este trastorno, pero en lugar de buscar información aleatoriamente, leyó la documentación que le proporcioné tratando de que fuera amplia, fiable, clara y apropiada para el momento que estos padres estaban atravesando. A los pocos días de leerla, me vino a consultar y me dijo:

© narcea, s. a. de ediciones

"Ya sé que es poco importante, pero he leído que se trata de un problema que puede ser hereditario, ¿habría alguna forma de saber quién de los dos le hemos podido transmitir eso? Ambos hemos sido niños difíciles y con dificultades en los estudios".

Traté de aclarar que, efectivamente, era poco relevante determinarlo porque en ese momento lo importante era atender a su hijo y responder a sus necesidades, aparte de que indagar en esos antecedentes podría ser complicado por múltiples causas. Después de un rato de charla concluyó lo siguiente:

"Realmente, tanto mis padres como los de mi marido nos han ayudado mucho a llegar donde estamos porque sin ellos no hubiéramos estudiado, así que si mis padres pudieron hacerlo, eso es lo que tendré que hacer yo".

En este ejemplo podemos observar datos muy significativos. En los enunciados que expresa se explicitan elementos claves en su sistema de constructos y también en el proceso que sigue. Desde una creencia inicial que fomenta culpabilidad, como es buscar el origen del trastorno en uno de los padres, hasta otra creencia generadora de competencia como es imitar las actitudes, que cree positivas de sus propios padres, para buscar una vía de solución a las dificultades de su hijo y aplicarse a sí misma esa capacidad que reconoce en sus progenitores.

Resulta curioso cómo de un documento bastante completo respecto al trastorno ATDH de su hijo, que incluía información sobre etiología, descripción de los comportamientos, diagnósticos diferenciales, formas de tratamiento etc., había seleccionado inicialmente una información bastante relevante para ella. Posiblemente habría múltiples datos en ese documento que le suscitaban dudas o ideas, pero la información la procesamos poco a poco y en función de diversas variables entre las cuales pueden estar: el momento por el que atraviesa la familia, la aceptación del diagnóstico, los antecedentes personales o familiares, la compañía en el proceso de asimilación, etc.

Sería curioso conocer cuáles son las ideas o las dudas que el mismo documento ha suscitado en el otro miembro de la pareja. Nos podríamos encontrar que el padre seleccionara como relevante otra información, como por ejemplo las dificultades de interacción social que pueden acompañar a las personas con hiperactividad con déficit de atención, obviando el componente hereditario del trastorno, a pesar de que el documento hacía referencia a estas dificultades sin darle mucha relevancia. De nuevo aquí observamos cómo el padre seleccionaría una información desde su propio sistema de atribuciones, construido a partir de sus experiencias personales y la interpretación de las mismas. Una misma realidad, la lectura de un documento, en un mismo caso, da lugar a creencias muy diferentes.

Un "constructo" es un modelo mental que construye el individuo sobre la base de su experiencia y que le sirve para entender los acontecimientos y poder preveerlos. Este modelo guía su conducta y le permite interpretar la conducta del otro y sobre esta interpretación, sea correcta o no, actúa con respecto a la otra persona. Pueden usarse como sinónimos de constructo los términos: idea, acontecimiento mental, actitud, valor, regla, etc. Y un sistema de constructos es el conjunto de constructos organizados que emplea cada persona. Su conducta deriva de la interacción entre estos múltiples constructos. Tanto los constructos como la organización de los mismos es peculiar y distinta en cada ser humano, por eso las conductas también son muy diferentes.

En cada cultura o grupo hay unos constructos compartidos que facilitan la interacción haciendo posible prever el comportamiento adecuado en las situaciones sociales. Éste es el caso por ejemplo de las normas de la buena educación que varían de unas culturas a otras.

El sistema de constructos varía y evoluciona constantemente. Si un constructo resulta válido y eficaz no cambiará pero si por el contrario no resulta adecuado tenderá al cambio. Si un padre considera, por ejemplo, que la relación con el profesional de la AT es cosa de la madre y por lo tanto no se implica en el proceso de intervención, puede ocurrir que esta creencia sea sistemáticamente criticada y valorada negativamente por su esposa o sus hijos. Si el profesional realiza una demanda clara de participación de la figura paterna, este individuo irá percibiendo que sus comportamientos no son aceptados, por lo que a través de su experiencia irá modificando progresivamente este constructo hasta llegar a otro más eficaz como por ejemplo "la educación de nuestro hijo debe ser una tarea compartida por ambos padres" que le permita poner en marcha conductas más aceptadas por el entorno que le rodea.

Las emociones son desde esta teoría la conciencia de necesidad de cambios significativos inminentes en el sistema de constructos por no resultar válidos los existentes. El individuo experimentará distintas emociones de seguridad, duda, vergüenza, culpa etc., según tenga la percepción de que sus teorías son más o menos válidas para un funcionamiento socialmente adaptado.

Según esta teoría un constructo sólo es adecuado para prever un número limitado de acontecimientos y el sistema de constructos de una persona varía a medida que ésta construye sucesivamente repercusiones de los acontecimientos. Significa que los acontecimientos que ocurren sirven para ratificar su sistema de los constructos. Con ellos una persona anticipa y prevé lo que puede ocurrir y cuando ocurre, esta experiencia ratifica o no la validez de dichas ideas.

Los padres tienen su propio sistema de constructos relativo a la conducta de su hijo, sus capacidades, etc., lo que les permite poderla interpretar y prever. Esta construcción es indispensable para comunicarse con el niño y de alguna manera incide también en el sistema de construcción de su hijo.

También tienen un sistema de constructos relativo a la educación, la escuela, la atención temprana, el profesional con el que interactúan, etc. En el proceso de intervención familiar es necesario tener en cuenta esas construcciones de los padres que pueden o no ser compartidas con las construcciones que a su vez tienen también los profesionales sobre el niño, la familia, la AT, etc.

Los padres no son elementos del proceso carentes de opinión o de ideas sobre los distintos aspectos relativos a las necesidades de sus hijos. Estas ideas sobre los contenidos a transmitir, las estrategias a seguir, el logro de los objetivos propuestos, etc., pueden ser más o menos acertados, más o menos compartidos con el profesional de la AT o más o menos explicitados oralmente, pero existen, y sólo partiendo del sistema de constructos que los padres tengan se pueden introducir variaciones ya que es con este sistema con el que operan y el que les da seguridad para interpretar y prever los acontecimientos. Por lo tanto es indispensable conocer el sistema de constructos de los padres, aunque no siempre se exprese oralmente y en muchas ocasiones lo hagan a través de sus conductas.

En algunas ocasiones los padres muestran conductas de rechazo o negación de una dificultad. Pueden interpretar la conducta del hijo a través de una serie de constructos o ideas determinados, como por ejemplo:

"Mi hijo no garabatea porque es muy pequeño, no tiene fuerza. A sus hermanos mayores les pasaba lo mismo, en cuanto crezca se le pasará".

Si a través de la intervención de AT se pone en evidencia que esos constructos no son válidos para interpretar la conducta de su hijo, caben distintos tipos de reacciones que van desde la negación rotunda y la agresividad hacia el profesional, hasta una actitud de búsqueda de soluciones que les permita modificar su sistema de constructos e iniciar acciones de ayuda. El profesional de la AT debe estar preparado para poder interpretar este tipo de reacciones sin sentirse vulnerado emocionalmente y dar tiempo a los padres para que consideren la situación cuando se encuentren con más recursos. La mayoría de los padres reaccionan e inician un proceso de reconstrucción.

La interacción regula los constructos y las conductas de las personas implicadas. Observando la conducta del otro podemos realizar juicios sobre su modo concreto de construcción y sólo construyendo sus constructos podemos desempeñar un papel en relación con dicha persona. Dicho de otra manera, los constructos de una persona determinan su conducta y la conducta de ésta determina los constructos de la persona con la que interactúa. El proceso se repite en sentido inverso dando lugar a un complicado sistema de influencias que debemos tener en cuenta a la hora de relacionarnos con los padres en una tarea de asesoramiento.

El papel del profesional será, en muchas ocasiones, impulsar a los padres en el cambio de sus constructos, buscando conjuntamente explicaciones o interpretaciones alternativas a las conductas del niño o de los padres, que se puedan verificar con observaciones adecuadas, de modo que éstos puedan comprobar la ineficacia de sus constructos previos y vean la necesidad de modificarlos. Los contactos entre los profesionales y los padres son ocasiones para contrastar los constructos de ambos con respecto al niño, a la escuela, a la familia o a la AT. Se van a manejar ideas y constructos como elementos indispensables para el cambio de conductas, lo que exige cierto grado de reflexión y autoanálisis por parte de los profesionales y también preparación para manejarse en el mundo de las ideas, de los constructos cognitivos.

No olvidemos que el profesional opera con su propio sistema de constructos respecto al niño, la educación, la AT y los padres. Es imprescindible que dicho sistema sea lo suficientemente flexible como para aceptar posicionamientos diversos y así hacer eficaz su asesoramiento.

El asesoramiento o el consejo profesional es una situación entre dos personas, en la cual una de ellas construye que la otra tiene la competencia y disposición necesaria para ayudar, y además tiene la intención de hacerlo. Los profesionales tienen dos áreas de competencia: su propia disciplina profesional (en este caso la AT) y la capacidad para comunicar esta competencia. Esta última determina en muchas ocasiones una intervención eficaz con los padres.

Todas las familias manejan ideas y creencias respecto a multitud de aspectos que afectan a su vida en común, pero la existencia de un trastorno del desarrollo o una situación de riesgo, hace que el sistema sea más vulnerable. Tienen que manejar atribuciones añadidas que no forman parte de los esquemas de otras familias como la discapacidad, los recursos necesarios para responder a una necesidades especiales, etc., y además el proceso está teñido de un fuerte componente emocional de miedo, preocupación o ansiedad.

Teoría General de Sistemas

La Teoría General de Sistemas hace hincapié en la naturaleza interactiva de los problemas. Es imprescindible tener en cuenta el contexto en el que se producen.

Un sistema (Rosnay, 1975) es un conjunto de elementos en interacción dinámica y organizados en función de una finalidad. El individuo está inmerso en una realidad donde coexisten varios sistemas. Cada uno con sus reglas, estructura, ideología e historia; la familia es uno de ellos y la escuela otro. En cada uno existe diversidad de relaciones, situaciones e interacciones. Entendemos que no se puede abordar una problemática fijándonos en un solo aspecto de la realidad. Debemos tratar de aproximarnos teniendo en cuenta todos los elementos que intervienen.

Los fenómenos que actúan en la realidad están en interacción continua, unos respecto de otros. Las conductas de unos influyen en los otros de manera recíproca

Cada sistema tiene una estructura (Minuchin, 1977) entendida como la organización para su funcionamiento: división de funciones que los subsistemas han de realizar, reglas de funcionamiento, límites o fronteras, jerarquías, etc.

Para que el funcionamiento de un sistema sea fluido y no haya que negociar constantemente las funciones es necesario que éstas sean claras y también los límites entre los distintos subsistemas, pero también relativamente flexibles para que puedan adecuarse a los cambios.

El sistema tiene también una ideología (contexto) formado por una serie de creencias y una visión particular del mundo que influye en la manera de hacer y en las expectativas de los miembros. La construcción de esta ideología está marcada por la historia del sistema. La ideología de los padres y la del profesional de AT se influyen mutuamente, definiendo otra que marcará las reglas de funcionamiento de las relaciones de asesoramiento en AT.

Entendemos al niño como un sistema amplio en el que están implicados varios subsistemas: la familia, la escuela infantil y el equipo de AT, cada uno de ellos con una serie de características y necesidades diversas pero que se influyen mutuamente. El análisis riguroso del funcionamiento de cada uno de los sistemas y de las interacciones entre los mismos hace posible una adecuada intervención.

Según la Teoría General de Sistemas el niño es un sistema amplio en el que están implicados varios subsistemas.

Cada uno de los sistemas implicados tiene: su propia estructura, una historia que determina la posición actual, un estilo educativo o profesional, unas necesidades, un sistema de atribuciones con el que interpretar y predecir los acontecimientos y unas emociones muy diferentes entre sí. El conocimiento de cada una de estas variables en los distintos sistemas nos va a permitir hacer una aproximación equilibrada y dar respuesta a las necesidades de los sistemas en interacción.

En la segunda parte del libro analizaré con detenimiento alguno de estos sistemas para poder conocerlos mejor y así hacer una intervención más efectiva.

El niño, la familia, el equipo de AT y la escuela son sistemas abiertos y se relacionan entre sí formando un nuevo sistema con su propia estructura, proceso y contexto. Por tanto va a ser necesario definir unas reglas internas a dicho sistema que sean suficientemente flexibles como para adaptarse a los cambios y las situaciones de crisis. Es necesario tener claras las funciones, los límites y las normas para evitar conflictos de competencias, expectativas desajustadas o relaciones de jerarquía inapropiadas.

Las relaciones familia-profesional de la AT son una serie de intercambios que provocan reajustes constantes en ambos sistemas, por lo tanto debemos estar abiertos a dichos cambios e interpretarlos como procesos de mejora. En todo sistema hay impulsos de estabilidad y cambio, éstos pueden explicar reacciones, tanto de la familia como del profesional, de recelo, ya que la intervención puede vivirse como instigadora de cambios y el sistema puede no estar preparado para los mismos.

El asesoramiento a los padres nunca debe pretender grandes transformaciones que desestructuren el sistema familiar sino más bien, reajustes en cadena que a largo plazo permitan cambios sin poner en peligro su equilibrio. En ocasiones el profesional pretende modificar las pautas educativas de los padres a través de intervenciones únicas y radicales que no provocan más que amenaza en el receptor y rechazo por su incapacidad de equilibrar el sistema. Sólo cuando el sistema está preparado puede admitir cambios, por lo tanto es imprescindible conocer el momento por el que atraviesa la familia, éste nos va a dar muchas pistas sobre si es o no apropiado intervenir sobre ciertos aspectos.

Es necesario construir una ideología compartida del sistema familia-equipo de AT que influya en la visión conjunta de la realidad y por tanto en las expectativas de sus miembros.

Modelo Ecológico Transaccional

Hay un conjunto de teorías que insisten en la necesidad de intervenir en el entorno natural, entre ellas podemos destacar: la ecología del desarrollo humano, el modelo transaccional y la teoría de la modificabilidad cognitiva estructural.

LA ECOLOGÍA DEL DESARROLLO HUMANO (Bronfenbrenner, 1979)

El ambiente es una disposición seriada de estructuras concéntricas en la que cada una está contenida en la siguiente; los ambientes, las personas y los acontecimientos no operan aisladamente, unos influyen en los otros. Define varios tipos de sistemas que guardan una relación inclusiva entre sí:

— *Microsistema*. Conjunto de relaciones entre la persona en desarrollo y el ambiente próximo en el que ésta se desenvuelve. El microsistema básico es la familia, pero también la escuela es un microsistema y el CDIAT donde el niño recibe la intervención de AT.

— *Mesosistema*. Incluye las influencias contextuales debidas a la interrelación entre los microsistemas en los que participan las personas. Se trata de las interconexiones, solapamientos e influencias recíprocas entre los microsistemas. En el caso del niño serían básicamente las interacciones entre la familia y la escuela o entre la familia y el equipo de AT.

— *Exosistema*. Son las estructuras sociales formales e informales que, aunque no contienen al niño, influyen y delimitan lo que ocurre en su contexto más próximo. Sería el caso de la familia extensa, el trabajo de los padres, el círculo de amistades, etc. Este exosistema va a ser muy importante en el proceso de AT ya que puede constituir un soporte básico para la familia que, en caso de no existir, o ser inadecuado, puede tener consecuencias negativas en el desarrollo del niño.

— *Macrosistema*. Está compuesto por los valores culturales, creencias, circunstancias sociales y procesos históricos por los que atraviesa la comunidad donde está inserto el individuo. Este macrosistema va a influir sobre los otros sistemas ecológicos. De este modo, la tendencia cultural de una comunidad va a determinar muchos posicionamientos de las familias y por lo tanto van a influir en el desarrollo del niño.

El modelo ecológico destaca la necesidad de intervenir en el entorno natural del niño haciendo posible el principio de normalización y buscando en todo momento la integración. El hogar y la escuela infantil son los entornos naturales donde el niño interactúa y se desarrolla, por tanto es en estos ámbitos donde debe realizarse la atención temprana (García Sánchez, 1998).

MODELO TRANSACCIONAL (Samerof Chandler, 1975)

Según este modelo, la forma en la que los niños interactúan con su ambiente lleva a modificarlo y a provocar respuestas en él. A su vez este ambiente modificado repercute de nuevo en el niño afectando a su desarrollo. La continua y progresiva interacción dinámica entre el niño y el ambiente hace que sea posible el desarrollo. Por tanto, la AT debe incidir en ambos elementos, el niño y el entorno, evaluando esta influencia bidireccional y favoreciendo la incorporación de elementos que enriquezcan dicha relación.

Hay una progresiva red de interacciones bidireccionales que se establecen entre las características biológicas y sociofamiliares del niño

TEORÍA DE LA MODIFICABILIDAD COGNITIVA ESTRUCTURAL

Defiende que mediante una intervención sistemática y consistente se pueden lograr cambios de naturaleza estructural que alteran el curso y la dirección del desarrollo cognitivo.

En concreto la aproximación basada en la actividad (Bricker y Cripe, 1992) pone énfasis en la influencia del medio sociocultural a través de la interacción niño-adulto. Pero para que haya aprendizaje tiene que darse una implicación activa por parte del niño, por lo tanto el aprendizaje mejora cuando se produce en situaciones funcionales y significativas.

Desde esta perspectiva es básica la implicación de la familia en los programas de AT, ya que en situaciones naturales de la vida cotidiana es cuando los aprendizajes pueden resultar funcionales y significativos. Son los padres o cuidadores básicos los que hacen que los aprendizajes sean funcionales, porque ayudan al niño a aplicarlo en distintos ámbitos y a implicarse ante situaciones concretas de la vida cotidiana.

Teoría de la Valoración Cognitiva de Lázarus

Este autor ha hecho importantes aportaciones en la investigación sobre las emociones. Según esta teoría los individuos, ante una situación, hacen dos procesos de valoración.

— *Valoración primaria,* en la que se analizan las consecuencias que pueden derivarse de la situación. Por ejemplo, en el caso de recibir un diagnóstico de discapacidad de un hijo, lo primero que hacen los padres es considerar qué va a ocurrir a partir de ese momento, cómo va a cambiar la vida de la familia y de cada uno en particular, las necesidades nuevas que surgen, las limitaciones de las actividades diarias y los proyectos de vida personal de cada uno de los miembros de la familia.

— *Valoración secundaria* en la que el sujeto evalúa su capacidad personal para afrontar la situación. Así, los padres hacen un balance de si van a ser capaces de poner en marcha acciones favorecedoras del desarrollo del hijo con discapacidad.

En una ocasión me visitó una mamá al poco de nacer su hija con Síndrome de Down. Tenía cuatro hijos más mayores, por lo que podría considerarse que se trataba de una madre experta. Lloró un rato cuando me narraba su experiencia y me dijo:

"Estoy muy preocupada porque esta niña va a necesitar que cambiemos muchas cosas en nuestra familia y verdaderamente no sé si voy a saber cómo criarla, no sé si estoy capacitada para sacarla adelante".

Afortunadamente estos enunciados, que son muy frecuentes en los primeros momentos, se modifican rápidamente cuando los padres ven cómo aprenden a responder a las necesidades de sus hijos y pasado un tiempo, ellos mismos explican a otros padres que sin duda van a ser capaces de educar a sus hijos como lo fueron ellos. En este enunciado se pone claramente de manifiesto los procesos de valoración primaria y secundaria de Lázarus (1991), dando lugar a distintos estados emocionales según la polaridad de dichos contenidos.

En una relación de asesoramiento en AT, conviene tener en cuenta cómo esos dos procesos de valoración subyacen a muchas actitudes y pueden explicarlas. De modo que, incidiendo sobre ellos, se puede aportar seguridad al sistema familiar e incrementar su capacidad de responder a las nuevas necesidades.

Modelos de intervención familiar

La AT es una disciplina bastante reciente donde la investigación es escasa, pero de la primera generación de investigación podemos sacar también conclusiones que refrendan la importancia de intervenir con las familias.

Guralnick (1997) concluye en sus investigaciones sobre los efectos de los programas de AT, que la intervención ha influido sobre todo en las expectativas y actitudes de las madres hacia el niño discapacitado. Su modelo de desarrollo temprano y factores de riesgo, explica que el desarrollo del niño está influido por tres componentes principales:

— *Los patrones familiares*: entre los cuales incluye la calidad de los intercambios comunicativos adulto-niño, las experiencias organizadas por las familias y los ambientes que fomentan salud y seguridad.

— *Las características de la familia:* incluye las características personales de los padres y las características del niño no derivadas de su discapacidad.

— *Los factores estresantes potenciales debidos a la alteración del niño:* entre los que incluye la necesidad de información, la angustia interpersonal y familiar, la falta de confianza y la necesidad de recursos.

Spiker y Hopmann (1997) resaltan el beneficio de la AT para los padres, ya que les facilita el ajuste emocional a través de grupos de apoyo de padres y la relación terapéutica con el estimulador.

Pero ¿cómo son las relaciones entre los profesionales y los padres? Según Kalmanson (1996) este tipo de relación es el mejor predictor del éxito de la intervención en AT. Hay otros autores que también inciden en este aspecto reforzando la idea de incluir a la familia en el proceso de AT.

El Dr. Peterander (1999) define una serie de aspectos en la cooperación entre los profesionales y los padres que mejoran la calidad de la intervención en AT:

— Las relaciones entre los profesionales y los padres deben buscar como objetivo establecer un ambiente familiar que contribuya al desarrollo creando un entorno tanto físico como emocional favorable para el niño.

— La intervención familiar debe favorecer la competencia de los padres. Ellos deben ser capaces de organizar la vida diaria respondiendo a las necesidades de su hijo con discapacidad y las del resto de la familia, por lo tanto la intervención debe buscar la autonomía de la familia basándose en generar capacidad y seguridad para el cuidado del niño.

— La relación profesionales-padres debe buscar la mejora en los procesos de interacción y favorecer la comunicación entre padres e hijos.

— El profesional orientará a los padres sobre la discapacidad de su hijo. El diálogo entre éste y los padres les permitirá conocer mejor las dificultades y les proporcionará pistas sobre cómo actuar con el niño.

— El debate sobre las formas, los contenidos y los efectos del programa de Atención Temprana es muy importante ya que a través de él irán creando un ambiente favorable y mejorando la interacción. Poco a poco aprenderán a reconocer los puntos fuertes del niño. Tanto las estrategias de intervención en Atención Temprana en general, como las medidas individuales con su hijo se deben dialogar y analizar libremente con los padres implicándoles de esta manera en el proceso de búsqueda de soluciones sin que las estrategias se les impongan externamente.

Ponte y Cardama (2004) hacen hincapié en la importancia de implicar a la familia en el proceso. Destacan como indicadores de calidad, entre otros: acomodar las citaciones de la familia para permitir su participación; recoger las demandas y necesidades sentidas por el niño y por la familia en sus propios términos, respetar las ideas, creencias, opiniones, prácticas culturales y reservas de intimidad, someter los juicios y propuestas a la consideración y decisión de la familia, aceptar las decisiones de ésta siempre que no perjudiquen gravemente el interés del niño, y adaptar las propuestas de actuación a las rutinas y entornos normalizados de la vida familiar.

Las relaciones que los profesionales establecen con los padres han seguido distintas trayectorias a lo largo de la evolución de esta disciplina. A continuación, analizaremos las aportaciones de algunos autores respecto a los modelos de intervención en Atención Temprana.

Cunningham y Davis (1988)

Consideran que escuchar a los padres es el punto de partida en la intervención. Para ello analizan las dificultades y las críticas que frecuentemente las familias hacen de los profesionales y de los servicios de AT, posteriormente revisan los modelos de relación existentes entre padres y profesionales y hacen una propuesta de asesoramiento familiar.

Los profesionales tenemos que ser conscientes de las dificultades que perciben las familias como consecuencia de los errores que cometemos en nuestro trabajo diario. El análisis de esas dificultades permitirá adoptar estrategias más eficaces. Aglutinan las dificultades en torno a varios criterios.

Comunicación. Los padres se quejan de que se les da información insuficiente, inexacta o excesiva de una vez. Que se les ofrece de forma incomprensible, utilizando tecnicismos, sin tener en cuenta sus conocimientos previos o el estado emocional por el que atraviesan. En los seguimientos resulta útil utilizar términos sencillos aún a riesgo de perder esa sensación de prestigio que puede dar seguridad al profesional. En una ocasión, un padre de un nivel cultural elevado me contestó.

"Mejor así, con palabras de andar por casa, porque nos entendemos todos, yo manejo muy bien los términos de mi profesión, pero en esto soy nuevo, y si usas palabras raras, no las entiendo".

Sentimientos. Las familias se quejan de la falta de cordialidad y de respeto. Se les atiende deprisa y corriendo, a veces en los pasillos, como si sus sentimientos no fuesen importantes. Reclaman mayor empatía de los profesionales, mayor comprensión hacia su situación.

Competencia. Los padres, aunque no son expertos en AT o en una discapacidad concreta, saben diferenciar cuándo un profesional es competente para el desempeño de su función. Es básico que puedan confiar en el profesional, porque eso les afianzará en su papel. Se trata de una disciplina muy específica que requiere un alto grado de preparación técnica, no sólo en lo que se refiere al desarrollo del niño y a la discapacidad, sino también en técnicas de asesoramiento y comunicación.

Recursos. Se quejan de la escasez de recursos y de las dificultades de acceso a los mismos. En los últimos años se observa un desarrollo creciente de la AT. Está aumentando el número de centros disponibles. En muchas comunidades ya no es necesaria la acreditación de discapacidad para tener derecho a recibir AT, está mejorando progresivamente la formación específica de los profesionales, pero aún queda un largo camino por recorrer, quedan listas de espera, los centros no siempre están próximos a las familias ni disponen de todos los profesionales adecuados para responder a las necesidades.

Organización. Los padres se sienten infravalorados cuando las instalaciones no son apropiadas o deben esperar para ser atendidos. Observan con frecuencia falta de coordinación entre los profesionales de un mismo equipo, y no digamos si se trata de servicios diferentes. En ocasiones reciben informaciones y orientaciones contradictorias. La familia necesita mucha coherencia para ganar en seguridad respecto a las acciones que se realizan con sus hijos o las que ellos mismos tienen que realizar.

Continuidad. Se observa, con relativa frecuencia, cómo la inestabilidad laboral de los profesionales en los equipos de intervención, somete al niño y a la familia a continuos cambios de esas figuras de referencia con las que tienen que establecer una estrecha relación. Esto les obliga a empezar de nuevo con la consiguiente pérdida de confianza que esto supone.

Cunningham y Davis diferencian tres tipos de modelos de relación entre padres y profesionales que se han dado en la intervención familiar: Modelo del *experto*, modelo del *trasplante* y modelo del *usuario*. No se dan de forma pura, unos se mezclan con otros en distintos momentos.

Modelo del *experto.* En la actualidad apenas se usa. Fue el modelo imperante en las primeras etapas de la estimulación precoz. Se centra fundamentalmente en el niño y no implica a los padres. Estos deben buscar la ayuda del profesional que es quien asume el control y la toma de decisiones. No otorga a los padres la capacidad para ayudar al niño. La intervención depende del especialista, generando dependencia por parte de la familia. El profesional utiliza una jerga especial que excluye a la familia y una actitud prepotente respecto a su estatus de experto que le protege. No precisa de formación específica en intervención familiar. Este modelo se utilizó sobre todo en los primeros momentos de la estimulación precoz.

Modelo del *trasplante.* Es un modelo en desuso pero aún caracteriza a algunos centros de AT. Los padres se conciben como una prolongación del servicio de AT. El profesional sigue tomando las decisiones pero reconoce el beneficio de que los padres participen. Recoge información del contexto familiar y de este modo refuerza su papel. La intervención con las familias se plantea por igual en todos los casos ignorando sus características individuales. Se espera que todos sigan las pautas del mismo modo. Este modelo requiere que el profesional sea capaz de instruir y de relacionarse bien con los padres, pero no implica una formación específica en intervención familiar.

Modelo del *usuario*. Es la tendencia que se puede observar en la actualidad pero aún no está generalizado. Los profesionales se sitúan entre el modelo del trasplante y el del usuario. Los profesionales creemos en los beneficios de este último modelo pero aún utilizamos las estrategias del modelo anterior. El profesional reconoce la competencia de los padres y los considera usuarios del servicio de AT. Ambos, los profesionales y los padres, aportan al proceso de AT desde sus roles y capacidades diferentes pero complementarias. Los padres participan en la toma de decisiones y se concibe al profesional como elemento negociador. Su papel reside en la eficacia a la hora de establecer la negociación. Tiene que escuchar, comprender los puntos de vista, las metas, las expectativas y la situación, y aportar alternativas que ayuden a la familia a tomar decisiones realistas y útiles. Para ello necesitan una comunicación fluida y bastante flexibilidad para adaptarse a las diferencias de cada familia.

Se establecen unas expectativas mínimas en ambas direcciones para que se produzca una adecuada relación de asesoramiento.

Los profesionales esperan de los padres que proporcionen a sus hijos unas condiciones de vida básicas y una relación cálida y afectuosa, y que sean capaces de atender adecuadamente a su hijo.

Los padres esperan de los profesionales que sean competentes en su materia, que se ocupen de ellos y que entiendan sus puntos de vista, y que dominen técnicas de comunicación y asesoramiento.

Este último modelo supera a los anteriores reconociendo el papel de los padres en el proceso de AT.

Estos autores proponen un *modelo de relación* entre profesionales y padres *basado en el asesoramiento*. Entienden el asesoramiento como una situación entre dos personas, en la cual una de ellas construye a la otra, tiene la competencia y disposición necesarias para ayudar, y la otra tiene intención de participar y poner en marcha acciones dirigidas al logro de un objetivo.

Este asesoramiento tiene la función de apoyar a la familia para explorar su situación y experimentar distintas posibilidades; así, teniendo un mejor conocimiento de aquello a lo que se enfrentan, pueden ser más eficaces. Y esta función se realiza mediante las siguientes acciones: dar información precisa y apropiada a sus necesidades; facilitar el cambio revisando sus constructos a través de la elaboración de hipótesis y su comprobación; y ofrecer formación en técnicas concretas para responder a las necesidades de su hijo.

Turnbull, Turbiville y Turnbull (2000)

Hacen también una revisión de los distintos modelos de intervención familiar. Describen los distintos pasos por los que han pasado las relaciones padres-profesionales en función de dónde se sitúa el poder: modelo de *psicoterapia y ayuda psicológica;* modelo de *entrenamiento a padres;* modelo *centrado en la familia;* modelo de *fortalecimiento colectivo.*

Modelo de *psicoterapia y ayuda psicológica.* El profesional actúa como experto con una orientación clínica. El poder estaba en manos del profesional que era el único capaz de ayudar a la familia. A ésta se la consideraba patológica por el hecho de tener un miembro con discapacidad lo que la llevaba a necesitar ayuda o psicoterapia. El tratamiento se basaba en intentar cambiar la reacción de la madre hacia el niño y su diagnóstico ya que se daba por supuesto que la relación entre éstos estaba alterada. Además se relacionaba la conducta de las madres con vivencias de su pasado y con sentimientos de fracaso respecto a la situación actual. Incidía sobre la madre ignorando al niño y a la interacción. También se ignoraba al resto de miembros de la familia dando un papel prioritario a la madre sobre los demás. Este modelo basado en la autoridad del profesional en el que se apoyaba la madre generaba desconfianza por parte de la familia y baja autoestima de los padres.

Podemos decir que en la actualidad es un modelo bastante superado ya que la experiencia ha puesto de manifiesto que no resultaba eficaz y ha resaltado otras necesidades de la familia.

Modelo de *entrenamiento a padres.* Considera a los padres potencialmente capacitados para intervenir por lo que se plantea la necesidad de implicarlos. Pero parte de la idea de que carecen de formación y preparación para criar y educar a su hijo con trastornos del desarrollo ya que ello requiere una cualificación específica.

El profesional debe instruir o formar a los padres para que pongan en marcha acciones concretas con sus hijos. Sigue siendo el "experto" quien dirige la relación. Si los padres realizan en casa ejercicios o tareas específicas los niños aprenderán mejor pero dichos ejercicios corresponden al ámbito de lo profesional. No participan en la toma de decisiones sobre los objetivos o las estrategias a seguir, su papel se reduce a cumplir en casa con las indicaciones dadas por el especialista. Aquellos padres que muestran más habilidad beneficiarán más a sus hijos pero a costa de dedicar mucho tiempo y energía; los que no sean tan capaces de aprender dichas técnicas corren el riesgo de sentirse muy frustrados. Las destrezas que tienen que aprender no siempre son fáciles y pueden generar ansiedad en las familias.

Este modelo no pretende cambios en la familia, sino exclusivamente en el niño; la intervención se centra en el niño, las necesidades de éste priman sobre las del resto del sistema y pueden producirse desequilibrios. Muchos padres se convierten en profesionales y renuncian a su papel de padres lo que tiene una incidencia negativa en el proceso, en cuanto a aspectos afectivos.

Modelo *centrado en la familia*. El profesional va perdiendo poder y la familia asume un papel más participativo. Interviene en la toma de decisiones. Algunas investigaciones (Shonkoff, Hauser-Cram, Kraw y Upshur, 1992) demuestran cómo este modelo tiene resultados más positivos para el niño y para la familia. Se define por las siguientes características:

— La familia asume un papel dominante en la relación. El poder ya no está sólo en el profesional. Ambos comparten la responsabilidad del desarrollo del niño.

— Considera a la familia como un sistema con una estructura, unas normas de funcionamiento y una interrelación entre sus miembros por lo tanto la acción se dirige a todos, no solo al niño o a la madre. Pretende mejorar el bienestar de todo el sistema.

— Aumenta la capacidad de elección y decisión de la familia. Ésta participa en los programas de AT, no solo en la puesta en marcha de acciones concretas con el niño, sino también en la decisión sobre objetivos, estrategias, etc. El profesional se convierte en un dinamizador de esa toma de decisiones.

— La familia está capacitada y tiene potencialidades que hay que aprovechar. También puede tener limitaciones que habrá que trabajar para mejorar. El profesional debe mostrar confianza hacia dichas capacidades y la intervención se basará en reforzar las capacidades y los recursos de la familia y en ayudarla a superar sus limitaciones.

— La intervención se basa en una comunicación fluida y eficaz entre los profesionales y los padres. Eso implica que los primeros deben estar formados, no solo en técnicas de intervención con el niño sino también en asesoramiento y negociación. Por otro lado exige que las familias abandonen un papel fácil de "dejarse llevar" por otro más complejo que les exige decisión, formación y seguridad.

Para que esta comunicación sea posible es necesario revisar el diseño actual de los programas de AT. En ellos se reconocen tiempos para la intervención con el niño, e incluso en algunos casos tiempos para la coordinación entre los profesionales del equipo. Pero en pocos casos se contemplan tiempos suficientes de dedicación a las familias que hagan posible el logro de esta implicación familiar. El análisis y el debate entre padres y profesionales debe producirse en condiciones óptimas, y para ello es necesario contar con tiempos dedicados específicamente a la intervención familiar

El modelo centrado en la familia es el que actualmente pretendemos lograr. Muchos servicios de AT ofrecen ya una intervención familiar de calidad basada en este modelo, otros están a caballo entre el modelo de entrenamiento a padres y este último y van favoreciendo poco a poco una mayor participación de las familias. No obstante, surgen muchas dificultades relacionadas no solo con la definición de los recursos o los tiempos disponibles, sino también con las propias actitudes de los profesionales. La asunción de este modelo implica una formación específica, pero también un cambio en el esquema tradicional de concebir el asesoramiento y la intervención familiar.

Modelo de *fortalecimiento colectivo.* Supera al anterior en la medida en que la correcta relación entre los profesionales y los padres va a influir positivamente en el contexto social, haciéndolo más participativo y logrando cambios y mejoras a nivel comunitario.

Cuando las familias asumen sus necesidades y se hacen más capaces de responder a ellas pueden incidir sobre los recursos colectivos para perfeccionarlos. Pueden demandar nuevos recursos, modificar las formas de acceso haciéndolos más accesibles, introducir cambios en el diseño de los mismos, crear colectivos con objetivos comunes, etc.

Modelo de *fortalecimiento de la familia,* de Dunst (1989). Este autor describe el modelo de fortalecimiento de la familia partiendo de tres condiciones claves:

1. *Asumir que los padres son competentes o tienen la capacidad de serlo.* No todas las familias tienen el mismo tipo de capacidades, hay que descubrir los puntos fuertes de cada una, pero partiendo de la base que existen competencias de algún tipo. Esto permite apoyarse en los propios recursos de la familia que primero hay que descubrir y posteriormente reforzar.

© narcea, s. a. de ediciones

2. *Promover experiencias que posibiliten que se desarrollen comportamientos competentes.* El papel del profesional va a ser sugerir e instigar a las familias a experimentar, a partir de sus propios recursos, nuevas estrategias y nuevos puntos de vista, mediante los cuales desarrollen sus propias capacidades y otras capacidades nuevas.

3. *Reconocer que, para sentirse fortalecido, el que busca ayuda debe atribuir el cambio de su comportamiento a sus propias acciones.* Para que se produzcan cambios y los padres se sientan más capaces y mejoren su autoestima, es necesario que consideren que los cambios están producidos por ellos mismos, no por la intervención de agentes externos. Son sus comportamientos los que han hecho posible que se alcancen determinados logros, de esa forma se refuerza su competencia y puede iniciarse de nuevo el proceso.

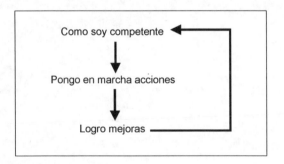

2. Modelo de Entornos Competentes

El Modelo de Entornos Competentes es un modelo ecológico de intervención en Atención Temprana en el que se da relevancia a los entornos naturales donde el niño se desarrolla, potenciando la percepción de autocompetencia de los padres y los educadores del niño con trastornos del desarrollo o riesgo de padecerlo.

Desde el Modelo de Entornos Competentes (Perpiñán, 2003) se entiende que la AT es un proceso global que debe dar respuesta no solo al niño sino también al entorno. La estimulación del niño se realiza en su medio natural, y son sus cuidadores habituales los que hacen posible su desarrollo a través de una interacción apropiada.

Los *cuidadores habituales* tienen un papel determinante para el desarrollo del niño, éstos son generalmente los padres pero también pueden ser otros adultos cercanos al niño como los familiares y/o los educadores de la Escuela Infantil. Ambos comparten la responsabilidad de cuidar y educar, siendo sin duda los mejores conocedores del niño.

Estas personas son las que pasan la mayor parte del tiempo con el niño y además tiempos bastante significativos para su funcionamiento vital, son quienes le dan de comer, le bañan, le duermen, juegan con él, etc. Establecen con el niño el vínculo afectivo más estable a través de experiencias continuadas de disponibilidad e incondicionalidad. Este vínculo le sirve al niño de motivación para acceder a los aprendizajes ya que el refuerzo o la atención ofrecida por la figura de apego es mucho más eficaz que si se recibe de otra persona. Son quienes posibilitan la generalización de los aprendizajes de unos contextos a otros, propiciando las conductas de los niños en distintos ámbitos, y proporcionan estabilidad a la intervención, ya que permanecen en el tiempo junto al niño. Construyen el ámbito estimular donde el niño se desenvuelve, eligiendo sus objetos de juego, diseñando el ambiente físico, pero sobre todo creando un clima emocional. El niño, a través de la interacción con estos cuidadores habituales, va desarrollando sus potencialidades.

La aparición de alguna discapacidad o riesgo de padecerla en un hijo o en un alumno genera una serie de emociones en los cuidadores habituales, más o menos implícitas, que determinan el cuidado del niño. Sentimientos de confusión, miedo, culpa, fatiga, ira, ansiedad, frustración, entusiasmo, etc. (Cunninghan, 1995), dan lugar a una serie de actitudes en los adultos tales como el rechazo, la negación, el aislamiento, la búsqueda, etc., que requieren un minucioso análisis si queremos hacer una intervención adecuada en dichos contextos. La adaptación de los sistemas a la discapacidad pasa por muy diversos momentos que también debemos conocer y analizar (Navarro Góngora, 1999). Profundizaré en ello en el capítulo 4.

Las actitudes tienen tres tipos de componentes:

• *Cognitivos* (conjunto de pensamientos con los que interpretamos la realidad).

• *Emocionales* (sentimientos que subyacen a las conductas).

• *Conductuales* (acciones más o menos observables que ponemos en marcha).

Desde el Modelo de Entornos Competentes que aquí ofrecemos, se trabaja sobre el componente cognitivo de las actitudes en la convicción de que éste influye en el componente emocional y a su vez en el componente conductual, dando lugar a modificaciones reales en el comportamiento de los adultos de referencia para el niño. Creemos que los padres y los educadores pondrán en marcha acciones y conductas favorecedoras y eliminarán conductas inadecuadas, en la medida en que sus pensamientos o sistema de atribuciones sea ajustado y favorecedor del desarrollo del niño.

El profesional de la Atención Temprana se convierte en un elicitador de cambios en el contexto a través de una interacción eficaz con los padres y los educadores, y la intervención que realiza con el niño adopta un matiz de evaluación continua que permite un adecuado asesoramiento a los cuidadores habituales.

Partiendo de las teorías y modelos ya revisados en capítulos anteriores, la metodología a seguir es la creación de un sistema común de constructos respecto a la discapacidad, la intervención, el papel de los implicados, etc. que potencie que los cuidadores se perciban autocompetentes para el cuidado del niño y por tanto sea posible la corresponsabilización.

En este modelo se definen unos cauces de interacción mediante entrevistas y contactos puntuales cuidadosamente planificados en los que se fomenta el sentimiento de pertenencia a un equipo donde cada uno desempeña su papel, todo ello evita el sentimiento de aislamiento y genera un clima de seguridad frente a la discapacidad.

Conceptos básicos del Modelo

Sistema de Atribuciones

Desde un concepto amplio se considera el *Sistema de Atribuciones* como el conjunto de ideas, constructos (Kelly, 1955), creencias o modelos mentales que construye el individuo a partir de su experiencia que le sirven para interpretar los acontecimientos y poder preveerlos. Ellis, en el marco del modelo cognitivo, sostiene que las personas mantienen creencias racionales e irracionales que a menudo toman la forma de verbalizaciones internas o *self-talk*. La terapia racional emotiva que propone este autor se basa en el manejo de dichas ideas sustituyendo aquellas que son ilógicas o irracionales por otras más racionales y lógicas.

Desde el punto de vista de la AT, concebimos el Sistema de Atribuciones como una compleja estructura de ideas, constructos, creencias o modelos mentales interrelacionados entre sí, a diversos niveles de significación, en relación con todos y cada uno de los aspectos que influyen en la discapacidad o el riesgo de padecerla. Incluye no solo ideas relativas al trastorno del desarrollo sino también una constelación de esquemas mentales relacionados entre sí, sobre la educación, la intervención, la sociedad, las relaciones familiares, los afectos, etc. Las atribuciones presentan las siguientes características:

- Están determinadas por la experiencia de cada individuo que le ha permitido ir validándolas.
- Son diferentes para cada persona.
- Están relacionadas entre sí mediante reglas.
- Tienen un carácter implícito y son de difícil acceso. Se manifiestan a través de enunciados.

© narcea, s. a. de ediciones

Percepción de Autocompetencia

Es la concepción que los implicados en el proceso (padres-educadores-profesionales de la AT) tienen de sí mismos respecto a la capacidad de atender y responder adecuadamente a las necesidades especiales del niño con trastornos del desarrollo o riesgo de padecerlos.

La experiencia ha mostrado que cuando los cuidadores habituales se consideran capaces de atender al niño con trastornos del desarrollo o riesgo de padecerlo, disminuyen sus defensas y se posicionan con respecto a él y a su educación en un lugar que les permite mayor eficacia y satisfacción.

El Modelo de Entornos competentes que proponemos potencia la percepción de autocompetencia de los cuidadores habituales a través de una interacción fluida entre los sistemas implicados: familia, escuela y equipo de AT.

Sistema de Atribuciones	Percepción de Autocompetencia
Conjunto de ideas, constructos, creencias o modelos mentales que construye el individuo a partir de su experiencia que le sirven para interpretar los acontecimientos y poder preverlos.	Concepción que los implicados en el proceso (padres-educadores-profesionales) tienen de si mismos respecto a la capacidad de atender y responder adecuadamente a las necesidades especiales del niño con trastornos del desarrollo o riesgo.

En el marco de este modelo, y tratando de profundizar en él como técnica de trabajo con los distintos entornos, resulta básico reflexionar sobre la metodología para manejar los sistemas de atribuciones de los cuidadores habituales y la creación de marcos comunes que permitan un enfoque compartido de los distintos aspectos de la discapacidad.

Partimos de la base de que el sistema de atribuciones está formado a partir de la experiencia acumulada por cada ser humano a lo largo de su vida y

© narcea, s. a. de ediciones

por la interpretación cognitiva que éste ha ido realizando de cada uno de los acontecimientos por los que ha atravesado.

El análisis cognitivo sobre dichos acontecimientos realizado desde un esquema ya preestablecido de constructos o valores definido, hace que el esquema de atribuciones de la persona se vaya completando y modificando.

El profesional de la Atención Temprana, al intervenir en los distintos entornos, trata de hacer explícito y consciente dicho sistema de atribuciones relacionado con la discapacidad, la relación con el niño, la AT, etc., por un lado, potenciando en él aquellas atribuciones generadoras de competencia y por otro lado relativizando o colocando adecuadamente en el sistema las atribuciones generadoras de estrés. El profesional trabaja con el componente cognitivo de las actitudes y mediante un proceso de andamiaje acompaña a la familia en la construcción de su percepción de autocompetencia.

Partirá inicialmente de la validación del sistema de atribuciones de los cuidadores habituales e irá planteando progresivamente, en función de la capacidad de cada sistema y el momento concreto en el que se encuentre, nuevos constructos o conflictos cognitivos que pongan en cuestión las atribuciones previas; los distintos implicados deben ir experimentando con ellos para incorporarlos en un nuevo sistema de atribuciones común. De este modo se irá construyendo un marco cognitivo compartido entre todos los implicados que aumente la percepción de autocompetencia y la corresponsabilización.

Corresponsabilización

Se da el mismo peso a los tres subsistemas estableciendo una tríada de relaciones con el mismo nivel de significación. La *familia,* el *educador* y el *equipo de AT* se convierten en un equipo que tiene bien definido un objetivo común: el desarrollo armónico del niño.

El respeto por las capacidades y necesidades de cada uno de dichos sistemas nos lleva a la convicción de llegar a la *corresponsabilización* entendiendo por ella, una dinámica en la que todos los elementos comparten un sistema de atribuciones respecto a la discapacidad, la intervención y la institución, alrededor de la cual se define la intervención y ello da lugar a unas expectativas compartidas. De este modo hay una coordinación en los objetivos a trabajar en los distintos ámbitos en los que se mueve el niño, una distribución de papeles de los implicados y un ajuste de expectativas que evita el sentimiento de aislamiento y genera un clima de seguridad que envuelve el proceso y da lugar a que surja en todos los subsistemas la percepción de autocompetencia y la seguridad en la competencia del otro.

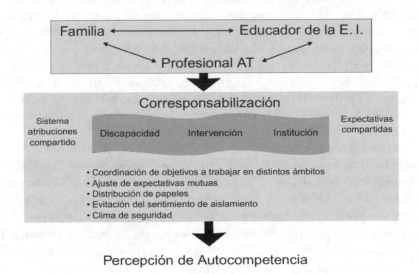

No se trata de que todos los implicados se conviertan en profesionales especializados de la Atención Temprana, sino de que cada uno, desde el rol que le corresponde, aporte al proceso una perspectiva que solo él puede aportar y que hace posible la construcción de entornos competentes que permitan un desarrollo integral lo más adecuado posible del niño.

Sistema de Atribuciones

Para poder hacer un abordaje eficaz de dicho sistema es imprescindible conocerlo, saber las reglas de relación entre unos constructos y otros, que no son iguales para las distintas personas ni siquiera dentro de la misma familia. Definir una estructura básica de referencia que nos permita acceder a las características individuales del sistema de atribuciones de cada uno de los cuidadores habituales es imprescindible para poder hacer una aproximación profesional y favorecer la percepción de autocompetencia.

El sistema de atribuciones básico ofrece al profesional recursos suficientes para poder profundizar en esos sistemas individuales, marcados por las experiencias vitales de las personas objeto de nuestra intervención. Se trata de un esquema de trabajo que cada profesional debe adaptar a las características y necesidades de cada caso pero que puede servirle de referencia para iniciar y dar coherencia a una intervención ecológica en los entornos naturales del niño.

Dicho sistema tiene una *estructura* que se organiza en torno a dos dimensiones:

1. Categorías de atribuciones.
2. Polaridad.

Estructura del sistema

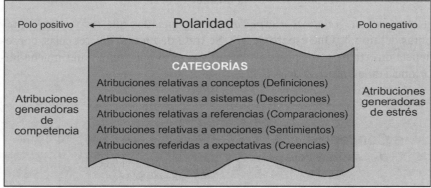

1. Categorías de atribuciones

Las atribuciones con las que vamos a operar en un proceso de AT, se concretan en un conjunto de enunciados, más o menos explícitos, que dan respuesta a diversas cuestiones y se estructuran en las categorías que se describen a continuación:

Atribuciones relativas a conceptos. Enunciados que responden preguntas del tipo: "¿Qué entiendo por...?". Son los procesos cognitivos mediante los

© narcea, s. a. de ediciones

cuales las personas hacemos definiciones sobre distintos conceptos implicados en la AT.

Atribuciones relativas a sistemas. Enunciados que responden a preguntas del tipo: "¿Cómo es...?" Son procesos cognitivos mediante los cuales las personas implicadas en el proceso de la AT describen la realidad de cada uno de los sistemas implicados: niño, familia, escuela y equipo de AT.

Atribuciones relativas a referencias. Enunciados que responden a cuestiones como "En relación con...". Es una estrategia cognitiva mediante la cual las personas hacemos comparaciones de una realidad con otras semejantes.

Atribuciones relativas a emociones. Enunciados que responden a preguntas del tipo: "¿Qué siento hacia...?". Nos referimos en este apartado al componente cognitivo de la emoción y en concreto al etiquetado, la percepción sobre el desencadenante y las técnicas de afrontamiento, constituyendo todo ello la vivencia subjetiva de la misma.

Atribuciones relativas a expectativas. Enunciados que responden a preguntas del tipo: "¿Qué espero de...?". Se trata de un tipo de creencias, consecuencia directa de otros procesos cognitivos pero que van a tener mucha importancia en un proceso de AT.

2. Polaridad

Todas esas categorías de atribuciones se sitúan en un continuo entre dos polos: atribuciones generadoras de *competencia* y atribuciones generadoras de *estrés*.

Toda atribución, sea en relación a conceptos, sistemas, referencias, emociones o expectativas, en función de sus contenidos, puede ser más o menos favorecedora de competencia para los cuidadores habituales. Algunas de estas atribuciones se sitúan claramente en el eje positivo para la mayoría de las personas y van a resultar un instrumento eficaz para construir percepción de autocompetencia.

Por el contrario otras, se pueden identificar claramente como generadoras de estrés ya que en la mayoría de las circunstancias van a provocar inseguridad y ansiedad. Hay otras muchas atribuciones que no van a ser claramente generadoras de competencia o generadoras de estrés en sí mismas, sino que pueden generar una u otra cosa en función de cómo sean vividas por los cuidadores habituales y los matices que éstos introduzcan.

Atribuciones generadoras de competencia

Son un conjunto de construcciones mentales que facilitan la percepción de autocompetencia de los cuidadores habituales. Se trata de pensamientos o ideas que manejan los cuidadores habituales que van a darles seguridad y a reforzar su capacidad de atender adecuadamente las necesidades especiales del niño con trastorno del desarrollo o riesgo de padecerlo. Por ejemplo, la atribución:

"No estoy solo para atender a mi hijo, formamos un equipo todos los que interactuamos con él"

va a ser un pensamiento generador de competencia que se puede traducir en formulaciones del tipo "puedo hacerlo". Estos pensamientos forman parte de la actitud y de ellos se derivan unos sentimientos que en este caso pueden ser del tipo "tranquilidad" o "entusiasmo" y a su vez esos sentimientos van a poner en marcha conductas concretas del tipo "ofrecerle juguetes" "aprender un código de comunicación", "buscar ayudas técnicas", etc. En este ejemplo se puede observar la siguiente secuencia:

PENSAMIENTO...	SENTIMIENTO...	CONDUCTA
(Puedo hacerlo)	(Tranquilidad)	(Ofrezco estímulos)

Otro ejemplo de atribución generadora de competencia puede ser:

"Realiza una conducta que hace un mes no era capaz de hacer".

Se trata de una atribución relativa a referencias que fija el punto de referencia en el propio niño. Esta atribución se puede traducir en una formulación del tipo "está avanzando" o incluso del tipo "lo estoy haciendo bien" lo que desarrolla un sentimiento de "satisfacción" que a su vez determina la conducta del cuidador habitual en el sentido de repetición de las conductas de interacción con el niño o búsqueda de nuevas estrategias. En este ejemplo se puede observar la siguiente secuencia:

PENSAMIENTO...	SENTIMIENTO...	CONDUCTA
(Avanza)	(Satisfacción)	(Repetición de conductas)

En el capítulo 9 analizaré con más detalle algunas de las atribuciones generadoras de competencia que pueden resultar más relevantes en un proceso de AT.

Atribuciones generadoras de estrés

Son un conjunto de construcciones mentales que generan preocupación e inseguridad en los cuidadores habituales, forman parte de la realidad, no podemos obviarlas y por lo tanto va a resultar necesario incorporarlas de forma adecuada para no bloquear la relación con el niño.

Un ejemplo muy frecuente de este tipo de atribuciones generadoras de estrés lo encontramos en atribuciones relativas a la causa del trastorno. Toda familia con un hijo con trastornos del desarrollo se plantea las causas del mismo. Cada sistema familiar da respuestas diferentes a la pregunta ¿Por qué? Y esas respuestas van a estar determinadas por multitud de variables. Una formulación del tipo

"Era un hijo no deseado, o no me cuidé durante el embarazo" o "la culpa es mía porque hay antecedentes en mi familia"

son atribuciones que se traducen en formulaciones del tipo "yo tengo la culpa", ésta a su vez provoca sentimientos de "miedo", "tristeza" que pueden determinar conductas de evitación o de rechazo del tipo "evitar el contacto físico", "ofrecer sobreestimulación", etc.

En este ejemplo se puede observar la siguiente secuencia:

PENSAMIENTO...	**SENTIMIENTO...**	**CONDUCTA**
(Tengo la culpa)	(Miedo)	(Evito el contacto)

Otro ejemplo de atribución generadora de estrés lo encontramos con frecuencia en aquellos casos en los que la familia manifiesta no haber detectado a tiempo el trastorno del niño. Formulaciones del tipo

"Tenía que haberme dado cuenta que no se movía bien"

se pueden traducir en otras más sencillas del tipo "no soy capaz", éstas determinan sentimientos de "rabia" y ese sentimiento puede provocar conductas concretas de compensación tales como "sobreestimulación". En este ejemplo se puede observar la siguiente secuencia:

PENSAMIENTO...	**SENTIMIENTO...**	**CONDUCTA**
(No he sido capaz)	(Rabia)	(Sobreestimulación)

En el capítulo 9 analizare más detalladamente algunas de las atribuciones generadoras de estrés que pueden aparecer con más frecuencia en un proceso de AT.

Estas atribuciones generadoras de estrés no se pueden ignorar, existen, están presentes, el papel del profesional de la AT ante ellas es colaborar con el cuidador habitual para rescatar su existencia y reconstruir dicha atribución. Se deben transformar esos pensamientos, que en muchos casos son irracionales, en pensamientos más racionales mediante procedimientos de reestructuración cognitiva y también hay que reubicarlos dentro del sistema otorgándoles un grado de relevancia menor. Podemos crear conflictos cognitivos en los que el cuidador tenga que buscar alternativas relacionadas con esas atribuciones generadoras de estrés, o podemos relacionar esas atribuciones con otras generadoras de competencia de modo que se neutralicen sus efectos.

Cuando las atribuciones son generadoras de estrés y la persona y el contexto las alimentan, repitiéndoselas a ellos mismos o contándolas a otros, e incluso las intensifican aportando nuevos argumentos y racionalizaciones que expliquen nuevas perspectivas amenazantes sobre la misma creencia, se va construyendo una red que desestabiliza la salud del sistema.

Los sistemas familiares, por su naturaleza, tienden a buscar mecanismos para neutralizar los efectos negativos de estas creencias generadoras de es-

© narcea, s. a. de ediciones

trés, el malestar que producen a nivel emocional hace que las personas recurran de modo más o menos consciente a mecanismos de defensa que les protejan de esa situación adversa siendo algunos de esos mecanismos saludables para el sistema en un momento determinado.

De forma natural los sistemas tienden a hacer reestructuraciones cognitivas transformando las perspectivas desde las que se aborda una realidad con objeto de encontrar argumentos que neutralicen los efectos negativos de creencias o atribuciones generadoras de estrés, seleccionando datos nuevos o dando prioridad a otros datos que, hasta el momento, apenas se habían procesado y que sean generadores de competencia. Algunos de estos mecanismos resultan muy saludables para el sistema.

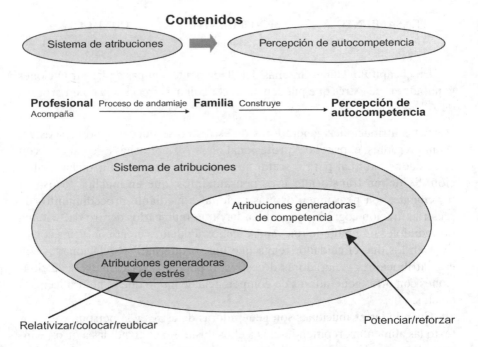

Las familias manejan muchas atribuciones de forma espontánea que se transforman para lograr el reajuste emocional. La mayoría de las atribuciones, tanto generadoras de competencia, como generadoras de estrés, las manejan las familias de forma espontánea, llegando a ajustes que les permiten manejar la ansiedad. En la relación de asesoramiento con el profesional de la AT surgen algunas de esas atribuciones, bien porque no están adecuadamente gestionadas de forma espontánea y requieren una intervención externa, o bien porque el sistema familiar necesita ratificar las posiciones que va asumiendo para fortalecerlas.

Las atribuciones pueden ser generadoras de competencia o generadoras de estrés en función de la perspectiva que se adopte, por lo tanto, la clasificación de dichas atribuciones está en función del contenido de las mismas y se ubican en uno u otro polo según esté más marcado uno u otro matiz.

El papel del profesional en la intervención sobre los entornos va a ser identificar el lugar que ocupan las atribuciones en este continuo para reforzar las atribuciones generadoras de competencia y reubicar dentro de ese continuo aquellas que sean generadoras de estrés, bien colaborando con los cuidadores habituales para transformar dichos enunciados o poniéndolos en relación con otros para neutralizar sus efectos.

Postulados de partida

Antes de definir las distintas estrategias que puede poner en marcha el profesional para intervenir en el contexto familiar, parece importante hacer una serie de afirmaciones, de las que se debe partir. Subyacen a aspectos de carácter técnico pero definen la posición actitudinal del profesional.

✓ *"La familia es la principal responsable y conocedora del niño"*. Por tanto tiene el derecho y el deber de implicarse y participar activamente en la AT. El mayor experto en el niño no es el profesional sino sus padres. Este postulado implica, por parte del profesional, una actitud de respeto al papel de la familia, que se traduce en facilitar la participación activa de la misma en la AT.

✓ *"Cada familia es diferente"*. Las familias son muy variadas. Los profesionales debemos flexibilizar nuestras posiciones buscando aquellas estrategias que mejor respondan a las características y necesidades de cada una.

✓ *"Las familias de los discapacitados no son necesariamente disfuncionales"*. Por tanto debemos huir de estereotipos establecidos que nos lleven a posiciones rígidas de intervención. Esta concepción de las familias perjudica gravemente el proceso de AT, porque determina en los padres un sentimiento de indefensión que produce estrés y una actitud por parte de los profesionales de la AT que impide el establecimiento de la relación en términos de igualdad y por lo tanto la corresponsabilización.

✓ *"Las familias atraviesan diferentes momentos en su adaptación"*. La intervención debe introducir los cambios que sean necesarios como consecuencia de un proceso de evaluación continua.

✓ *"Los padres no son ni deben ser profesionales"*. El sistema familiar debe comprender cuál es su papel y no confundirlo con el del profesional. El rol de los padres es imprescindible para un desarrollo sano y la estimulación debe estar inserta en una situación natural.

✓ *"La verdad de los padres es la percepción que ellos tiene de la realidad"*. Los profesionales tenemos que operar desde sus percepciones, no desde las nuestras o desde modelos teóricos previamente establecidos. En ocasiones los padres pueden utilizar argumentos poco creíbles que no hacen más que mostrar una serie de atribuciones, necesidades, emociones o expectativas sobre las que hay que actuar.

✓ *"La relación familia-profesional de AT es un proceso de comunicación"* en el que intervienen multitud de variables en ambos sentidos, dicho proceso debe ser susceptible de análisis.

Estrategias generales de intervención con familias

A continuación se definen un conjunto de estrategias generales que, desde el Modelo de Entornos Competentes, creemos que pueden resultar válidas para el trabajo con familias.

Definir un modelo de relación

Consiste en construir un sistema de atribuciones compartidas entre la familia y el profesional de AT, contrastando constructos y/o atribuciones respecto a la discapacidad y/o a la intervención, delimitando los papeles de los implicados y ajustando expectativas mutuas.

© narcea, s. a. de ediciones

En las primeras entrevistas y a lo largo de todo el proceso de intervención trataremos de definir claramente: ¿QUÉ Pretendemos? Clarificando siempre que el objetivo es el niño no el lucimiento personal ni el de los padres ni el del profesional. ¿CÓMO lo vamos a hacer? Explicitando claramente las acciones que se van a llevar a cabo. Y ¿POR QUÉ? En qué nos basamos para tomar las distintas decisiones que hay que ir tomando a lo largo del proceso.

El profesional partirá inicialmente de la validación del sistema de atribuciones de los cuidadores habituales e irá planteando progresivamente, en función de la capacidad de cada sistema y el momento concreto en el que se encuentre, nuevos constructos que los distintos implicados deben ir experimentando para incorporarlos. De este modo se irá construyendo un marco cognitivo compartido entre todos los implicados que aumente la percepción de autocompetencia y la corresponsabilización.

Sistematizar la intervención

Un solo profesional representa el trabajo cooperativo. Es el responsable del seguimiento familiar y canaliza la información de otros profesionales que trabajan con el niño. Es la persona de referencia para la familia.

Se definen una serie de contactos que deben ser frecuentes y periódicos con la familia. Es importante que puedan preverse para así anticipar las dudas o las dificultades. Dichos contactos deben planificarse cuidadosamente con distintos objetivos y estrategias según los distintos momentos del proceso, contemplando no solamente las entrevistas (inicial, de negociación, de seguimiento y de cierre) sino también la participación en las sesiones de intervención con el niño/a y los contactos puntuales a los que damos mucha importancia por la incidencia que tienen en el control de las emociones de la familia.

La intervención sistemática y frecuente con el niño por parte de los distintos profesionales de la AT con el objetivo de ir evaluando progresivamente las adquisiciones del niño, permite un conocimiento muy pormenorizado del desarrollo del mismo que hace más eficaz el asesoramiento a los cuidadores habituales. Por otra parte éstos son conscientes de que los auténticos estimuladores del niño son ellos, relativizando el valor de la intervención directa del profesional y dándola su auténtico sentido como instrumento de diagnóstico y evaluación continua. Esto les ofrece seguridad respecto a la información y las orientaciones que propone y les permite compartir las ansiedades que van apareciendo a lo largo del proceso.

Incidir en lo positivo

La experiencia me ha mostrado la importancia de esta estrategia como generadora de competencia y basada en las siguientes acciones:

Partir de los logros en lugar de las carencias. El hecho de observar los progresos, aunque sean pequeños, favorece la motivación del niño y de la familia, sirve para que todos aumenten su percepción de autocompetencia, siempre que, como nos recuerda Dunst, esos pequeños logros, los padres y el propio niño los atribuyan a sus propias acciones. Los logros pueden pasar desapercibidos entre las limitaciones del niño, ya que éstas preocupan mucho a la familia y pueden esconder los puntos fuertes. El profesional de AT tiene el papel de evidenciarlos y reforzarlos, pero sobre todo de facilitar la atribución causal en una dirección que aumente la percepción de autocompetencia. El niño puede mejorar como consecuencia de un tratamiento concreto, o de la intervención de un especialista determinado. Pero en todo progreso hay un mérito importante de la familia que refuerza y apoya en el contexto natural haciendo posible que dicha adquisición se generalice. Por lo tanto la familia debe compartir con el profesional el mérito de cada logro. Esta estrategia va a resultar muy útil ya que aumenta la satisfacción de los padres mejorando así su interacción con el niño. Este proceso repercute en la motivación de éstos para introducir cambios y todo ello redunda en el bienestar del sistema familiar.

Reforzar las ideas y conductas de los padres que favorezcan el desarrollo del niño. De este modo los padres aumentan la seguridad en sus propias acciones.

Rescatar los aspectos positivos del entorno familiar. Evidenciar los puntos fuertes de la familia en lugar de insistir en las carencias o en los errores.

Poner el punto de referencia en el propio niño, en un momento anterior y no en la normalidad. Esta estrategia hace que se puedan detectar los avances. Si los padres se fijan en lo que debería hacer por su edad se ponen de manifiesto sobre todo las limitaciones. Además poner el punto de referencia en el niño hace que la familia y el profesional tengan en cuenta sus características individuales al margen del trastorno de desarrollo.

Mantener un margen de expectativa positiva aunque se mantenga la incertidumbre respecto al pronóstico. Las expectativas van a marcar la línea a seguir en la intervención. Si son excesivamente bajas se limitará la estimulación del niño.

Colaborar en la toma de decisiones

Los sistemas implicados en el proceso tienen información y deben participar en las decisiones. Se buscará el consenso en las decisiones como única alternativa para que todos asuman su papel ya que si una decisión es impuesta no se puede garantizar la generalización a los distintos contextos.

En ocasiones el profesional teme perder el control o el estatus profesional por el hecho de dar cabida a las opiniones de los padres y usan juicios omnipotentes y tecnicistas que ratifican su situación de poder. Creo que esta actitud es errónea y favorece la construcción de barreras que impiden la corresponsabilización. Es necesario valorar las opiniones de los padres y respaldar sus sentimientos de competencia. En ocasiones será necesario validar constructos o modelos mentales que aparentemente no sean apropiados pero el objetivo último es generar competencia y confianza recíproca. El profesional pondrá los medios para ir presentando cambios a medida que el sistema esté preparado para aceptarlos.

Favorecer la información bidireccional

La información resulta necesaria para que nuestro sistema de atribuciones funcione eficazmente. Mediante nuestros constructos interpretamos los acontecimientos y podemos anticipar o prever lo que va a ocurrir; cuanta más información tengamos mejor podremos interpretar y prever aumentando de ese modo el sentimiento de seguridad. Pero la información debe fluir en distintas direcciones profesional-familia y familia-profesional, ya que todos los sistemas necesitan la información para hacer construcciones eficaces.

El papel del profesional será ordenar y estructurar la información para que resulte más clara, interpretarla y traducirla para hacerla más accesible a todos, enfatizar la información relevante sobre la irrelevante y proponer nueva información que dé riqueza al proceso y haga posibles los cambios. Por tanto debe tener una adecuada preparación técnica en el ámbito de la comunicación para desempeñar adecuadamente su papel.

A lo largo del proceso se abordarán temas relacionados con la discapacidad, otros temas no relacionados pero que preocupan a la familia y también aspectos del desarrollo que respondan a conceptos de autodeterminación y calidad de vida. Los contenidos de la intervención se ajustarán en cada momento a las necesidades de cada sistema.

El profesional de la AT servirá de mediador entre la familia y la escuela cuando el niño esté escolarizado, incluyendo también a este nuevo sistema en el proceso, aproximando posiciones, favoreciendo la percepción de competencia de un sistema respecto al otro e interviniendo en aquellos casos en los que puedan surgir conflictos para buscar en todo momento la corresponsabilización.

Fomentar actitudes de disponibilidad

Creo que es necesario que las familias sientan al profesional de la AT disponible para poder acceder a él y no solo en lo que respecta a los tiempos para adecuarlos a las necesidades de las familias sino también en cuanto a la actitud verbal y no verbal de proximidad que facilite la comunicación fluida. También es necesario facilitar la coordinación con otras instituciones o servicios evitando situaciones de confrontación con otros profesionales que inciden en el mismo caso y valorando positivamente la competencia de otros servicios para aumentar el sentimiento de seguridad de la familia.

Establecer una distancia emocional ajustada

En todo proceso de comunicación subyacen las emociones. Ignorar los sentimientos no solo de los padres y educadores, sino también del propio profesional de la AT supone un reduccionismo que nos llevaría a perder la eficacia en el proceso. Aceptar las emociones implica: tolerar la expresión de emociones de la familia, identificarlas y darlas nombre para facilitar el ajuste y conocer y manejar también las emociones del propio profesional.

Las emociones pasan por distintos momentos a lo largo del proceso y debemos reflexionar sobre ellas. Los profesionales no deben sentirse amenazados por las reacciones de los cuidadores habituales dado que hay momentos en los que la propia adaptación de la familia determina actitudes de confusión o escepticismo que pueden influir en el desarrollo del proceso. Los profesionales de la AT deben ajustar la distancia emocional que no perjudique el proceso de intervención. Y esta distancia estará en función de cada caso.

Evaluar continuamente el proceso

Es básico concebir el error como fuente de aprendizaje y punto de partida para iniciar un nuevo paso, de este modo surge una actitud de investigación permanente sobre cada caso. Debemos reflexionar sobre: logros del niño, estrategias del profesional, relación con la familia, posicionamiento cognitivo de los implicados, momentos por los que atraviesa el proceso e intervención de elementos externos.

Teniendo en cuenta todo esto el proceso de comunicación padres- educadores-profesionales debe adecuarse a cada caso concreto haciendo propuestas concretas en base al análisis de los resultados.

II. SISTEMAS IMPLICADOS EN LA ATENCIÓN TEMPRANA

3. El sistema familiar

Definición de familia

Recuerdo una familia a la que acompañé durante varios años. Se trataba de una pareja joven y bastante fuerte, tenían trillizos. Una hija con parálisis cerebral y afectación motriz importante pero con inteligencia conservada, un hijo con discapacidad cognitiva y una niña sin ningún trastorno del desarrollo. La madre dejó de trabajar durante los primeros años de sus hijos y lucharon con gran entusiasmo para sacarlos adelante.

Cabe pensar que el contexto de desarrollo de estos niños no tiene nada que ver con otra familia de una niña con discapacidad cognitiva media, hija única, cuya madre nunca ha trabajado fuera de casa y que cuenta con abuelos y tíos muy cercanos que están muy implicados en la atención de la niña. Son realidades muy dispares que van a influir decisivamente en el desarrollo de estos niños. Para poder intervenir con las familias es necesario tener un conocimiento en profundidad del sistema familiar en general y de cada familia en particular.

Son muchas las perspectivas desde las que podemos definir qué es la familia. Desde el punto de vista sociológico una familia es un sistema de organización social mediante el cual la sociedad da respuesta a las necesidades de sus individuos. Desde la perspectiva que nos ocupa, podemos definir la familia según Palacios J. y Rodrigo M. J. (1998) como "la unión de personas que comparten un proyecto vital de existencia en común que se quiere duradero, en el que se generan fuertes sentimientos de pertenencia a dicho grupo, existe un compromiso personal entre sus miembros y se establecen intensas relaciones de intimidad, reciprocidad y dependencia".

En esta definición se pueden resaltar tres elementos básicos que configuran la esencia de lo que es la familia: 1) el sentimiento de pertenencia; 2) el vínculo afectivo; 3) la reciprocidad y dependencia.

1. El sentimiento de pertenencia

Los miembros de una familia generalmente tienen un fuerte sentido de pertenencia a su grupo familiar, se identifican entre sí y buscan características similares o aproximadas que les definen como miembros de ese grupo. Es frecuente escuchar:

"Los (apellido) .... somos muy testarudos, como nos empeñemos en algo no cesamos hasta conseguirlo".

Frases como ésta o parecidas, forman parte de nuestra expresiones habituales, tendemos a buscar en nuestro comportamiento claves que imitan o repiten las de nuestros familiares más cercanos, o tal vez nos comportemos de un modo concreto para así parecernos al estereotipo definido en nuestro grupo familiar; lo cierto es que se puede observar una tendencia a identificarnos con los nuestros.

En toda familia existen mitos; consisten en imágenes idealizadas de la propia familia que se transmiten de unas generaciones a otras. Pueden tener relación con experiencias vividas y definen alguna característica a la que se da mucha importancia: la trayectoria concreta de algún antecesor que ha marcado la cultura familiar o algún valor que en el núcleo familiar se resalta de una forma especial porque ha sido muy característico de algún miembro muy relevante.

También existen ritos que son espacios de encuentro, ceremonias o costumbres más o menos consolidadas. Puede ser una comida especial, una celebración que se repite anualmente en la que se reúnen todos los miembros, etc. Estos mitos o ritos pueden provenir de las familias de origen de los padres o construirse en el propio núcleo familiar. Los miembros de la familia no siempre son conscientes de su existencia e incluso a veces pueden convertirse en motivo de conflicto intergeneracional, pero las más de las veces forman parte de la identidad de la familia y suelen resultar muy significativas para sus miembros (Serra, E. y otros 1998).

2. El vínculo afectivo

Otra característica básica del grupo familiar es el establecimiento de vínculos afectivos estrechos entre sus miembros, mediante los cuales cada uno va construyendo y/o modelando su personalidad. No solo hablamos de los hijos, también los adultos necesitan esos vínculos para desarrollarse como personas. Según López F. (1993), el apego o vínculos afectivo son sentimientos positivos asociados de forma estable con alguien y acompañados de interacciones privilegiadas. Distingue en él tres componentes :

• *Componente emocional:* formado por los sentimientos de seguridad, angustia, ansiedad, amor, alegría, etc. que sienten los miembros de la familia como consecuencia de su relación.

• *Componente conductual* que se manifiesta mediante diversas conductas como:

— *La tendencia a la proximidad* con las figuras de afecto. El niño tiende a permanecer cerca de su madre, o la pareja busca momentos para estar junta. Pero también cuando los hijos crecen, los adultos de una familia tienden a mantener la proximidad y buscan momentos para compartir, celebraciones, contactos telefónicos, etc.

— *El contacto físico.* En el seno familiar se observan con frecuencia expresiones de afecto como besos, abrazos, caricias, etc.

— *El miedo a los extraños.* Se trata de una conducta concreta que aparece en los más pequeños y que consiste en rechazar aquellas situaciones en las que desaparece su figura de apego. Se manifiesta mediante el llanto, la inhibición o el rechazo de las personas que las sustituyen.

— *El contacto sensorial privilegiado.* Se observa una mayor cantidad de contactos visuales o auditivos entre las personas vinculadas. Cuando el vínculo afectivo está adecuadamente establecido entre los participantes, en dicha relación se produce un contacto sensorial especial con alto grado de intimidad, utilizan un conjunto de claves compartidas y exclusivas para interpretar la información y para seleccionar ciertos estímulos visuales o auditivos sobre otros. Así una mirada, un gesto o una palabra pueden estar cargados de contenido para los que comparten ese grado de intimidad familiar.

© narcea, s. a. de ediciones

• *Componente cognitivo*. Consiste en los pensamientos o ideas que subyacen a la relación, el modelo mental de la relación que se compone de elementos como:

— *El recuerdo de la figura de afecto*. Aparece de forma significativa en los momentos de aflicción o tensión emocional. ¿Quién no echa de menos a sus personas queridas en un momento difícil? ¿Cuántas veces hemos recordado, incluso de adultos, a esa figura de afecto, sean nuestros padres, nuestra pareja o nuestros hijos?

— *La percepción de disponibilidad incondicional*. Consiste en la idea de que nuestras figuras de apego están siempre dispuestas a ayudarnos. Cuando tenemos una necesidad sabemos que nos van a responder; esta idea permite al niño sentirse más seguro.

— *La percepción de eficacia*. Los niños, sobre todo en la primera infancia, desarrollan la creencia de que sus padres o sus figuras de afecto van a ser capaces de dar respuesta siempre a aquello que ellos precisan. Esta idea se va desarrollando a través de experiencias continuas en las que los adultos satisfacen las necesidades de los niños: les dan de comer cuando tienen hambre, les abrigan cuando tienen frío o les ayudan a dormir cuando están cansados. Según van creciendo, poco a poco van descubriendo que los adultos no son infalibles, que no siempre pueden hacerlo todo o hacerlo bien, pero permanece la certeza de que las figuras de apego van a ayudar en los momentos de necesidad.

— *Las expectativas*. Son creencias que tenemos respecto a lo que podemos esperar del otro. Las expectativas van aumentando a medida que el apego es mayor.

3. *Reciprocidad y dependencia*

Otro elemento que define a la familia es el compromiso personal de reciprocidad. Unos dependen de otros. En el sistema familiar, cualquier variación o cambio que se produzca en uno de sus miembros va a tener una repercusión sobre los otros. No solo dependen los niños de los adultos, también los padres dependen afectivamente de los hijos y los hermanos entre sí. Se ayudan, colaboran en su desarrollo. El nivel de igualdad de esta reciprocidad va a ir variando en función de las edades de los miembros. La relación entre padres e hijos va a ser más asimétrica que la relación de pareja.

Funciones de la familia

Podemos definir tres funciones principales en el ámbito familiar:

- *Asegurar la supervivencia, el sano crecimiento y la socialización.* La familia es una estructura social de primer orden que tiene el papel de satisfacer las necesidades primarias de sus miembros: la alimentación, el vestido, el sueño, la higiene, la salud, la educación y las relaciones sociales
- *Aportar un clima de afecto y apoyo estable* que ofrezca un punto de referencia psicológico, y un esquema de valores con el que construir una moral autónoma que permita un funcionamiento adaptado. Este clima afectivo va a ser crucial en las situaciones de estrés ya que proporciona al individuo compañía, comprensión y ayuda. La percepción de incondicionalidad del vínculo afectivo, va a permitir, no solo a los niños en proceso de desarrollo sino también a los adultos, experimentar en el mundo social, aceptar los fracasos y los rechazos con la seguridad de que hay un microsistema formado por su familia donde el afecto está garantizado. La familia da respuesta a las necesidades secundarias afectivas y sociales (López F, 1993), entre las que se incluyen la necesidad de vinculación, protección, seguridad, autoestima, juego y comunicación, pertenencia a un grupo social y control social de los peligros. El clima de afecto va a ser clave en el aprendizaje de la comunicación. Una relación afectiva sana y equilibrada permite al niño experimentar en sus relaciones con otras personas, generalizar sus estrategias de comunicación desde un entorno familiar reducido, a otros entornos más amplios.
- *Aportar la estimulación necesaria para optimizar las capacidades de sus miembros a través de la estructuración del ambiente y de la interacción.* La familia define continuamente situaciones de aprendizaje. A la hora de la comida, del baño, del juego, los papás interaccionan con sus hijos potenciando sus capacidades. Esta función da respuesta a las necesidades terciarias de las personas que son: las necesidades de exploración, de estimulación sensorial de aprendizaje, y autocontrol del desarrollo de las propias capacidades. Y no solo se desarrolla a través de la estructuración del ambiente, sino sobre todo a través de la relación entre los miembros de la familia que fomentan un posicionamiento frente al mundo exterior en el que se insta a los individuos a cuestionarse dudas, a buscar soluciones a las situaciones concretas, a relacionar unos aprendizajes con otros, etc.

Podemos encontrar familias que no son capaces de desempeñar adecuadamente cualquiera de estas tres funciones generando trastornos en sus miembros.

La familia como sistema

La familia es un sistema. Es un conjunto organizado e independiente de unidades ligadas entre sí por reglas de comportamiento y por funciones dinámicas en continua interacción entre sí y en intercambio permanente con el exterior (Andolfi, 1984). Está compuesto a la vez de otros tres subsistemas:

1. *El sistema conyugal,* formado por una pareja con una relación específica que cumple las características de cualquier otro sistema y que da estabilidad a la familia. Las relaciones de pareja que nos podemos encontrar son múltiples y variadas, cada una define unas normas específicas de funcionamiento. No existe un modelo ideal de pareja. La clave está en el equilibrio de cada sistema y en la satisfacción que experimenta cada uno con ese modelo de relación. Es una parte crucial del sistema familiar. Puede no existir cuando encontramos familias monoparentales, o incluir otras variables cuando se trata de parejas reconstruidas.

2. *El sistema parental,* formado por el conjunto de relaciones establecidas entre los padres y los hijos que también se define con unas reglas concretas y bastante interdependencia entre sus miembros. No son las mismas relaciones las que se establecen con el padre que con la madre. Ni con unos hijos se relacionan del mismo modo que con otros.

3. *El sistema fraterno,* formado por las relaciones existentes entre los hermanos. La variedad va a venir dada por el número de hermanos, las edades de los mismos, el sexo, y por otras muchas variables.

Nada más empezar, podemos observar la complejidad del sistema familiar. Estos tres subsistemas funcionan independientemente, pero también en interacción entre ellos dando lugar a un sistema más amplio. No es objeto de este libro profundizar en cada uno de estos subsistemas. Se trata únicamente de comprender cómo el sistema familiar se subdivide en otros. El profesional, en su intervención, debe contemplar la complejidad de este sistema.

Propiedades

Vamos a aplicar a la familia los conceptos aportados por la teoría general de sistemas analizando las propiedades de los sistemas (Watzlawick, 1983) Éstas son:

Totalidad. El sistema tiene una entidad y organización que va más allá de la suma de las características individuales de sus miembros, tiene características propias y originales. Los cambios que se producen en una parte del sistema conducen a cambios en su totalidad. El sistema se comporta como un todo. La familia es una realidad diferente para cada uno de sus miembros y determina el comportamiento de los mismos pero nunca debemos confundir al individuo con su familia.

Circularidad. Las acciones de unos miembros influyen en las de otros. Hay una influencia múltiple, de modo que los comportamientos de todos van a tener consecuencias sobre los demás.

Unidad. Hay un sentimiento de pertenencia y origen común, una identidad colectiva que los miembros de una familia tratan de buscar y de destacar.

Autorregulación. Los sistemas tienen influencias del exterior y del interior y tienden a la modificación. Para que estos cambios no rompan la estabilidad del sistema intentan regularse a sí mismos y tienden a la homeostasis. Las retroalimentaciones pueden provocar un equilibrio atenuando los impulsos hacia el cambio o bien acentuando o estimulando la transformación.

Equifinalidad. Los cambios que se van produciendo a lo largo del tiempo en un sistema son los que determinan el estado actual. El sistema se rige por unas reglas internas que determinan el comportamiento de los miembros entre sí y frente al exterior. La familia, así como los subsistemas conyugales, parentales y fraternos se rigen por unas reglas internas que determinan el comportamiento de los miembros entre sí y frente al exterior. Algunas son explícitas y están claramente definidas. Así por ejemplo, se usan con frecuencia expresiones de este tipo:

"En esta casa nos repartimos las tareas del siguiente modo …". "Si vas a llegar tarde, llamas para avisar y evitar la preocupación de la familia".

Otras normas son implícitas, no están recogidas por escrito, ni siquiera se expresan verbalmente, pero están en la conciencia de todos. Son valores,

© narcea, s. a. de ediciones

creencias, expectativas de unos sobre otros, que cuando se respetan, el sistema gana en seguridad. Por ejemplo, la expectativa de ser ayudado en un momento determinado; no tiene por qué hablarse de ello, pero se da por supuesto.

Homeostasis y cambio. En todo sistema hay impulsos contrapuestos de estabilidad y cambio. El asesor puede ser un instigador de cambios, pero éstos no deben ser muy ambiciosos porque pueden desestabilizar el sistema. Pequeños cambios provocan reajustes que en cadena conllevan otros cambio, lográndose transformaciones más profundas a largo plazo. Cuando se produce un cambio éste produce una situación de crisis que puede desestabilizar el sistema. Si ante esta crisis el sistema es capaz de modificar y adaptar sus reglas internas se adapta y se reequilibra, si el sistema es rígido y no puede adaptar sus normas pueden aparecer síntomas y llegar a una situación de patología del sistema. Existe un movimiento cíclico y dinámico que incluye dos tendencias: la homeostasis o tendencia al equilibrio del sistema en la vida cotidiana y la morfogénesis que son los cambios que aparecen en la vida cotidiana que generan crisis.

Si el sistema articula estas dos tendencias de forma equilibrada será un sistema sano, si no lo logra puede dar lugar a la patología.

Cada cambio que se produce da lugar a una situación de crisis en las normas de funcionamiento del sistema familiar, de pronto se perciben como insuficientes o ineficaces, no sirven como venían haciendo hasta ese momento, y el sistema debe reaccionar.

La familia tiende a la homeostasis, a estar equilibrada. La vida cotidiana requiere que las pautas estén bien definidas ya que hay una multitud de situaciones diferentes a las que el sistema debe dar respuesta.

Cuando hay un cambio se produce la morfogénesis, o situación de crisis ante la cual el sistema puede dar dos tipos de respuesta: 1) modificar las reglas internas para adaptarse al cambio y por lo tanto volver a la homeostasis inicial, o 2) mantenerse rígido en cuanto a las reglas que venían funcionando hasta ese momento y no modificarlas.

La incapacidad del sistema para cambiar las reglas produce lo que llamaríamos un síntoma o un trastorno en el funcionamiento del sistema. No recupera la homeostasis y puede llegar a patologizarse e incluso hacerse crónica la situación de inestabilidad.

Las terapias sistémicas abordan muchos problemas de los individuos como síntomas de un sistema familiar patológico. Cuando la familia no está funcionando de forma equilibrada, uno de los miembros puede manifestar comportamientos alterados y el abordaje que se hace, desde este modelo de intervención, es trabajar con todo el sistema familiar hasta descubrir el origen de dicha patología y poder intervenir sobre ella.

Períodos críticos

Todas las familias atraviesan momentos de cambio, inherentes a la propia evolución de la misma. Las familias asumen la mayoría de los cambios con facilidad, no obstante existen algunos períodos críticos que se muestran especialmente vulnerables como los que enumeramos a continuación.

El nacimiento de un hijo. El nacimiento del primer hijo es un cambio muy significativo en el funcionamiento del sistema, no solo porque deben cambiar las reglas de interacción entre la pareja sino porque aparece un nuevo subsistema, el parental, que hay que integrar dentro de la familia. Si no es el primer hijo, entran en juego variaciones en el sistema conyugal y parental y aparece el sistema fraterno en el caso de existir un único hermano, o se producen cambios muy significativos en el sistema fraterno en el caso de existir más hermanos.

Recuerdo el comentario de un padre que tuvo su primera hija después de muchos años de matrimonio.

"Yo pensaba que la vida me iba a cambiar cuando naciera mi hija, pero he descubierto que no es que me haya cambiado la vida, es que es OTRA VIDA".

© narcea, s. a. de ediciones

Si la pareja antes de tener hijos disponía de tiempo para pasear, salir o hablar, esta situación se modifica sustancialmente cuando nace el bebé. La preocupación por el desarrollo de ese hijo, los vínculos afectivos que se establecen con él, etc. crean un tejido de cambios en los cuales cada miembro de la pareja tiene que encontrar su lugar, sin menoscabo de su relación conyugal. Cuando hay más hijos, las reacciones de cada uno afectan a las de los otros y los padres no solo se preocupan por el recién nacido sino que deben estar atentos a las actitudes de sus hermanos y responder adecuadamente a sus necesidades. En el capítulo 4 veremos cómo se complican aún más las cosas si además el nuevo hijo nace con una discapacidad.

La escolarización. Cuando el pequeño comienza a ir a la escuela tiene que haber un reajuste. Las figuras paternas, que hasta ese momento eran insustituibles para el niño, deben asumir un nuevo papel. Hay que aceptar la presencia de vínculos afectivos para el hijo ajenos al entorno familiar. Aparece la figura del maestro como un elemento que forma parte de la vida afectiva del niño. También las relaciones sociales con otros niños, con otras familias aportan elementos de cambio a la dinámica habitual. Tienden a cuestionarse aspectos educativos al observar otros patrones de comportamiento parental.

Se modifican los horarios, las rutinas, aparecen nuevas responsabilidades a las que hay que adaptarse, hay que pintar, o leer, o hacer deberes, que hasta ese momento no formaban parte del repertorio habitual de actividades de la familia. Los cambios de etapa educativa también pueden suponer períodos críticos, los niños se someten a cambios a los que se tienen que ajustar, de maestros, de compañeros, de exigencia educativa, etc.

Los cambios de residencia. Hay que modificar las reglas de funcionamiento, buscar nuevas redes sociales, ajustar los espacios físicos para cada miembro, reajustar las tareas, etc.

Los cambios laborales de alguno de los padres implican siempre situaciones de ansiedad. El adulto debe adaptarse a una nueva condición laboral con cambios en sus responsabilidades, entre sus compañeros, etc.

Una situación de enfermedad o aparición de problemas de comportamiento en uno de los miembros. Éste es un cambio que aparece de repente, sin que se pueda prever, por lo que viene acompañado de un fuerte componente de ansiedad, y requiere una adaptación inmediata. En el capítulo 6 hablaré con detenimiento de las reacciones que se producen en la familia ante estas situaciones.

La incorporación de nuevos miembros de la familia como la convivencia con abuelos, con las parejas de los hijos, la reconstrucción de familias con aportación de hijos de ambos padres procedentes de parejas anteriores, etc., suponen situaciones de cambio y crisis.

Estos son algunos ejemplos de períodos críticos por los que atraviesan la mayoría de las familias, pero ni mucho menos todos los que pueden aparecer. Hay algunas situaciones especialmente traumáticas que exigen un esfuerzo mayor de reajuste. La muerte de un familiar, la ruptura del subsistema conyugal o la aparición de una discapacidad o trastorno del desarrollo en uno de los hijos.

Según Bronfenbrenner la familia es un microsistema que está en interacción con otros microsistemas como la escuela. Esta relación entre ambos microsistemas es lo que denominamos mesosistema.

A la vez la familia recibe fuertes influencias de los exosistemas como la familia extensa (abuelos y otros parientes), el sistema laboral de los padres, etc. Las pautas de comportamiento que vienen asociadas a la pertenencia a un sistema laboral concreto, pueden instar a la familia a adoptar formas de comportamiento determinado que se ajusten a las de otras personas que comparten el trabajo de los padres. Por otro lado la familia extensa, tiene una gran influencia sobre el comportamiento del núcleo familiar.

Todo esto, a su vez, está inserto en el macrosistema global de una sociedad que, determinada por sus propias condiciones históricas, influye en las creencias y en los valores de los miembros de la familia. No es lo mismo vivir en un país desarrollado con un nivel de vida alto y un grado elevado de bienestar, que en un país en vías de desarrollo con alta conflictividad social. La familia, por tanto, no es un sistema cerrado, está abierto a otros sistemas externos que también la van a influir. Muchos comportamientos se explican como consecuencia de la interacción intrafamiliar, por lo que resulta indispensable conocer el funcionamiento interno de cada familia, pero también pueden ser producto de influencias externas provenientes de otros microsistemas, exosistemas o macrosistemas por lo que tampoco podemos obviar el conocimiento de los medios en los cuales se desenvuelven los miembros de cada sistema familiar.

Características de la familia

Para intervenir con las familias hemos de partir de un postulado básico "cada familia es diferente" en base a una serie de variables: estructura, historia, estilo educativo, emociones, sistema de atribuciones, necesidades y expectativas.

A su vez, cada una de estas variables contiene varios apartados diferentes tal y como se recogen en el esquema adjunto y que se describirán a continuación:

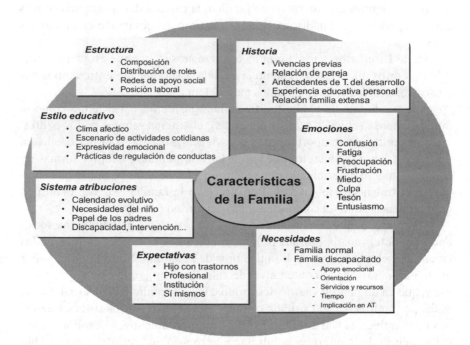

Estructura

Es la organización del sistema para su funcionamiento (Minuchin, 1977): división de funciones que los subsistemas han de realizar, reglas de funcionamiento, límites o fronteras, jerarquías, etc.

Asistimos a una auténtica revolución en cuanto a la estructura familiar, hemos pasado de una familia tradicional compuesta por una pareja heterosexual con sus hijos biológicos. a toda una amplia gama de opciones variadas: familias monoparentales, reagrupadas con hijos procedentes de parejas anteriores, padres homosexuales, hijos adoptados, etc.

Para conocer la estructura de una familia vamos a tener en cuenta las siguientes variables:

La composición. Número de miembros que la componen, las edades de cada uno, la convivencia con otras figuras, (abuelos, tíos, servicio doméstico, etc.), el tipo de familia: pareja estable, monoparental, reagrupada, etc. En función de su composición varían las necesidades, los intereses, etc.

La distribución de los roles. Se refiere a cómo se organizan las tareas cotidianas, a cómo se reparten las responsabilidades. Cada familia establece sus propias formas de organización que les permite lograr su equilibrio u homeostasis. Es necesario precisar quién asume el papel del cuidador primario y qué implicaciones tiene eso en su proyecto de vida personal. No es lo mismo intervenir con una familia monoparental donde una sola figura debe asumir muchos papeles, que una familia con muchos miembros donde pueden repartirse las tareas y las posiciones.

Las redes de apoyo social. Pueden ser formales con familiares, que aunque no convivan en el domicilio familiar, ayudan en las tareas y apoyan emocionalmente, o informales a través de amigos o vecinos con los que la familia se organiza para la realización de diversas tareas. Este aspecto es especialmente significativo cuando hay un trastorno del desarrollo ya que se multiplican las tareas de cuidado y además resulta básico el apoyo emocional.

La posición laboral de los padres. En lo que respecta al tema laboral hay muchos factores que influyen en la estructura familiar: si trabajan ambos padres fuera de casa, si el trabajo se desempeña en la misma ciudad de residencia o se ven obligados a viajar diariamente provocando riesgo y cansancio, los horarios de trabajo que pueden limitar el tiempo de convivencia familiar durante la semana, etc. Este aspecto va a determinar la necesidad de recurrir a otros elementos como guarderías, actividades extraescolares, servicio doméstico, o familiares que atiendan a los hijos durante la jornada laboral de los padres, con lo que eso implica en la dinámica familiar.

© narcea, s. a. de ediciones

Historia

El pasado define y explica una buena parte del presente y por tanto es necesario conocerlo y manejarlo. Las experiencias vividas, tanto individualmente como formando parte de la familia, van a explicar muchos comportamientos, van a configurar el sistema de atribuciones o creencias de la persona. Algunos aspectos que van a influir decisivamente son los siguientes:

Las vivencias previas como familia. La acumulación de experiencias positivas o negativas van a dar lugar a un ambiente más o menos cálido donde se desarrollará cada miembro familiar.

La relación de pareja. La trayectoria seguida por la pareja a lo largo del tiempo va configurando la dinámica actual. El subsistema conyugal atraviesa distintas etapas que van a determinar bastante su funcionamiento.

Los antecedentes de trastornos del desarrollo. La existencia o no de experiencias relacionadas con trastornos del desarrollo en su propia persona, en hermanos, familiares u otros hijos, va a determinar posiciones muy diferentes respecto al trastorno de un hijo. No tiene por qué darse una relación directa positiva ya que podemos encontrar rechazos inconscientes o miedos, determinados precisamente por el conocimiento previo de la situación.

La experiencia educativa personal. Cada individuo, cuando representa el papel de padre, lo hace ayudado por un bagaje de experiencias previas. Le sirve lo que ha leído o reflexionado sobre cómo educar a sus hijos, pero inevitablemente tiene acumuladas numerosas experiencias como hijo, de cómo ha sido educado en el entorno familiar del que proviene. Existe una cierta tendencia a repetir algunos patrones aprendidos desde la infancia. Con bastante frecuencia nos encontramos parejas que tienen serias dificultades para educar a sus hijos en común, que tienen una gran disparidad de criterios educativos, en parte porque no han construido un marco de referencia compartido que les ayude a operar en situaciones cotidianas, pero también porque cada uno aporta experiencias educativas dispares provenientes de su propia infancia.

Las relaciones con la familia extensa. Las situamos en este apartado porque, de alguna forma, tienen un carácter histórico, se han ido construyendo a lo largo del tiempo. Esta interacción, tanto si los familiares están próximos físicamente como si están alejados, tiene mucha influencia en el funcionamiento parental. Los consejos, los comentarios o las críticas respecto a la educación de los hijos u otros asuntos familiares que aporta la familia extensa, sobre todo si son los abuelos, tienen una gran influencia sobre los padres, tanto si son los propios como los de la pareja. Las intervenciones de estos familiares pueden reafirmar una posición, lo que repercute en un aumento de seguridad en las propias acciones de los padres, o bien rechazarla, lo que implica ansiedad e indefensión ante las pautas educativas. Incluso pueden provocar conflictos entre la pareja como consecuencia de la intromisión de estos familiares. En ambos casos, no pasan desapercibidos ya que provienen de personas vinculadas afectivamente.

Estilo educativo

Siguiendo las teorías de J. Palacios (1998) definimos el estilo educativo en torno a cuatro variables:

Clima afectivo. Consiste en los tipos de apego que se establecen en el núcleo familiar. No todas las relaciones que se establecen tienen el mismo tipo de vínculo, éste puede ser seguro, ansioso ambivalente o inseguro evitativo (López, 1993). Habría que tener en cuenta si existe percepción de disponibilidad y eficacia, si existen expectativas positivas de unos miembros respecto a los otros, o bien si hay vivencias llenas de ansiedad respecto a la aceptación del otro. ¿Cómo se establecen las redes afectivas entre los miembros? Este clima va determinar el desarrollo de cada uno de los participantes en la relación.

Escenario de actividades cotidianas. Es el diseño del ambiente físico y social donde se desarrolla la vida cotidiana. Lo vamos a definir en cuatro niveles de complejidad.

En un primer nivel situamos la *elección de objetos y estímulos.* Han de estar en la proporción justa, ser adecuados a la situación y variados. Configuran el espacio físico donde el niño se desarrolla. Se trata, no solo de proporcionarle objetos o acciones, sino también limitarle el acceso a los mismos cuando no sean apropiados.

En un nivel superior de complejidad, incluyendo los objetos y los estímulos, las familias *organizan las situaciones y las actividades*, no solo las relacionadas con el cuidado personal (alimentación, sueño, higiene, etc.) sino todo tipo de actividades, formativas, lúdicas, etc. Los padres, ante las situaciones espontáneas pueden provocar en sus hijos conflictos cognitivos que insten al niño a buscar explicaciones o soluciones a los problemas, aprovechar situaciones de aprendizaje incidental a partir de cualquier acontecimiento que ocurra, proponiendo distintos enfoques o explicaciones.

En un tercer nivel está la *organización de las rutinas*. Son un conjunto de acciones organizadas que siguen una pauta fija y que dan respuesta a las necesidades básicas del niño o del adulto. No solo las relacionadas con el cuidado personal, sino también y sobre todo aquellas que impliquen interacción con otras personas. Hay rutinas sociales que son básicas en el sistema familiar: el saludo o la despedida, los juegos de interacción con los más pequeños mediante gestos o actividades lúdicas, los tiempos dedicados a la conversación, etc.

El cuarto nivel es la *supervisión de las actividades cotidianas* que consiste en la actitud permanente de los padres para estar informados e intervenir en las actividades cotidianas de sus hijos. Cuando el niño es pequeño, pasa más tiempo con los adultos, por lo que es más frecuente que los padres intervengan aportando, limitando o actuando de forma consistente frente a las conductas del niño. A medida que éste se va haciendo mayor, pasa más tiempo con sus iguales y va distanciándose del entorno físico del hogar, en la escuela o en lugares destinados al ocio. Los padres ya no están físicamente con sus hijos pero pueden aún seguir supervisando sus acciones, estando informados de las actividades que sus hijos realizan fuera de casa, conociendo a sus amistades, aportando opiniones respecto a dichas actividades, fomentando aquellas que sean favorecedoras y limitando o incluso prohibiendo aquellas que no se ajusten a lo deseable para el desarrollo de su hijo. Esta supervisión permite regular los comportamientos e irlos construyendo adecuadamente.

Expresividad emocional. Está estrechamente relacionada con el clima afectivo. Se refiere a la forma concreta cómo los participantes de una relación, en este caso conyugal, parental o fraterna, expresan sus emociones y sus afectos. Es el tono emocional de la relación y la comunicación, que se mueve entre los polos de los siguientes criterios: aceptación-rechazo, calor-frialdad, afecto-hostilidad. Muchos de los comportamientos que se observan en una relación podrían calificarse en torno a estos tres criterios y esos valores serán los que retratarán la expresividad emocional del entorno familiar.

Prácticas de regulación de conductas. Hacen referencia a las acciones concretas que emplean los padres para encauzar o dirigir los comportamientos de sus hijos: poniendo límites, frustrando sus deseos de modo equilibrado o reforzando sus comportamientos. Nos referimos al conjunto de estrategias que utilizan para fomentar las conductas deseables de sus hijos y eliminar las inadecuadas, es decir, para educar a sus hijos. Los comportamientos de los padres podemos situarlos en algún lugar del continuo entre los siguientes criterios: autonomía-control, flexibilidad-rigidez, permisividad-restrictividad.

La combinación ajustada de las mismas (autonomía, flexibilidad, permisividad) en relación con las variables de expresividad emocional (aceptación, calidez, afecto) es lo que va a dar lugar a un estilo educativo apropiado y seguro. No existen pautas sobre la combinación más correcta. Los padres deben ajustarse, en cada momento, a las características de cada individuo y de cada situación. Esto es lo que hace tan difícil la tarea educativa. No hay reglas fijas, están determinadas por muchas variables y además deben estar en la proporción justa.

Emociones

Las personas que forman parte de una familia experimentan permanentemente distintas emociones: alegría, confusión, fatiga, preocupación, frustración, miedo, culpa, tensión, entusiasmo, sorpresa, esperanza, amor, felicidad, etc. Una emoción es el estado complejo del organismo caracterizado por una excitación que predispone a una respuesta organizada despertando, dirigiendo o manteniendo una actividad (Bisquerra, 2000). Las emociones pueden ser de intensidad variable según la evaluación que hace la persona de los posibles efectos de la situación y de la propia capacidad de afrontamiento, y más o menos estables en el tiempo, pudiendo llegar a instaurarse en algunos casos en la personalidad del individuo. Varían en sus manifestaciones y provocan respuestas diferentes.

Tienen un *componente neurofisiológico* formado por respuestas fisiológicas involuntarias como por ejemplo, cambios en la sudoración, la respiración, el ritmo cardiaco, etc. También tienen un *componente comportamental* formado por el conjunto de acciones, gestos faciales o expresiones que realiza el sujeto, y un *componente cognitivo* que consiste en la vivencia subjetiva y el etiquetado de la emoción.

Las emociones sirven para motivarnos hacia la acción y para adaptarnos a las situaciones. Dan información al propio sujeto y a los demás sobre lo que está ocurriendo. Todas las personas experimentamos emociones continuamente ante distintos agentes causantes que pueden ser internos o externos.

Todas las emociones son aceptables, tienen un sentido y nos sirven, aunque sean displacenteras. Pero es necesario canalizarlas adecuadamente.

La familia es una realidad social donde confluyen las emociones de todos sus miembros. En muchos momentos pueden ser compartidas, y experimentar todos juntos, por ejemplo, alegría por un acontecimiento favorable, un nacimiento, una buena noticia. O sorpresa ante un imprevisto por una noticia inesperada, o tristeza, por la pérdida de alguien o algo valioso. Pero en muchas ocasiones, las respuestas que dan los distintos miembros de la familia, ante un mismo hecho, pueden ser diferentes. Mientras uno experimenta miedo, otro puede sentir ira o incluso entusiasmo. El mundo emocional es muy complejo. Tanto las respuestas emocionales como las técnicas de afrontamiento pueden ser muy dispares.

Las emociones pueden explicarnos muchos comportamientos de las personas. Si queremos que la intervención en AT sea eficaz debemos incorporar en el proceso la expresión y el manejo de las emociones.

Sistema de atribuciones

Es el conjunto de ideas, constructos, creencias o modelos mentales que construye el individuo a partir de su experiencia que le sirven para interpretar los acontecimientos y poder preverlos; es un concepto relacionado con el de "Teorías implícitas de los padres" (Palacios, 1998). Los padres se sirven de él para comprender cognitivamente las experiencias por las que atraviesan y para buscar explicaciones a los acontecimientos. Tienen atribuciones respecto a la sociedad, a la educación, al trabajo, a la discapacidad, a la AT, a los servicios de la comunidad, a su papel como padres y madres, a la educación, etc. Todos ellos constituyen un marco desde el que perciben y dan significado a la realidad y desde el que estructuran sus acciones.

Algunas de las atribuciones que resultan significativas para conocer mejor el sistema familiar son las siguientes: calendario evolutivo, necesidades del niño, papel de los padres, discapacidad, intervención, etc.

Calendario evolutivo. Son las ideas que los padres tienen sobre cuáles son las adquisiciones propias de cada edad. Por ejemplo, si unos padres consideran que los niños hablan hacia los tres años, aunque esta idea sea incorrecta, no se van a preocupar porque su hijo no se exprese oralmente a los dos años. Basándose en dicho calendario proponen o limitan actividades a sus hijos por el hecho de ser o no apropiadas a su edad teniendo en cuenta lo que ellos consideran que el niño debe hacer con esos años. Pueden hablar al niño con un lenguaje infantilizado porque creen que aún no está preparado para otro tipo de comunicación, o le llevan en la silla de paseo hasta una edad muy avanzada, o le mantienen durmiendo en cuna o tomando biberón porque consideran que aún es pequeño para otra cosa.

Este calendario puede ajustarse a la realidad o no, pero es el baremo que las familias utilizan para regular su interacción y para determinar si existen alteraciones en el desarrollo. Se construye a partir de lo que los padres oyen, lo que les cuentan las personas allegadas, en algunos casos según lo que han leído o estudiado, o simplemente a partir de su propia perspectiva. En general se tiende a infravalorar las capacidades de los bebés y los niños hasta los 5 años y a sobrevalorarlas a partir de la edad escolar.

En ocasiones, este calendario se deforma más o menos inconscientemente con objeto de negar o evitar la aceptación de un trastorno del desarrollo.

El calendario evolutivo va a ser una de las atribuciones que más se va a manejar en la intervención familiar dentro de un programa de Atención Temprana. Las familias junto con el profesional irán construyendo o modelando una idea del desarrollo acorde con la edad y con la discapacidad que presente su hijo, que se ajuste a unas expectativas razonables y que permita regular adecuadamente la interacción para favorecer el desarrollo del niño.

Hace poco tiempo he trabajado con una familia con tres hijas. La pequeña, de un año. Detectamos en la escuela infantil un ligero retraso del desarrollo. Hablamos con los padres y les informamos de que, según su edad, debería dominar algunas habilidades motrices que aún no tenía adquiridas, ellos habían percibido que no se movía igual que sus hermanas pero la pediatra les había tranquilizado y ellos apenas lo habían dado importancia. Se les ofrecieron unas pautas para potenciar los cambios posturales y los desplazamientos, con objeto de observar si se trataba de un desarrollo lento o por el contrario podíamos estar ante un trastorno del desarrollo. Una vez que la familia supo lo que debía esperar para la edad de la niña y cómo podía potenciarlo, rápidamente fue mejorando hasta aproximarse su edad de desarrollo a su edad cronológica. Me llamó la atención cuando, en una de las entrevistas, la madre me hizo el siguiente comentario:

"Al principio nos agobiamos un poco pensando que la niña tendría algún problema, pero ahora que sabemos lo que puede hacer y lo que tiene que hacer se-

gún su edad, no sabes lo que estamos disfrutando todos de cómo va evolucio-
nando, nos fijamos en las cosas que hace y en cómo las hace, cosa que no hici-
mos con sus hermanas cuando tenían su edad".

Ajustar el calendario evolutivo favorece la competencia de los padres y el
desarrollo del niño.

Necesidades del niño. Los padres configuran un esquema mental de lo
que sus hijos necesitan, a partir del calendario evolutivo y de otros constructos. No siempre responde a esquemas lógicos, incluyen en él sus propias necesidades y sus creencias personales. Están muy matizados también por influencias de la cultura o de los sistemas externos a la familia a los que
pertenecen.

Pueden pensar que un niño de una edad determinada necesita cierta cantidad de dinero, o estar al corriente de los programas de la televisión o disponer de determinada ropa u objetos que son indicadores de bienestar. En la
idea de que en nuestra sociedad es imprescindible ser el número uno y saber
de todo, se basa la tendencia generalizada de muchas familias de llevar a los
niños a actividades extraescolares que implican una estructura organizativa
complicada para la vida familiar desde la primera infancia. En una entrevista
para abordar problemas de comportamiento de un niño de 5 años recuerdo
una expresión de su padre:

"No, yo le compro a mi hijo juguetes siempre que puedo, que no le falte lo
que yo no pude tener, cuando salimos de paseo le compro golosinas o lo que
me pida".

En una reunión de padres de una escuela infantil, la maestra estaba orien-
tando a las familias para que llevaran a sus hijos un pequeño bocadillo con
fiambre o fruta o un yogur para el desayuno de media mañana. Escuché la intervención de una madre que decía:

"A mí eso que dices me parece bien porque es una forma sana de alimentarse,
pero comprenderás que si todos los niños traen un bollo o una bolsa de gusanitos
o patatas y mi niño trae un plátano, puede sentirse menos que sus compañeros".

Ideas como estas están en la base de comportamientos incorrectos de las
familias que creen que sus hijos tienen una serie de necesidades que deben
satisfacer para evitar problemas de interacción o de autoconcepto.

© narcea, s. a. de ediciones

Sin embargo observamos cómo otras necesidades reales de la infancia como el ejercicio físico, la alimentación equilibrada, el descanso, el juego o la interacción sosegada en el entorno familiar se ignoran sistemáticamente, tal vez porque la sociedad no las potencia, o porque a veces se priorizan necesidades de los adultos que guardan relación con el prestigio, el tiempo libre, etc., y que son poco compatibles con las de la infancia. Sobre las necesidades de los niños va a centrarse muchas veces la intervención familiar.

Papel de los padres. Este contenido está formado por las ideas que los padres tienen sobre cómo deben comportarse ellos. En una ocasión tuve un debate interesante con una madre respecto a lo que ella consideraba ser "buena madre". Tenía dos hijos de 1 y 2 años y estaba pasando una época difícil ya que no podía separarse de ellos sin que sufrieran cierta angustia. El momento de irse a dormir se hacía interminable, los niños requerían que sus padres permanecieran muy cerca de ellos hasta que se dormían. Después de una larga conversación la madre hizo un descubrimiento.

"Yo siempre había pensado que una buena madre es la que se sacrifica por sus hijos y responde a todas sus demandas, pero ya me doy cuenta de que la buena madre es la que enseña a sus hijos mecanismos para funcionar socialmente de una forma adaptada. O sea, que si digo que "no" a mis hijos, no soy una mala madre, sino que les estoy preparando para las frustraciones que la vida les va a traer".

Después de aquella reflexión, le costó poco trabajo lograr que durmieran solos y que fueran un poco más independientes. Posiblemente funcionaba con una atribución errónea que no le permitía corregir algunas conductas de sus hijos porque si mantenía una actitud crítica frente a sus comportamientos ésta chocaba con el concepto de "buena madre", entregada y complaciente a los deseos de sus hijos.

En el caso de niños con trastornos del desarrollo podemos encontrar familias que se atribuyen el papel de protectores y sin apenas ser conscientes limitan las experiencias de sus hijos y con ello su desarrollo.

Concepto de discapacidad, intervención, etc. Las familias desarrollan una serie de atribuciones sobre lo que significa e implica la discapacidad o el trastorno de desarrollo concreto que presenta su hijo, o sobre la intervención que necesita. Estas atribuciones se analizarán con más detenimiento en el capítulo 6.

He desarrollado algunos de los contenidos de estas atribuciones con el objetivo de clarificar pero no debemos ser simplistas. Este sistema, es muy complejo. Los distintos contenidos se mezclan siguiendo distintas reglas. A la vez están influidos por la historia personal, las emociones y otras características de las que estamos hablando.

El hecho de reflexionar sobre todo lo expuesto anteriormente permite que nos aproximemos al sistema familiar con una visión profesional y respetuosa. Si el sistema familiar es tan complejo como estamos viendo, nuestra intervención no debe utilizar conjeturas, ni falsas impresiones. Antes de hacer un diagnóstico o una aproximación a una realidad familiar, debemos contemplar múltiples variables y dar cabida a explicaciones que no siempre son objetivas ni evidentes.

El sistema de atribuciones va a estar en la base de una serie de procesos cognitivos. Los padres utilizan esas atribuciones para realizar las siguientes operaciones:

— Interpretar y explicar de los sucesos. *"El niño llora porque necesita que le abracen"*.
— Predecir sucesos futuros. *"Ya verás como cuando cumpla los... años, comerá de todo"*.
— Planificar su comportamiento. *"Voy a triturarle la comida, aún no es capaz de masticar"*.
— Diseñar la propia acción educativa. *"Le premiaré cuando logre que haga..."*.
— Relacionar sucesos pasados y actuales. *"Ayer le dejé la luz encendida, y hoy pretende lo mismo"*.

El sistema de atribuciones permite a los individuos clarificar sus emociones y sus ideas y de ese modo sentirse más seguros, porque los acontecimientos no son caóticos, sino que responden a un orden, más o menos lógico. Así resulta más sencillo regular el propio comportamiento. En la segunda parte del libro, dedicada a la metodología, en concreto en el capítulo 6 sobre los contenidos de la Intervención familiar en Atención Temprana, hablaré mucho del sistema de atribuciones y la necesidad de operar con él.

Necesidades

Hay una serie de necesidades de carácter económico, educativo, afectivo y social que comparten todas las familias, y otras específicas derivadas de la discapacidad de alguno de los miembros de la familia.

• *Necesidades derivadas de la propia condición de familia*

Las familias necesitan un espacio, una vivienda digna, adaptada a la cantidad de miembros, donde cada uno pueda disponer de un espacio propio y otros compartidos adecuadamente dotados para favorecer el bienestar. Necesitan equipamientos sociales. Escuelas apropiadas para las edades de los hijos, equipamientos sanitarios para dar respuesta a las situaciones de enfermedad y a las necesidades de salud. Equipamientos de ocio, jardines, cines, locales comerciales, instalaciones deportivas, etc.

Necesitan también condiciones económicas mínimas para el logro del bienestar y medidas de carácter social o laboral que permitan compatibilizar la vida laboral y doméstica, necesitan tiempo para dedicarlo a estar juntos. Es muy importante también su estabilidad afectiva, un clima emocional estable con vínculos afectivos seguros y redes de apoyo social con familiares, amigos y vecinos así como ofertas de ocio apropiadas a las características de cada familia.

Por último, es importante disponer de información para desarrollar su tarea como educadores que pueden recibir a través de los medios de comunicación, la lectura de libros o revistas y la participación en actividades informativas o formativas que se ofertan en los ámbitos educativo, sanitario o social.

• *Necesidades derivadas de la discapacidad de uno de sus miembros*

Cuando en una familia hay un miembro con una discapacidad surgen otras necesidades añadidas a las anteriores:

— *Necesidades de apoyo emocional.* No solo sentidas por los padres, sino también por los hermanos, abuelos, etc. Estas necesidades se concretan en que:

    ○ Necesitan *expresar sus emociones y ser escuchados.* Cuentan una y otra vez cómo les dieron la noticia y cómo les quedó fuertemente grabada.

    ○ Necesitan *compartir sus experiencias* con otras familias similares. Creen que solo les puede comprender otro que haya pasado por una experien-

© narcea, s. a. de ediciones

cia similar, es un modo de no sentirse solos o aislados ante su problema. Ver cómo otros han hecho frente a la situación y le han dado respuesta resulta muy beneficioso, sobre todo en los primeros momentos.

○ Necesitan *que se interpreten adecuadamente sus acciones de búsqueda.* Muchas veces, las familias buscan diagnósticos alternativos que nieguen o minimicen el primer diagnóstico de trastorno, o buscan soluciones en distintas fórmulas de intervención. Esta es una conducta natural que debe ser interpretada adecuadamente por los profesionales o por otros familiares. Tienen derecho a buscar otra oportunidad, a que nadie se les enfade por buscar una salida a la situación de crisis que están atravesando.

○ Necesitan *que se acepte el momento concreto por el que están atravesando.*

○ Necesitan *descubrir que tienen capacidad de atender al hijo* que presenta trastornos y al resto de los miembros de la familia.

— *Necesidades de orientación.* Requieren información sobre la discapacidad concreta que presenta su hijo, sobre métodos o técnicas concretas de estimulación, necesitan que se les apoye en la toma de decisiones que en ocasiones se convierte en muy compleja por las pautas contradictorias dadas por diversos profesionales.

— *Necesidades de apoyos y servicios especializados.* Tienen que llevar a sus hijos a Centros de Desarrollo Infantil y Atención Temprana (CDIAT) o a servicios de rehabilitación, de logopedia, etc.; incluso, a veces, tienen que recurrir a unidades de salud mental para afrontar su propia situación emocional. Pero no solo hay que acudir a más consultas médicas o a servicios de tratamiento, además tienen que aceptar situaciones de excepcionalidad en los recursos normalizados. Cuando su hijo va a la guardería o al colegio, no lo hace como los demás, requiere un proceso administrativo diferente que pasa por dictámenes de escolarización especiales y en dicho centro tendrá que recibir apoyos, lo que implica para la familia una relación diferente con la maestra o con el centro escolar. Hay mayor implicación, es necesario un mayor intercambio de información con los profesionales, y las actitudes que se establezcan con esos recursos van a ser muy importantes para una buena adaptación.

— *Necesidad de tiempo.* Los padres necesitan tiempo disponible para poder hacer uso de todos esos recursos. Con frecuencia, se ven obligados a ausentarse del trabajo y a pedir permisos para acudir a tratamientos o a consultas de especialistas, a entrevistas de seguimiento o a otros recursos de la comunidad, teniendo esto una repercusión en su situación laboral. En ocasiones un miembro de la pareja deja su trabajo para dedicarse al cuidado del hijo, abandonando así una parte de su propio proyecto vital, lo que puede tener consecuencias a largo plazo, o deben recurrir a la colaboración de terceras personas como abuelos, empleadas de hogar, etc., para llevar a cabo los cuidados especiales y en esas personas deben depositar confianza de que realizará las tareas de un modo apropiado. La administración debería contemplar medidas laborales de excepcionalidad en estos casos, que facilitaran las cosas a estas familias.

— *Recursos extraordinarios*. En muchos casos, existe necesidad de acceder a materiales específicos. El niño con discapacidad puede requerir prótesis, sillas de ruedas, asientos adaptados, etc., y la familia se ve obligada a eliminar las barreras arquitectónicas en su hogar, a disponer de un vehículo adaptado, etc. Pueden necesitar también la ayuda de otras personas que colaboren con las tareas de cuidado y rehabilitación, lo que se traduce en importantes desembolsos económicos. En general, este tipo de recursos suponen una cuantía añadida a los gastos habituales. Bien es cierto que los estados reconocen ayudas económicas para acceder a estos recursos, pero las ayudas no siempre son suficientes y con frecuencia llegan más tarde que la necesidad.

— *Necesidades de implicación activa en el proceso de AT*. Necesitan emprender acciones que favorezcan el desarrollo de su hijo lo antes posible para sentirse eficaces y compartir con los profesionales la responsabilidad de modo que desaparezca el sentimiento de aislamiento. Necesitan hacer cosas para sentirse útiles, para afrontar la ansiedad, para creerse capaces de atender a su hijo. En este sentido, los programas de Atención Temprana contemplan, como no podía ser menos, la implicación total de las familias. Para ello es necesario que los servicios de AT estén adecuadamente dotados de profesionales que sean capaces de hacer una intervención eficaz.

Expectativas

Se derivan de la interacción de todos los factores expuestos anteriormente. Consisten en las ideas que las familias tienen sobre lo que pueden esperar de su hijo, de la AT, de los profesionales que intervienen, de los recursos existentes, e incluso respecto de sí mismos. Están íntimamente ligadas al sistema de atribuciones, son una variable de componente cognitivo que inciden en las emociones y éstas, como ya hemos visto, impulsan la conducta. Tienen un gran valor motivacional y con frecuencia determinan, en alguna medida, la eficacia de las acciones.

En la intervención con las familias, el profesional debe evaluar cuidadosamente las expectativas que los implicados en el proceso, (familiares, profesionales...) ponen en juego. Unas expectativas bajas respecto a las posibilidades reales provocan apatía y frenan el desarrollo. Unas expectativas excesivamente altas y desajustadas provocan fuertes sentimientos de ansiedad y un desgaste emocional importante con consecuencias negativas a largo plazo. La dificultad está en situarse en un nivel de expectativa óptimo que dinamice la interacción en condiciones saludables para toda la familia.

4. La familia y el trastorno del desarrollo

El presente capítulo se va a centrar en aquellas familias que tienen un hijo con alguna discapacidad o trastorno del desarrollo.

Todo lo que se ha dicho sobre la familia, es aplicable a éstas. El hecho de que uno de sus miembros tenga un trastorno, obliga al sistema a afrontar una serie de situaciones especiales ante las cuales tienen que reaccionar. Una de esas situaciones, y probablemente de las más determinantes es el momento del diagnóstico. Los padres responden de maneras muy diversas, sin embargo se pueden analizar unas fases comunes por las que casi todos atraviesan, aunque cada una de ellas tenga diferente duración o forma de expresión.

Fases por las que pasan las familias ante un diagnóstico de discapacidad o trastorno de un hijo

En muchos casos las familias reciben el diagnóstico poco después del nacimiento del hijo como en el caso del Síndrome de Down o de los niños prematuros. En otros se informa a las familias cuando se detecta el trastorno en el ámbito sanitario o educativo después de varios meses o incluso años, sin que las familias hayan sido conscientes de las dificultades. Pero hay muchos casos en los que es la propia familia quien detecta que algo está pasando y busca una causa a las dificultades de su hijo; observan signos de alarma y comportamientos que no se corresponden con lo esperado para su edad, que les alertan de la posibilidad de que exista algún problema.

Muchas veces son las madres, que comparando a este hijo con sus hermanos o con otros niños cercanos de la misma edad, detecta que algo está pasando. Otras veces el comentario de algún familiar o un amigo es el desencadenante. También puede ser el profesional de la escuela infantil o el pediatra quienes llaman la atención de la familia para que observen las conductas del niño.

A partir de ese momento, surge un sentimiento de miedo en los padres y observan minuciosamente las respuestas del niño para descartar su temor. A esta situación la llamamos fase de prediagnóstico. Está marcada por sentimientos de ansiedad y miedo. Los padres observan, evalúan permanentemente al niño e inician una búsqueda de confirmación de sus temores. En este momento ya vamos a encontrar sensibles diferencias entre unas familias y otras. Algunos recurren a sus sistemas de atribuciones y, valiéndose de su propio calendario del desarrollo, justifican los signos de alarma con diferentes argumentos que les permiten controlar su ansiedad, prolongando la situación hasta que se hace mucho más evidente, o algún profesional vuelve a poner de manifiesto las dificultades, forzando la realización de un diagnóstico preciso. Éste es el origen de la detección tardía de algunos niños con dificultades. Por lo general, en esos casos las familias habían notado algo pero apenas lo habían dado importancia.

Otras familias, al observar los primeros signos de alarma, buscan con eficacia recursos especializados que les permitan discriminar si se trata de patrones normales de comportamiento o bien patrones alterados, iniciando así un proceso diagnóstico. Esta actitud inicial de las familias es muy importante. Permite que se pongan en marcha mecanismos de intervención en un momento temprano, aprovechando las posibilidades plásticas del sistema nervioso en desarrollo.

En la actualidad, las sociedades desarrolladas, disponen de recursos especializados que pueden dar una rápida respuesta a situaciones como ésta. Los programas de salud del niño sano, así como otros programas de detección precoz de distintas alteraciones ponen al servicio del ciudadano la posibilidad de hacer cribados en la población general y así realizar una labor de prevención e intervención temprana.

Por otro lado, con el objetivo de hacer prevención primaria, se ponen en marcha acciones de difusión como folletos, charlas, etc., dirigidas a toda la población que facilitan la formación de las familias a la hora de valorar el desarrollo de sus hijos.

Una vez que se ha recibido la información de que el hijo tiene una discapaci-

© narcea, s. a. de ediciones

dad o un trastorno del desarrollo, según el modelo teórico de crisis (Grunwold y Hall, 1979), los padres atraviesan cuatro etapas diferentes:

1. Fase de schock.
2. Fase de reacción.
3. Fase de adaptación.
4. Fase de orientación.

1. FASE DE SCHOCK

Es el momento de recibir la información. Durante un período de tiempo que puede ser más o menos prolongado, los padres sufren un importante bloqueo. Se sienten desorientados, confusos. La conmoción es de gran intensidad. Surge una gran explosión de sentimientos, que en unos casos se expresan abiertamente, y en otros quedan inhibidos o paralizados. Las emociones que imperan en ese momento son las siguientes:

• *Pánico.* Miedo en un alto grado de intensidad que impide incluso pensar.

• *Rabia.* Frente a la situación y todo aquello que lo representa. Por eso es frecuente que las familias desarrollen sentimientos de rechazo o aversión hacia aquel profesional responsable de este primer diagnóstico. Proyectan inconscientemente sobre él cierto grado de responsabilidad sobre su desgracia. Se trata de un pensamiento irracional pero que resulta inevitable.

• *Culpa.* También buscan de forma irracional una causa que haya originado el trastorno. Pueden buscarlo en el exterior, en una negligencia médica durante el embarazo o el parto, o bien en sí mismos, en su comportamiento durante el embarazo o en su propia dotación genética.

• *Bloqueo.* Puede ocurrir que se desencadenen tal cúmulo de respuestas emocionales, que el organismo, con el objeto de protegerse, reaccione mediante el bloqueo. Los padres o alguno de los dos permanece impasible, como si no ocurriera nada o como si no percibiera el mundo exterior. Apenas puede actuar o pensar. El bloqueo impide que las familias escuchen parte del mensaje que el profesional les transmite. Seleccionan inconscientemente una parte del mensaje que suele coincidir con la perspectiva más favorable. Diversas experiencias en las que se pregunta a la familia sobre la información que han recibido a la salida de la consulta del médico, demuestran el hecho de que una parte de la información dada por el médico se pierde y otra parte se tergiversa como consecuencia del estado emocional. Una madre decía:

"Tenía una nube alrededor de la cabeza y no veía nada".

• *Depresión.* Aparece un sentimiento de tristeza de una intensidad muy elevada. Puede tratarse de una situación depresiva transitoria, en lo que dura el ajuste a la nueva situación, o en ocasiones, se asienta como una tendencia duradera llegando incluso a requerir ayuda terapéutica.

• *Desintegración.* Hay personas, que en estos momentos, sufren tendencias emocionales totalmente ambivalentes y contradictorias, como si su estructura de personalidad momentáneamente se descompusiera y perdieran la seguridad en sí mismas y en el mundo que les rodea. De repente, no tienen nada claro, nada les sirve para explicar la realidad o para comprenderla porque se ha fragmentado la visión que tienen de sí mismas, de su hijo, y de la realidad. Algunos padres lo describen utilizando imágenes visuales, que ponen de manifiesto ruptura, desintegración:

"Como si el mundo, de repente, se desmoronara".
"Como si se moviera el suelo por debajo de tus pies".
"Como si tu persona se hiciera pedazos y no lograras recomponerla".

• *Negación.* El pensamiento busca rápidamente un mecanismo de defensa cognitivo y niega la realidad que acaba de escuchar de forma más o menos permanente. Parece como un sueño, una pesadilla y pasan momentos en los que llegan a creer que lo que han visto o escuchado no es real. O bien, se aferran a la idea de que sí es cierto, pero es de poca gravedad, que la discapacidad tiene un grado pequeño. Por ejemplo, ante una lesión cerebral, piensan que apenas va a influir en su desarrollo. En ocasiones, como si algunos diagnósticos fueran susceptibles de dividirse en grados, he escuchado a padres en estos primeros momentos decir:

"Tiene un Síndrome de Down pero es leve, tiene poco".

Estas emociones explican la confusión por la que atraviesan, apenas pueden pedir información. Lo único importante es admitir el trastorno, contemplarlo como una posibilidad real dentro de su sistema de atribuciones; en las fases posteriores podrán recoger más información o buscar soluciones.

Se produce una fuerte crisis en el sistema de atribuciones respecto a la idea que se habían hecho de su hijo. El niño del que les hablan no es el mismo que ellos habían construido cognitivamente. Tienen que reajustar su sistema de atribuciones. También el diagnóstico atenta contra la percepción que tienen de sí mismos, poniendo en duda su propia capacidad, tanto reproductora, en la medida que no pueden engendrar niños sanos, como su capacidad para afrontar esta nueva situación. El diagnóstico amenaza elementos claves de su sistema de atribuciones, los constructos relativos a sí mismos y a su hijo, por lo tanto el individuo se desestabiliza y necesita un tiempo para modificar o introducir matices nuevos en dicho sistema que le ayuden a reestablecer el equilibrio.

La negación es un mecanismo que, en este momento, resulta útil. Permite a los padres mantener su sistema de atribuciones, dándoles un margen para considerar la situación cuando se encuentren con más fuerzas o recursos.

Las respuestas de afrontamiento a todas estas emociones que expresan las familias son intensas y variadas, el profesional debe saber acogerlas y contenerlas. Pero no podemos olvidar que éstos participan de la relación con las familias desde sus propias emociones que también influyen en la interacción.

Pueden aparecer conductas de agresión verbal, o incluso física que forman parte de lo esperado ante la rabia que sienten y que el profesional nunca debe interpretar contra él. En estos momentos y también en otros más adelante, el profesional pierde identidad y se convierte en la representación de un mundo hostil que ha sido injusto con esa familia. Encajar estas reacciones de los padres no es una tarea fácil pero es imprescindible responder adecuadamente a ella para contener las emociones de la familia.

También pueden aparecer reacciones de pasividad por parte de los padres, como si la información dada apenas hubiera sido procesada. Esta conducta puede provocar en el profesional sentimientos de rechazo porque no comprende por qué la familia apenas reacciona. La tolerancia y darles tiempo van a ser estrategias muy valiosas.

Hay familias que reaccionan con una explosión emocional difícil de contener. El llanto u otras manifestaciones pueden incomodar al profesional ya que no siempre sabe cómo responder. Estas manifestaciones, pueden ser tan naturales que hay que prepararse para esperar a que una madre se desahogue y acoger su llanto para que no se sienta ridícula por expresarse.

Pueden sorprendernos reacciones de familias donde se produce un ajuste muy rápido. A veces los profesionales tendemos a dudar de este tipo de reacciones atribuyéndolas un significado diferente del que realmente tienen. A lo largo de mi trayectoria profesional he conocido algunas personas con una gran capacidad de asimilar rápidamente, y aunque pueda sorprendernos no debemos dejarnos llevar por los prejuicios. El profesional no debe esperar ningún tipo de reacción por parte de los padres, sino más bien tolerar y contener cualquier tipo de respuesta, buscando estrategias apropiadas a cada situación. En el capítulo 9 hablaré con más detalle de cómo dar la primera noticia y profundizaré sobre las estrategias más apropiadas para una tarea tan compleja.

Esta fase de schock va a variar mucho en función del momento en el que se produzca y de otras variables que comentaré más adelante. Hay alteraciones que se detectan en el momento del nacimiento y que afectan a la familia de una manera imprevista, por lo que la reacción de schock va a ser más intensa, en otros casos, cuando se recibe un diagnóstico después de un proceso de búsqueda, porque la familia ya detectaba signos de alarma, esta fase, aunque comparta muchas de las características que hemos descrito, puede tener otros componentes como el de tranquilidad en el sentido de que por fin se ha encontrado el origen de unos comportamientos o de un retraso en el desarrollo que preocupaban bastante.

2. FASE DE REACCIÓN

El bloqueo y la confusión inicial empiezan a descender. Se comienza a dar cabida al diagnóstico y el sistema de atribuciones inicia un proceso de cambio. Hay una reacción a la información recibida, aún se mantienen la mayoría de las emociones de la etapa anterior sólo que se emplean más recursos cognitivos para justificar dichas emociones.

• *Miedo.* Permanece un sentimiento de temor pero ahora tiene una base más racional. En este momento los padres seleccionan las informaciones negativas de las que disponen respecto a la discapacidad o al trastorno de su hijo justificando su temor en base a ellas. Surgen los prejuicios sobre dicha alteración en particular. Se magnifica "lo que no hará", los trastornos asociados, las dificultades que implicará para toda la familia.

• *Enfado.* Es la frustración por no haber logrado un objetivo. Éste es el momento del duelo en el cual los padres son conscientes de que su hijo no se corresponde con la idea que habían construido sobre él. Ellos habían imaginado un niño sano, inteligente, perfecto. Tienen que transformar esa idea y ello supone bastante frustración. Ese enfado, todavía en este momento, puede provocar agresión, que se puede manifestar como agresión indirecta hacia terceras personas: profesionales, otros familiares o amigos que con su mejor intención hacen comentarios o tratan de proponer alternativas, o bien como una agresión contenida donde las personas se agreden a sí mismas mediante pensamientos de autodestrucción.

- *Culpa.* Es el sentimiento que se deriva de los pensamientos autodestructivos. En esta fase la culpa aparece con más intensidad que en la anterior ya que es el momento de buscar explicaciones. Puede proyectarse la culpa hacia la propia familia porque hubiera algún antecedente, sobre la familia del cónyuge o sobre uno mismo criticándose comportamientos que se han tenido con anterioridad. A veces aparecen pensamientos muy irracionales. Hablaremos más detalladamente cuando abordemos el sentido que la familia da a la discapacidad.

- *Tristeza.* Se mantiene esta emoción de la etapa anterior por la pérdida de algo deseado. Muchas cogniciones responden a lo que se ha perdido. Hay muchas diferencias de unas personas a otras en cuanto a la vivencia de este sentimiento y a su expresión. Generalmente es una emoción que se mantiene más tiempo que otras.

- *Rechazo.* La familia no quiere ni oír hablar de la discapacidad. Rechaza todo aquello que tenga que ver con el trastorno, al médico, a los profesionales relacionados con el niño, incluso aparecen sentimientos de rechazo o aversión por el propio niño. No hay deseos de abrazarlo o acariciarlo, se le puede mirar con recelo ya que es la causa de la aflicción de la familia. Incluso a veces surgen deseos inconfesables de muerte, como la única salida definitiva de la situación.

Algunas madres, en un clima de confianza han llegado a reconocer, que en algún momento, han sentido deseos de que su hijo muriera. Son sentimientos puntuales, de los que luego se arrepienten profundamente pero que se contemplan como la única solución a su problema.

Recuerdo una madre muy honesta, que en el ámbito de un grupo terapéutico de padres, miró a todos y les dijo:

"Vais a pensar que soy una bruta, pero en los primeros momentos de mi hijo, estaba tan desesperada, que llegué a pensar en que si se muriera se arreglarían

*los problemas; desde luego quiero a mi hijo tanto como todos vosotros, y aho-
ra, que no le pase nada porque me da algo, pero en aquellos momentos yo llegué a pensarlo y no me avergüenzo de ello".*

También se rechaza el aspecto del niño. Se limitan las salidas para evitar
que lo vean vecinos o conocidos. Se rechazan los sentimientos que las personas cercanas muestran hacia él, interpretando algunas conductas de aproximación como muestras de mala voluntad. Recuerdo también expresiones de
las madres en este sentido en los grupos terapéuticos. No era una sola la que
lo decía, empezaba una y las demás lo corroboraban y añadían comentarios
parecidos:

*"Yo lo que no aguantaba era a esas cotillas que se acercaban a ver a mi hijo
como si fuera un bicho raro, y encima te hacían comentarios con segundas in-
tenciones: ya se le pasará, mujer, es muy poquito, o no se le nota casi. Me da-
ban ganas de pegarlas. Por eso al principio apenas lo sacaba porque todo el
mundo venía a verlo como si fuera un espectáculo".*

Este rechazo, que puede parecer exagerado, e incluso negativo para el
establecimiento del vínculo afectivo, tan importante en los primeros momentos del desarrollo, forma parte de un abanico de reacciones totalmente
normal. Los profesionales, cuando observamos este tipo de manifestaciones, tendemos a hacer juicios de valor, en lugar de acoger comprensiva-
mente el sufrimiento que conllevan estas emociones. Tenemos que dar
tiempo a esos padres, para que resuelvan afectivamente la relación con su
hijo. En este momento, en el sistema de atribuciones paterno, prevalece la
condición de discapacidad o trastorno por encima de la condición de hijo.
Se magnifica el handicap por encima de las características particulares del
niño como niño.

Las reacciones de rechazo provocan de nuevo culpabilidad y autoestima
negativa. El reconocimiento de los propios sentimientos de aversión, incluso
la idea de muerte, provoca desprecio hacia uno mismo y pérdida de autocon-
fianza. La percepción de las emociones que el niño suscita en uno mismo se
proyecta hacia el exterior y entonces surge la idea de que ese mismo rechazo
es el que van a tener hacia el niño las personas que lo rodean. Ante este descubrimiento surge un sentimiento totalmente contrario de acercamiento hacia
el hijo que da lugar a reacciones de sobreprotección. Esta ambivalencia de
emociones constituye un proceso circular a lo largo del cual se va equilibrando la imagen del niño.

- El *bloqueo* y la *desintegración* van desapareciendo, son emociones más propias de la etapa anterior.
- *Negación.* Puede mantenerse en algunos casos de forma patológica, en otros se mantiene aún un período de tiempo, pero poco a poco, va disminuyendo a medida que se van fortaleciendo nuevas atribuciones y sobre todo, cuando la evidencia confirma racionalmente la existencia del trastorno. Puede tomar otras formas diferentes. Ya no se niega categóricamente la existencia del trastorno pero sí aparecen formas de negación que distorsionan distintos aspectos hasta que se vaya reconstruyendo la situación emocional.

En este momento, surge una gran preocupación por el futuro del niño. ¿Andará?, ¿hablará? Son las primeras y principales dudas que surgen, a pesar de que se sepa que dicho trastorno no tiene por qué afectar gravemente al desarrollo motor o del lenguaje. La familia considera que estos dos grandes hitos del desarrollo van a ser básicos para adquirir autonomía; una vez que confirman que van a ser capaces de adquirirlos aumenta su tranquilidad. En aquellas alteraciones donde el profesional no puede, o no debe dar seguridad respecto al logro de dichas habilidades, la familia mantiene mucha ansiedad alrededor de esos temas hasta que, o bien se aproximan al logro o se ajustan a la idea de que no va a ser posible.

Otra gran preocupación en este momento es: ¿qué pasará con mi hijo cuando yo falte? Lógicamente, en la primera infancia, este momento se prevé a largo plazo, pero en la fase de ajuste se vive esta preocupación con mucha intensidad. Este interrogante seguirá latente en todo momento a lo largo del tiempo, pero en este momento agobia mucho a la familia ya que supone un fuerte impacto en las atribuciones respecto al futuro. Modifica sustancialmente las ideas previas que todos tenemos ya que no se ajustan a la pauta establecida de independencia de una persona normal.

En esta fase de ajuste, los comportamientos de las familias pueden mostrar resentimiento y desconfianza, a veces buscan diagnósticos alternativos que nieguen o aporten una visión diferente al diagnóstico inicial. Muchos profesionales pueden vivir este peregrinaje de unos especialistas a otros como una pérdida de confianza de los padres en la competencia o cualificación del profesional, nada más erróneo. El que los padres busquen responde más bien a una necesidad de ellos, no hay una voluntad de desautorizar al experto, sino de buscar, aunque a veces sea mediante estrategias mágicas o esotéricas, alternativas que minimicen la gravedad del diagnóstico.

Otra reacción característica en estos momentos es la vulnerabilidad emocional. Hay frecuentes episodios de llanto y una necesidad apremiante de hablar sobre lo que les ocurre. Aunque en este aspecto encontramos muchas diferencias entre unas personas y otras.

Los comportamientos de las familias se van modificando poco a poco pero las emociones subyacentes pueden persistir durante mucho tiempo, o incluso en algunos casos pueden afianzarse de forma crónica en la personalidad del individuo.

3. FASE DE ADAPTACIÓN

En esta fase comienza el proceso de reconstrucción. El dolor y la tristeza van dejando paso a momentos más gratificantes. Los padres empiezan a ver al niño un poco más desde la perspectiva de niño, de su hijo, que desde el trastorno. Empiezan a observar conductas parecidas a las de otros niños que les devuelven la capacidad de disfrutar como padres.

Empiezan a conocer a su propio hijo y a comprender un poco mejor en qué consiste la alteración que presenta, con sus puntos fuertes y débiles, lo que les permite hacer predicciones sobre lo que el niño puede o podrá hacer. Por lo tanto, van incorporando en su sistema de atribuciones nuevas ideas más ajustadas a la realidad, que les permiten regular su propio comportamiento para obtener pequeños logros. Esto da como resultado que aumente su percepción de capacidad como padres y surge la necesidad y el deseo de "empezar de nuevo". En esta fase se observa las siguientes características:

• *Actitud activa de búsqueda respecto al trastorno.* Necesitan tener una información ajustada y precisa de qué es lo que le pasa al niño, y buscan esta información. Preguntan a los profesionales, leen al respecto y encuentran asociaciones que puedan asesorarles.

Es muy importante que estas acciones de búsqueda sean apropiadas. En la sociedad en la que vivimos, las familias tienen acceso inmediato, a través de Internet, a todo tipo de información, una más fiable que otra. En el momento emocional en el que se encuentran se ve preciso un filtro para seleccionar una información que sea apropiada al momento. Leer todo indiscriminadamente puede provocar más ansiedad aún de la que ya tienen. El profesional, en este momento puede colaborar con la familia ayudándoles a

© narcea, s. a. de ediciones

seleccionar la información relevante y fiable y también a interpretar mucha información que de otro modo puede entenderse de forma errónea.

Los contenidos que se buscan van a versar sobre los siguientes temas:

— *Los efectos del trastorno:* ¿Qué va a implicar para su hijo? ¿Cómo se va a desarrollar? ¿Cómo va a ser en el futuro? ¿Qué va a poder hacer?...

— *Las consecuencias sobre la vida cotidiana,* no solo del niño sino de toda la familia. ¿ Qué va a tener que cambiar de sus hábitos? ¿Qué va a necesitar que sea especial? ¿Qué tendrán que hacer los distintos miembros de la familia?...

— *Las perspectivas de futuro:* ¿Mejorará? ¿Irá a peor? ¿Qué pasará con él cuándo sea adulto?...

— *Las necesidades de recursos:* ¿Qué necesitará? ¿Tendrá que ir a centros especiales de rehabilitación? ¿Tendrá que ir a una escuela especial?...

— *Los recursos existentes en la propia comunidad:* ¿Qué hay aquí para él? ¿Existen Centros de Atención Temprana? ¿Cómo son estos centros? ¿Hay servicios especializados? ¿Podrá acudir a una Escuela Infantil? ¿Dónde? ¿Hay asociaciones de esta discapacidad?

— *Fórmulas de acceso a los recursos:* ¿Qué tengo que hacer para que mi hijo acuda a un Centro de Atención Temprana? ¿Cómo me puedo poner en contacto con la asociación? ¿Tengo que hacer algo especial para que mi hijo acuda a una Escuela Infantil?

Respecto al conocimiento del trastorno, en este momento las familias tienden a maximizar las potencialidades y a minimizar las limitaciones. No significa que nieguen las dificultades, si se reconocen, pero más bien hay una selección de la información en ese sentido. Se priorizan unos datos sobre otros. Tienen la necesidad de contemplar salidas para el momento de crisis inicial, las potencialidades sirven como punto de partida para iniciar acciones que favorezcan el desarrollo del niño.

Surge también, en este momento, la búsqueda de alternativas terapéuticas. Continúa o se inicia el peregrinaje profesional, pero en este caso, lo que se busca son estrategias de acción que permitan una mejoría o un cambio. En este peregrinaje, algunas familias se involucran en procesos de intervención que no han demostrado garantías de eficacia. Movidos por su ansiedad y la necesidad de hacer todo lo posible por sus hijos, pueden probar alternativas variopintas que ofertan curaciones que pueden sumir al sistema familiar en una ansiedad aún mayor cuando, a pesar de una importante inversión de tiempo, energía e incluso dinero, con el paso del tiempo no se observan esos cambios o mejoras ofertadas.

• *Asunción social de la condición del niño.* En este momento empieza a asumirse el trastorno del hijo, no solo a nivel interno, sino también en relación con el exterior. Como ya hay un reconocimiento, la discapacidad o la alteración del desarrollo ya forma parte, de algún modo, del sistema de atribuciones personal de los padres, es el momento en el que están un poco preparados para aceptarlo socialmente, para asumir frente a familiares o amigos la situación del niño. Ya pueden dar explicaciones sobre lo que tiene, y aceptan mejor los comentarios o la cortesía de los demás cuando se aproximan al niño.

En reuniones de padres de niños con Síndrome de Down he escuchado, con mucha frecuencia, sus opiniones de profundo rechazo a los comentarios que hacen terceros al acercarse a ver a sus hijos.

"Pobrecito".
"Será poco lo que tiene".

Casi todas las familias cuentan experiencias en las que alguien les ha hecho comentarios parecidos. Estos comentarios esconden una dificultad, por parte de esa persona para acercarse al niño de forma eficaz y compatibilizar los sentimientos que le produce con las emociones de los padres.

En la fase de adaptación, la familia ya ha pasado o está pasando por muchas experiencias de este tipo, unas más adecuadas que otras, pero ya está más capacitada para encajar las valoraciones de los familiares o conocidos y reaccionan de una forma más ajustada: o bien dan explicaciones para aclarar la situación cuando la persona que se acerca es significativa, o ignoran su conducta. Aunque sigue produciendo mucho dolor, las reacciones a la rabia y a la tristeza son más controlables.

También en ese momento los padres son más capaces de observar a otros niños de la misma edad que su hijo que no tienen problemas de desarrollo sin que se desencadenen reacciones emocionales intensas. Hasta ese momento, la observación de otros niños les produce sentimientos de envidia al comprobar que su hijo no se ajusta a los patrones de desarrollo esperados como lo hacen esos niños. Se produce una comparación inevitable que provoca una gran ansiedad. El deseo inconsciente de que su hijo realice las mismas cosas, y la frustración de que no sea posible, lleva a los padres a intentar evitar el contacto con otros niños de edades parecidas. Se limitan las salidas al parque o la convivencia con sobrinos o vecinos. Ni en la fase de adaptación ni más adelante van a desaparecer las comparaciones, permanecerá la frustración, pero van a ser más capaces de tolerarla y de reprimir las reacciones que les produce.

He podido comprobar, con relativa frecuencia, cómo estos sentimientos se acrecientan en situaciones especiales. Las fiestas en la Escuela Infantil son uno de los momentos más duros para las familias. Cuando sus hijos acuden diariamente al colegio, integrados en aulas ordinarias, las familias, aunque no dejan de comparar con los otros niños, suelen estar ajustadas y vivirlo bien puesto que suelen haber superado ya los primeros momentos de crisis. Sin embargo, cuando hay una fiesta en la que generalmente hay actuaciones de los niños y participan todos, la ansiedad de los padres se dispara y reaparecen sentimientos que parecían estar ya superados.

Recuerdo una madre que me decía:

"Mira, yo no voy a ir a la fiesta y espero que la maestra lo comprenda. Ya sé que se han esforzado mucho para que mi hijo participe y se lo agradezco, debería ir para apoyar su trabajo, pero no puedo. Ya sé que es distinto, y a diario lo veo, pero no lo llevo tan mal, pero cuando lo veo en el escenario junto a sus compañeros, me desmorono; vendré un poquito más tarde, él no lo notará, explícaselo a la tutora".

En la fase de adaptación, las familias están en mejores condiciones para retomar su vida social, empezarán a salir, a dar explicaciones y a tolerar mejor su situación.

• *Comprensión de la propia posición.* En esta fase, los padres ya conocen mejor la discapacidad de su hijo y por lo tanto las implicaciones positivas y negativas que éste tiene; eso les lleva a comprender su propia posición como padres. Empiezan a ser conscientes de que su esfuerzo no siempre va a ser recompensado por el logro, por lo tanto van desarrollando estrategias de espera, de tolerancia y de comprensión de la situación. Comprueban que necesitan un mayor esfuerzo para atender a ese hijo, lo que les otorga progresivamente una mayor fortaleza.

Empiezan a hacerse competentes, al menos para ir asumiendo la situación emocional. Pero es sólo el comienzo de un largo camino en el que van a apare-

© narcea, s. a. de ediciones

cer, con frecuencia, baches y crisis. Volverán los miedos y las incertidumbres que en este momento están parcialmente mitigados.

• *Actitud de protección.* El rechazo de los primeros momentos se sustituye por proteccionismo. Por un lado descubren a su hijo como un niño al margen del trastorno, lo que facilita el establecimiento del vínculo afectivo, en parte alterado en un primer momento, por la situación emocional y el duelo que los padres han tenido que elaborar. Por otro lado, al conocer mejor la discapacidad, toman conciencia de las dificultades reales del niño y los handicaps les producen dolor. Se hacen sensibles a las posibles críticas o rechazos de otros hacia sus hijos, semejantes a aquellas que, en algún momento, ellos también habían sentido. Como reacción a todo ello evitan situaciones que pongan al niño en evidencia o en riesgo a ser rechazado, pudiendo llegar a protegerle en exceso limitando su aprendizaje.

La fase de adaptación supone una plataforma desde la que salir de la crisis aguda padecida como consecuencia del diagnóstico, es el primer paso hacia delante. Las emociones que aparecían en estadios anteriores de enfado, culpa, tristeza, miedo o rechazo, permanecen latentes, han ido reduciendo su intensidad y empiezan a aparecer emociones positivas asociadas a la vida cotidiana que se van produciendo simultáneamente. Las emociones más características de este momento son la ansiedad y la esperanza.

• *Ansiedad.* La búsqueda de alternativas produce reacciones controvertidas de esperanza o frustración de forma intermitente que pueden agotar los recursos emocionales de los padres. La reacción de afrontamiento de la ansiedad supone una tendencia a atender selectivamente unas informaciones u otras. Hay momentos, en esta fase, en los que se seleccionan las perspectivas positivas de una nueva intervención o un nuevo recurso; este enfoque se alterna con los pensamientos de discapacidad o de alteración, que siguen estando presentes, y esta ambivalencia es la que genera ansiedad.

• *Esperanza.* Consiste en temer lo peor pero ansiar mejorar habiendo una incertidumbre objetiva en las nuevas posibilidades. Esta emoción prepara al individuo inclinándole a la acción. En este momento aparece la esperanza en el futuro y en las propias capacidades para afrontar la situación, ya que una vez superados los momentos iniciales el vínculo afectivo se establece con una base más sólida.

4. FASE DE ORIENTACIÓN

La crisis ha pasado, los padres han aceptado el trastorno y se observa una constante y progresiva adaptación. Empiezan a disfrutar de los logros y de la relación con su hijo y se organizan para dar respuesta a las necesidades del niño y de toda la familia. Esta adaptación se manifiesta a través de ajustes en el sistema de atribuciones como los siguientes.

• *Reajuste a las nuevas necesidades.* La familia se organiza para poder dar respuesta a las necesidades del niño, tanto en el entorno familiar como fuera de él. Se centran en el día a día. Cambian la disposición de la casa si es necesario, o los horarios de los distintos miembros para garantizar un funcionamiento adecuado del sistema familiar que contemple las demandas de todos sus miembros.

• *Descubrimiento de apoyos y ayudas.* No solo ayudas técnicas, como prótesis, mobiliario adaptado, etc., que se van incorporando a la vida cotidiana, sino también recursos formales como centros de desarrollo infantil y Atención Temprana, programas de respiro, asociaciones, profesionales expertos en distintos tipos de intervención. Acuden a esos servicios y participan en los programas adecuados para las necesidades de sus hijos. A partir de la información de la que disponen y de su experiencia directa se ajustan las atribuciones respecto a dichos servicios y profesionales. Pero también descubren recursos informales como amigos o conocidos nuevos o ya existentes con los que varían su interacción a raíz de la situación de trastorno y se convierten en redes de ayuda básicas no solo para el cuidado y la atención del niño, sino también para el apoyo emocional de la familia.

• *Redefinición de relaciones dentro y fuera de la familia.* Se distribuyen las nuevas tareas que surgen alrededor del trastorno, se producen modificaciones en cuanto a los papeles que asume cada cual. En un apartado posterior profundizaremos sobre estas transformaciones estructurales.

Aparecen nuevas figuras con que se relaciona la familia, con las que se establecen relaciones de amistad o apoyo. Es bastante frecuente que cuando los padres se han adaptado a la noticia, busquen otros padres que hayan pasado por situaciones similares. Se ponen en contacto con asociaciones de la discapacidad concreta de su hijo o de otras de carácter general que les ofertan diferentes posibilidades, tanto de intervención, como de interacción con otras personas en condiciones similares. Unos padres me hicieron una vez el siguiente comentario:

> *"Nosotros no conocíamos a ningún niño con Síndrome de Down. Desde que nació nuestro hijo hemos descubierto que existe todo un mundo desconocido para nosotros, hemos conocido mucha gente que tiene ganas de ayudar, hemos hecho nuevos amigos con los que compartimos muchas cosas, nuestra vida social ha cambiado totalmente".*

Estas nuevas relaciones refuerzan las ideas que los padres han ido introduciendo en su sistema de atribuciones. Con estas personas, los profesionales u otros padres, hablan de aquellas cosas que les preocupan sin temor a ser pesados con el mismo tema. Comparan, comparten y van haciendo más sólidas sus teorías respecto a la discapacidad, la intervención o su propio papel, ganando progresivamente en seguridad y en competencia para afrontar su nueva situación.

• *Recuperación del autoconcepto.* Al equilibrarse las emociones e ir ajustando las atribuciones, los padres van ganando en seguridad, van comprobando que dichas atribuciones empiezan a ser eficaces para explicar y prever los acontecimientos y van recuperando la imagen de sí mismos que, durante las fases anteriores, había quedado dañada. Vuelven a reconocerse como eran antes, e incluso valoran los cambios que han sufrido y eso les permite recuperar su autoestima. Al aceptar al hijo y sus características, refuerzan su identidad como padres y pueden empezar a confiar en sus propias posibilidades. Se va afianzando el vínculo afectivo con el hijo recuperando así el papel básico parental.

Si antes de tener a su hijo, una persona tenía problemas de autoconcepto o autoestima, la situación de discapacidad, no tiene por qué colaborar a construir una autoestima positiva. A veces, nos encontramos con padres que muestran excesivas dificultades para superar el diagnóstico de sus hijos, quedándose anclados en las emociones propias de las primeras fases; en muchos de estos casos podían existir dificultades de autoconcepto previas que les impiden adaptarse a la nueva situación.

• *Aprendizaje de habilidades y estrategias.* En esta fase los padres aprenden muchas cosas: técnicas concretas de estimulación, estrategias para comunicarse con el niño, habilidades para manejarlo, juegos, canciones, pero sobre todo aprenden a observar a su hijo, lo que va a resultar muy valioso a lo largo de su desarrollo.

• *Implicación en los procesos de intervención.* Se ha iniciado la intervención con el niño y con la familia, y los padres se van implicando progresivamente en el proceso de Atención Temprana y empiezan a participar en la toma de decisiones.

En las primeras fases ya explicadas, dada la situación de confusión por la que atraviesan, requieren que el profesional tome la iniciativa y marque las líneas de actuación. Una vez que asumen el diagnóstico, se vuelven grandes conocedores del niño y a medida que van ganando en seguridad están más preparados para adoptar un papel activo en la intervención, no solo en la realización de actividades con el niño sino también en la evaluación y en la toma de decisiones. El proceso terapéutico se va definiendo teniendo en cuenta, no solo las características y necesidades del niño sino también las de la familia.

• *Reajuste de valores y cogniciones afectivo existenciales.* Pasados los primeros momentos turbulentos ya hemos visto cómo el sistema de atribuciones se va reequilibrando, introduciendo constructos nuevos o matizaciones en los ya existentes. Recuerdo un comentario de una madre cuyo hijo tiene una tetraparesia espástica con grave afectación motora y cognitiva:

"Para mí era muy importante la imagen y la posición social. Había conseguido una casa estupenda y disponíamos de bastantes medios, valoraba mucho los bienes materiales que tenía, solo me faltaba un hijo varón para colmar todas mis aspiraciones. Desde que mi hijo nació así, todas esas cosas perdieron valor. No me importa mucho si estoy guapa o si voy bien vestida, he aprendido que son mucho más importantes otras cosas en la vida. Cuando mis otras hijas sacaban malas notas me importaba mucho, ahora veo las cosas de otra manera".

Con frecuencia las personas, ante una situación como ésta, revisan sus creencias y modifican algunos planteamientos que hasta ese momento habían considerado relevantes. Se priorizan valores como la salud, la afectividad, el esfuerzo, la perseverancia. Entre las personas con discapacidad y sus familias se encuentran grandes ejemplos de estos dos últimos. Pasan a segundo plano valores como la belleza, la inteligencia, las posesiones o la ambición.

En la fase de orientación las emociones son las que van surgiendo en la vida de cualquier persona suscitadas por los acontecimientos cotidianos. Aún pueden persistir algunas características más relacionadas con el trastorno. Persiste el miedo al futuro aunque ya no es tan intenso, solo reaparece en momentos puntuales. Y permanece la ansiedad, sobre todo la que se refiere a si es suficiente lo que hacen por sus hijos o si lo están haciendo bien. Esta ansiedad es compartida con la de la mayoría de los padres cuyos hijos no presentan trastornos, pero, en este caso, puede ser más intensa dadas las necesidades especiales del niño. Otras emociones de tristeza, aversión, culpa o rabia en relación con el trastorno van desapareciendo o perdiendo intensidad. Se empiezan a observar otras como la tranquilidad o el entusiasmo.

Se puede descubrir en estas familias un fuerte potencial de entusiasmo y esperanza, desarrollan gran habilidad para disfrutar de pequeños detalles y de creer que las cosas pueden mejorar aunque sea solo un poco. En ocasiones son un auténtico ejemplo de perseverancia y fortaleza.

El efecto del diagnóstico para los distintos miembros de la familia

Hasta aquí hemos visto unas generalidades de cómo suele vivirse un diagnóstico de trastorno. Todas estas reacciones que hemos analizado no se dan siempre, ni de la misma manera. Cada persona tiene su propia vivencia. El tránsito entre unas fases y otras no está claramente definido, ni la duración de las mismas, que puede variar desde unos días hasta unos años.

Hay que tener en cuenta que las reacciones del padre y de la madre no tienen por qué coincidir, las vivencias emocionales de cada uno pueden ser muy diferentes como lo es su personalidad o su historia. Pueden ser incluso contradictorias, añadiendo a la situación más complejidad aún, ya que a las reacciones frente al diagnóstico hay que añadir las reacciones de cada uno respecto a la respuesta de su pareja. Por ejemplo, el rechazo de una madre, en un momento determinado, puede ser vivido por el padre con mucha tristeza o con rabia, lo que incrementaría aún más la respuesta emocional de éste.

Cada uno asume un papel diferente. Uno asume el papel de apoyo o protector del otro, hasta que este último supera un poco la situación, entonces el primero cae requiriendo la ayuda del otro. La intervención familiar tiene que tener en cuenta esta "asimetría emocional de la pareja" (De Linares, 2006). Una de las dificultades con las que se encuentra el profesional es la de compaginar estas emociones dispares para que el sistema familiar se pueda ir equilibrando.

No solo van a reaccionar los padres, de los que hemos hablado hasta ahora; otros miembros de la familia, los hermanos, los abuelos, etc., también pasan por muchas de las emociones que hemos descrito y tienen que ajustar su sistema de atribuciones.

Una madre contaba con mucha gracia su experiencia cuando venían sus amigos y familiares a conocer a su hijo recién nacido con Síndrome de Down:

"Yo, claro, estaba hecha polvo, y encima me tocaba animar a todos los que venían a verme, porque se les ponía una cara de circunstancias terrible y no sabían qué decir, yo les decía que no es para tanto".

Los hermanos desarrollan sus sentimientos como lo harían con cualquier hermano, pero incluyen otros relacionados con la discapacidad o el trastorno. Estas emociones dependerán de las edades de los niños. Cuando los hermanos son pequeños, afecta menos el concepto de trastorno y más el de hermano como tal que cuando son mayores ya que son más conscientes de lo que implica la discapacidad.

Las vivencias de los hermanos van a depender, sobre todo, de la situación emocional de los padres. Ellos sirven de filtro para sus otros hijos. En la medida en que las atribuciones que les ofrezcan sean facilitadoras o perturbadoras irán ajustándose mejor o peor a la situación. Su adaptación va a depender de las respuestas emocionales de los padres que son quienes ofrecen un modelo de actuación.

Los abuelos, tanto si están próximos físicamente como si no, viven la crisis con mucha intensidad. Una abuela me comentó en una ocasión:

"Mi hija está sufriendo mucho, no lo dudo, pero yo estoy sufriendo más, porque por un lado estoy muy preocupada por mi nieto, pero también tengo una gran preocupación por mi hija, por si va a ser capaz de sobrellevar todo esto, me agobia que se venga abajo, así que es como si sufriera el doble".

Esta abuela, con su comentario, expresaba bastante bien la vivencia por la que atraviesan. Su posición de padres de los padres, les requiere una actitud de ayuda incondicional a sus hijos, pero en un segundo plano que no siempre es fácil de desempeñar.

Algunos abuelos hacen una labor extraordinaria como apoyo emocional de sus hijos, esconden sus propios sentimientos de tristeza, culpa, rabia, etc., para ponerse al servicio de los padres y ayudarles a recuperarse. Se mantienen a la distancia justa respondiendo con su presencia cuando ésta es requerida y con sus comentarios para construir nuevas atribuciones. Suelen establecer el vínculo afectivo con su nieto con facilidad sirviendo de modelo para sus hijos y de figura sustituta en aquellos momentos en los que el rechazo de los padres está presente; sirven también de sustitutos afectivos para los otros hijos cuando los padres están más vulnerables y sobre todo, acogen y comprenden las emociones de los padres de forma totalmente incondicional, por lo que se convierten en el principal apoyo de éstos para expresar su angustia. Validan que refuerzan las actuaciones de los padres aumentando la percepción de autocompetencia.

Una madre de una niña con Síndrome de Down me decía:

"He tenido una suerte inmensa, mis padres han estado a mi lado en todo momento, si no hubiera sido por ellos no habría salido adelante, no sólo me han ayudado a criarla, han estado pendientes de mi otra hija cuando yo pasaba los peores momentos. Además mi padre está feliz con la niña, todo lo que hace le entusiasma. Siempre fue un hombre muy recto y muy serio y sin embargo con ella se tira al suelo a jugar y me dice todo el tiempo las cosas que hace bien, creo que es su nieta preferida".

No todos los abuelos responden igual, algunos sufren una gran frustración y lejos de servir de ayuda se convierten en una fuente de estrés añadida. Tratan de entrometerse en el proceso, toman decisiones por sus hijos o les critican y con sus juicios de valor aumentan la inseguridad y la angustia ya que sus opiniones ejercen una fuerte influencia. En ambos casos, está claro que los abuelos atraviesan momentos parecidos a los de los padres y emociones como las que hemos descrito. Contemplarlos en los programas de Atención Temprana, aunque sea de forma indirecta va a ser necesario por el papel que desempeñan para los padres.

¿De qué depende el impacto emocional?

Ya hemos dicho que las reacciones de las personas van a ser diferentes. Hay un amplio acuerdo sobre el alto nivel de estrés al que están sometidas las familias con un hijo con discapacidad (Dysson, Edgar y Crnic, 1989; Friederich y Friederich, 1981). Este estrés parece estar motivado por el diagnóstico, los cuidados diarios, el contacto con los profesionales, los problemas de comportamiento, etc. En las familias con un hijo con discapacidad el nivel de demandas es elevado, pero no hay que confundir la demanda con el estrés. No todas las familias reaccionan del mismo modo ante una demanda. El modelo

ABCX de estrés de Hill (1949) postula que la reacción de la familia (X) ante una situación (A) se mitiga por los recursos de la familia (B) y por la significación que dan a ese suceso (C).

Hay distintas variables que van a estar en la base del impacto emocional (Jacobs, 1992) y en la diferente respuesta de las familias, algunas de ellas son las siguientes:

• *Tipo de discapacidad.* No es lo mismo una discapacidad visual o auditiva que un trastorno generalizado del desarrollo. No solo por las limitaciones que conlleva, sino por las necesidades que implica o por la aceptación social que lleva implícita. Las discapacidades sensoriales se suelen vivir mejor que las que implican dificultades de movimiento o retrasos de tipo cognitivo que están muy marcados socialmente. Las alteraciones que conllevan dificultades de interacción social también son difíciles de aceptar ya que la familia no tiene una recompensa afectiva.

Cuanto más grave sea el trastorno, mayor será la reacción. Un diagnóstico de hiperactividad o de retraso de aprendizaje no va a provocar la misma reacción que otro de discapacidad motora severa.

Puede ocurrir que inicialmente un diagnóstico no provoque gran impacto porque se desconoce en qué consiste o la implicación que va a tener en la vida cotidiana. En las primeras edades las familias encajan mejor un diagnóstico de retraso madurativo que uno de discapacidad cognitiva ya que incluyen en el primero un carácter de provisionalidad que no tiene el segundo. El diagnóstico está directamente ligado al pronóstico. Todo lo que se considere transitorio deja abierta una vía de esperanza mientras que si es crónico o definitivo el impacto es mayor. No obstante, a pesar de estos criterios cada persona reacciona de forma totalmente particular.

• *Tipo de comienzo.* Si el trastorno aparece a partir de una fase aguda o crítica que incluso pone en peligro la vida del niño y fuerza a un cambio y dotación de recursos en un tiempo inmediato, puede aceptarse mejor que si se detecta en un momento en el que no hay ningún riesgo. Por ejemplo, un diagnóstico de parálisis cerebral después de una situación de nacimiento muy traumática con peligro para la vida del niño o después de una meningitis aguda se acepta de forma diferente que cuando esa misma parálisis cerebral se diagnostica a partir de un seguimiento pediátrico rutinario. Se acepta mejor una pérdida parcial, ante el miedo de una pérdida total, que ante una situación inicial de aparente normalidad.

• *Dependencia funcional en la vida cotidiana.* El impacto emocional va a tener mucho que ver con la capacidad de autonomía que previsiblemente podrá tener el niño. Resulta clave la capacidad de desplazamiento ya que de no existir, implica más recursos de ayuda por parte de la familia, es decir, mayor dependencia.

• *Intensidad de la afectación.* Muchos trastornos del desarrollo no pueden graduarse en intensidad, pero sí otros. No es lo mismo una discapacidad cognitiva ligera que permite al sujeto un funcionamiento cercano a la normalidad que una severa que afecta a todas las áreas del desarrollo y que implica una mayor dependencia. Según Verdugo, Bermejo y Fuertes (1992) los niños que presentan condiciones menos evidentes de afectación presentan mayor riesgo de maltrato por parte de sus progenitores. Cuando el niño tiene un déficit grave, su conducta se atribuye a su deterioro, pero cuando el niño está menos afectado, los padres pueden atribuir intencionalidad a sus conductas desviadas, provocando irritabilidad en los progenitores. No obstante en este estudio se observa la importancia de factores añadidos a la discapacidad como la pobreza, el aislamiento social, el desempleo, etc.

• *Estigma social de la discapacidad.* Unos trastornos son mejor aceptados socialmente que otros. Puede estar en relación con el aspecto físico ya que algunas alteraciones son visibles a simple vista y otras no. También puede estar relacionado con las conductas llamativas, disruptivas o anormales que el niño puede mostrar en situaciones sociales. Trastornos como el autismo que cursa con estereotipias, conductas repetitivas, gritos, emisiones orales anómalas, hacen que la vivencia del trastorno por parte de la familia sea más difícil de aceptar. Enfermedades contagiosas como el sida también se viven peor por el estigma de rechazo social que implican.

• *Relación con la muerte.* Hay algunos trastornos, que por su propio desarrollo, son degenerativos y tienen un pronóstico de muerte a edades tempranas. Miopatías musculares o enfermedades consideradas raras como Nieman Pick traen asociado el concepto de muerte. Las familias saben que su hijo morirá pronto, lo que les somete a un duelo prematuro y un sentimiento de tristeza permanente que dificulta su adaptación.

• *Tipo de desarrollo del trastorno.* Unos trastornos se presentan con una etapa inicial de alteración que afecta a determinadas áreas del desarrollo pero a partir de ese momento la evolución es favorable aunque sea más o menos lenta. El niño progresa, y la asimilación del diagnóstico estará reforzada por un pronóstico favorable en mayor o menor medida.

Hay otros trastornos en los que se produce un deterioro progresivo, no solo no va a haber evolución favorable sino involución. Con el paso del tiempo se producirán pérdidas de habilidades o capacidades. Estas familias sufren un impacto emocional muy fuerte y su capacidad de recuperación es menor. Tanto si se prevé una muerte próxima como veíamos en el punto anterior, como si no, el pronóstico es desfavorable y las pérdidas serán progresivas. La familia tendrá que ir añadiendo progresivamente tareas al cuidado del niño que pueden llevar al agotamiento del sistema.

Algunos casos pueden seguir procesos favorables pero con recaídas periódicas. Las crisis convulsivas con deterioro asociado, los cambios de medicación que implican pérdida de habilidades u otros procesos que implican pérdida. En estos casos la ansiedad y el temor están muy presentes. Las familias viven con una permanente situación de amenaza y necesitan mucha flexibilidad para adaptarse a cualquier situación que pueda aparecer.

• *Problemas de conducta asociados.* Cuando el trastorno viene acompañado de alteraciones del comportamiento es especialmente difícil de aceptar, las conductas de agresión, los comportamientos disruptivos (rabietas, gritos, tirar las cosas), pasivos (desobedecer, negarse) o autolesivos (pegarse, morderse, vomitar), las estereotipias (movimientos, bruxismo, chascar los dedos, etc.) provocan rechazo social. En estos casos suele ser difícil ayudar al hijo porque resulta complicado controlar su conducta, por lo que puede mantenerse cierto grado de rechazo hacia el niño en el propio entorno familiar por los problemas que acarrea.

Los niños que presentan más dificultades para ser integrados en la escuela en un aula ordinaria son aquellos que plantean problemas de conducta porque sus tendencias disruptivas no solo le impiden a él el acceso al currículo sino también afecta al rendimiento de los demás compañeros.

• *Grado de cuidado que exige.* Si el niño requiere mayores cuidados va a implicar una mayor provisión de recursos técnicos y de tiempo por parte de la familia por lo que puede producir agotamiento en el sistema.

• *Experiencias previas.* Pueden influir tanto en sentido positivo como negativo. Hay familias, que al haber tenido ya experiencia con la discapacidad, son capaces de ver más allá del diagnóstico y desdramatizan la situación poniendo en marcha inmediatamente mecanismos ya aprendidos, pero otras veces, el hecho de haber pasado por experiencias similares, puede provocar un impacto mayor. Conocen bien las implicaciones que tiene el trastorno y pueden aparecer con mayor intensidad reacciones de negación o de rechazo.

• *Momento evolutivo de la familia.* No es lo mismo que sea el primer hijo el que presenta un trastorno del desarrollo a que sea el cuarto. La estructura familiar, los roles de los miembros juegan un importante papel a la hora de asimilar un diagnóstico. La seguridad en el papel de padres no es la misma en un caso que en el otro. Ni es lo mismo una pareja muy joven que otra más experimentada, tampoco es igual que surja una discapacidad en un sistema conyugal estable y equilibrado que en otro que está pasando un proceso de ruptura de pareja.

Algunos estudios ponen de manifiesto que la discapacidad de un hijo no tiene por qué provocar rupturas de pareja; en un porcentaje elevado de casos, cuando esto se produce, es porque ya existían antes conflictos de relación.

Tampoco es lo mismo el nacimiento de un hijo con discapacidad cuando hay una situación laboral estable que en un momento en el que ambos padres están tratando de labrarse un futuro profesional.

• *Redes de apoyo social.* Ya hemos hablado bastante sobre este tema. El impacto será mayor cuanto más elevado sea el sentimiento de aislamiento de los padres. Una buena red de apoyo con familiares, amigos o vecinos cercanos afectivamente ayuda a amortiguar el impacto.

• *Momento en el que se detecta.* Es una variable muy significativa a la hora de suscitar distintas emociones.

— *Detección prenatal.* Hoy en día, como consecuencia del progreso en medicina, se pueden detectar algunas alteraciones durante el embarazo. Trastornos genéticos o malformaciones pueden diagnosticarse antes del nacimiento. En estos casos se desencadenan importantes emociones de incertidumbre, miedo y ansiedad. Se conoce el trastorno pero aún no puede asociarse al niño en particular. Las familias pasan por procesos de decisión muy difíciles. Si continúan adelante con el embarazo, muchas fases de las que hemos hablado en este capítulo se pueden vivir antes del nacimiento y estar ya preparados cuando llegue el momento de recibir al bebé. Si la familia opta por un aborto terapéutico podría experimentar efectos traumáticos por dicha decisión.

— *Detección en el parto o justo después del parto.* Provoca crisis, ansiedad, confusión, negación.

"No puede ser, se han confundido, éste no es mi hijo".

© narcea, s. a. de ediciones

— *Detección como consecuencia de la sospecha de los padres.* Provoca tranquilidad ya que explica la causa de las conductas anómalas, y sensación de competencia de los padres por haber sido capaces de detectarlo.

"Ya decía yo que le pasaba algo, por lo menos ya sabemos lo que le pasa".

— *Detección en controles rutinarios o en la escuela.* Produce incredulidad y negación.

Cuando el diagnóstico se hace pasado un tiempo en el sistema de atribuciones de la familia, las ideas respecto al niño coinciden más con la normalidad por lo que dicho sistema es más resistente al cambio. Además aparece un sentimiento de culpa en los padres por no haber sido capaces de detectarlo por sí mismos y por haber perdido un tiempo muy valioso; por eso la negación les permite un tiempo hasta que puedan considerar la situación.

"Yo no lo veo mal, en casa hace muchas más cosas, será que no quiere colaborar en la escuela, yo creo que está bien, ya se le pasará".

¿Cómo son las reacciones de la familia?

El modelo del impacto (Jacobs, 1992) estudia la forma en la que la familia resulta afectada por la enfermedad y nos puede servir para comprender el comportamiento de las familias ante la discapacidad.

Aun a riesgo de ser redundantes parece básico conocer muy bien cuál es la respuesta de la familia para poder hacer una intervención familiar lo más adecuada posible. Se trata de una aproximación a las reacciones familiares, no desde el proceso temporal de asimilación del diagnóstico, como hemos hecho hasta aquí, sino agrupando las reacciones desde distintas perspectivas.

REACCIONES FÍSICAS

— Manifestaciones de estrés (inquietud, sudoración, etc.).

— Preocupación por la propia salud de los padres.

© narcea, s. a. de ediciones

— Dolores musculares de distinto tipo.

— Fatiga.

— Perturbaciones del sueño.

REACCIONES COGNITIVAS

— Negación, de la que ya hemos hablado en otros apartados.

— Egocentrismo y reducción de los intereses. Su conversación se centra en el tema de su hijo y la discapacidad y se reducen los intereses o aficiones por las que antes se mostraban motivados. Se reduce el interés por el trabajo, la casa o las amistades, y prestan atención sobre todo a su problema.

— Cambios en la autoestima y en la imagen corporal. Podemos ver madres que dejan de arreglarse, incluso se muestran descuidadas.

— Reevaluación de la vida y la muerte. Ya hemos visto antes cómo el concepto de muerte se contempla desde muchas perspectivas. También se valora más la vida.

— Replanteo del sistema de atribuciones.

— Comprensión del trastorno.

REACCIONES EMOCIONALES

— Aumento de la respuesta emocional: vergüenza, culpa, envidia, miedo, ansiedad, tristeza, rabia, entusiasmo...

— Labilidad emocional. Se pasa de un estado a otro con mucha facilidad y no siempre como consecuencia de un estímulo que lo justifique.

— Dificultad para expresar los sentimientos.

REACCIONES CONDUCTUALES

— Hipersensibilidad: llanto, queja, etc.

— Conductas de regresión o dependencia. A veces el estado emocional impulsa al adulto a abandonar dicha condición y apoyarse en otros adultos de forma dependiente.

© narcea, s. a. de ediciones

— Conductas de control y eficacia. Se desarrollan comportamientos muy útiles para responder a las necesidades de todo el sistema familiar.

— Desvinculación. No se observan las conductas de aproximación propias del apego hacia las figuras de afecto de los padres y hay una tendencia al aislamiento social.

REACCIONES ESTRUCTURALES

Hasta aquí hemos visto reacciones individuales, pero también se observan reacciones de la familia como sistema. Se producen variaciones en la estructura del sistema.

• *Cambios de roles.* Al variar las condiciones es necesario adaptar las normas de funcionamiento. Se producen negociaciones más o menos implícitas mediante las cuales se reparten los papeles. Una fórmula que aparece con frecuencia es la siguiente:

— *Madre:* Suele asumir el papel de cuidadora primaria (Navarro Góngora, 2002), se ocupa de vigilar, estimular y responder a las necesidades del niño. Es la persona que se relaciona más directamente con él, la que mejor le entiende. A veces renuncia a sus proyectos personales, deja su trabajo y de salir con sus amistades, incluso abandona las tareas relacionadas con el cuidado de la casa o de sus otros hijos, o su relación de pareja y puede llegar a la extenuación. Con frecuencia se observa que manifiesta quejas de la carga que asume. El resto de la familia, trata de ofrecerle períodos de descanso o le propone soluciones que la madre no siempre acepta, porque implícitamente lo que solicita, no es que la sustituyan en su tarea, sino que reconozcan su labor.

El papel de cuidador primario es particularmente importante por lo que es necesario que descanse y que mantenga, de algún modo, sus intereses personales para que no se agote y pueda ofrecer un cuidado de calidad. La dedicación excesiva al miembro con discapacidad en perjuicio del funcionamiento de todo el sistema, puede provocar reacciones en otros miembros de la familia, por lo que hay que cuidar especialmente al cuidador primario para que el período de crisis se subsane con nuevas reglas de funcionamiento que permitan el equilibrio del sistema.

— *Padre:* Suele asumir el papel de apoyo emocional del cuidador primario. Escucha y acoge los sentimientos de la madre aprobando sus actuaciones con respecto al niño. No suele asumir las tareas directas de crianza, ni tampoco aumentar su implicación en las tareas del hogar. Parece que se vuelca más hacia el exterior. Suele mostrar un papel más asertivo con los profesionales como defensor de los derechos de su hijo y del cuidador primario, asume la gestión para el acceso a los recursos y en muchas ocasiones se implica en asociaciones y organismos en defensa de la discapacidad.

En algún caso he podido observar este papel del padre. La madre era la que acudía habitualmente a las entrevistas y a las sesiones de intervención. Pero ante una situación en la que el objetivo era luchar por un recurso determinado o reclamar un derecho para su hijo hacía aparición la figura paterna respaldando la demanda de la madre.

— *Hermanos:* Su papel depende de la edad que tengan y de su relación con el hermano con discapacidad. Generalmente, si son de edades próximas, son una fuente extraordinaria de estimulación. Interactúan con su hermano continuamente y además lo hacen sin ninguna carga de ansiedad. Juegan con él, le hablan, le quitan los juguetes, etc. En la lucha propia por sus derechos exigen al niño y a los padres actitudes de normalización. Si son mayores puede que compartan emociones y roles de cuidador con la madre.

Su relación con el hermano va a depender mucho del enfoque de los padres y de la información de la que dispongan. También están afectados por el tiempo disponible de los padres para ellos. En algunos casos pueden producirse situaciones de cierto abandono de los hermanos ya que el hijo con discapacidad reclama mucho tiempo y atención. Estos pueden resentirse desde el punto de vista emocional e incluso desarrollar síntomas para reclamar la atención de sus padres. Recuerdo a una madre de una niña con pluridiscapacidad que hacía muchas demandas sobre cómo intervenir con las conductas de su otro hijo.

"Yo creo que tengo bastante asumido el problema de mi hija, sé hasta donde puede llegar y hago lo posible por atenderla; lo que a mí más me angustia es mi otro hijo, no sé como educarlo, está llamando continuamente mi atención y tenemos conflictos continuamente".

© narcea, s. a. de ediciones

En otros casos, el ajuste es adecuado y las familias son capaces de distribuir su energía entre todos sus hijos.

El papel de los hermanos también va a estar determinado por la proyección que los padres hagan sobre ellos. Si los padres atribuyen responsabilidad en los hermanos y les cargan con tareas de cuidado, pueden sentirse abrumados, sobre todo si los padres consideran que el futuro de su hijo con discapacidad pasa por la atención de su hermano. En esos casos puede confundirse el papel de hermano con el de padre o madre.

Conforme van creciendo necesitan tener información precisa de lo que le ocurre a su hermano e ir construyendo un sistema de atribuciones ajustado que les permita aceptarlo. En situaciones sociales van a tener que encajar conductas y comentarios de otros niños en el colegio o en el parque relacionados con el trastorno de su hermano por lo que es indispensable que dispongan de información y que sus actitudes hayan sido trabajadas. También puede ser determinante la causa del trastorno y si tiene alguna relación con su propio futuro. Las alteraciones de origen genético pueden afectarles por el temor de que se repitan en su propia familia, por lo que es imprescindible una información precisa que les permita tomar las medidas necesarias en el futuro respecto a su propia descendencia.

> — *Abuelos.* Desde el punto de vista estructural, los abuelos, tíos y otros familiares asumen un papel de ayuda en el cuidado, transporte y provisión de recursos. Recuerdo a varios "superabuelos" que durante años han asumido el papel de llevar a sus nietos a la Escuela Infantil interactuando con los tutores y los especialistas. Uno de ellos era electricista y no puedo olvidar el interés que ponía para ayudarnos a arreglar los conmutadores de los juguetes o cualquier objeto que se estropeaba en la escuela. Ponía auténtico entusiasmo por poder aportar algo para su nieto u otros niños como él. También me acuerdo de una abuela encantadora que a todos los que trataban con su nieto en la escuela les decía:

"Cuánto les agradezco lo que hacen por mi niño, y sobre todo el cariño con el que lo tratan".

• *Rigidez en la interacción con el niño.* Como consecuencia de todo lo que ya hemos visto, se puede producir una relación con el niño marcada por la sobreprotección. Como el niño carece de algunas competencias, los padres tratan de suplirlo y le privan de la oportunidad de experimentar y aprender.

• *Coaliciones entre los familiares.* Con frecuencia se producen coaliciones entre el cuidador primario y el niño con discapacidad. Se trata de interacciones privilegiadas que tienen la ventaja de una mayor vinculación afectiva, pero pueden incurrir en la dependencia mutua, la sobreprotección y la anulación de la identidad de cada uno. Además implican la exclusión de otros miembros de la familia.

• *Exclusiones de algún miembro.* Si hay una coalición muy fuerte entre la madre y el niño, puede ocurrir que la pareja se sienta al margen de la relación y progresivamente se vaya distanciando emocionalmente asumiendo cada vez un menor papel en la crianza del hijo, e incluso también en el apoyo emocional de su pareja. En esta situación el padre puede buscar alternativas y centrarse en el mundo laboral u otros intereses que a su vez se vivan negativamente por parte del cuidador primario que no es consciente de la exclusión que está provocando.

Puede ocurrir lo mismo con otros hijos que no son capaces de entrar en dicha coalición emocional, por lo que se sienten excluidos y pueden buscar otras coaliciones en el seno familiar o buscar apoyo ajeno a la familia.

• *Cambios de redes.* Puede producirse aislamiento social ya que la familia se puede considerar estigmatizada y evitar situaciones en las que experimenten vergüenza. También se producen cambios en las redes sociales. Las familias cambian sus amistades y se aproximan a otros círculos que tienen relación con el trastorno de su hijo con los que comparten, en ese momento, más intereses.

El sentido de la discapacidad

Todas las personas tratan de buscar un sentido a la discapacidad ¿por qué me ha ocurrido a mí esto? El sentido que se da proviene del sistema de valores de cada uno. Se buscan atribuciones causales, algunas se expresan fácilmente, sin embargo otras, se mantienen ocultas formando parte de lo más íntimo de la persona. Generalmente es un constructo que determina muchas reacciones emocionales.

Cuando los padres tratan de explicar a alguien el trastorno de su hijo, generalmente recurren a explicaciones lógicas o científicas, probablemente las mismas que los expertos les han ofrecido a ellos. Pero en el ámbito de lo per-

© narcea, s. a. de ediciones

sonal manejan también otras razones, muchas de ellas irracionales. Son distorsiones de la realidad que justifican sus pensamientos autodestructivos y las emociones negativas. Algunas de estas *creencias* irracionales se expresan a través de enunciados que se pueden clasificar en torno a las siguientes categorías:

* *Causas sobrenaturales.* Es una realidad superior, la naturaleza o Dios quien ha provocado esta situación.

> *"Es un castigo de Dios a mi mal comportamiento".*
> *"Se han conjugado los astros de tal modo que ha dado lugar al desastre".*

* *Culpa.* Es el propio sujeto el causante de la discapacidad.

> *"Si no hubiera fumado durante el embarazo no hubiera pasado esto".*
> *"Tendría que haber seguido las instrucciones del médico y no hubiera nacido así".*
> *"Me lo he buscado yo. Tardé tanto en tener hijos que ahora me está bien empleado".*
> *"Es un trastorno que lo transmite la herencia materna, luego yo soy la responsable".*
> *"Me ha ocurrido porque yo no quería este embarazo".*

* *Atribución externa.* Los demás son responsables de la situación.

> *"Es un defecto de la familia de mi marido".*
> *"El responsable es el médico que no lo hizo bien durante el parto".*

* *Ineptitud reproductora.* Se recurre a la propia situación de anormalidad o falta de salud.

> *"No he sido capaz de engendrar un hijo sano".*
> *"No soy normal porque no puedo tener hijos normales".*

* *Hipergeneralización.* A un hecho concreto se le da el valor de regla general (Beck, 1976).

> *"Siempre tiene que ocurrir lo peor".*

* *Personalización.* Consiste en relacionar todo lo negativo con uno mismo (Beck, 1976).

> *"Tengo muy mala suerte".*
> *"Siempre me pasa a mí lo peor".*
> *"Sería raro que me salieran a mí bien las cosas".*

© narcea, s. a. de ediciones

• *Privilegio.* Algunas personas consideran esta situación como algo positivo en su vida. A veces esta atribución causal no está presente en los primeros momentos pero sí más adelante una vez que la familia ha superado la primera situación de crisis y comprueba las contribuciones positivas de su hijo para su vida.

> *"Es lo mejor que me ha pasado en la vida".*
> *"He descubierto lo que realmente vale la pena en la vida".*

• *Determinismo.* Es la concepción de que la discapacidad no es la consecuencia sino la causa de otra realidad.

> *"Si ha ocurrido tiene que ser por algo, tengo que descubrirlo".*
> *"Este hijo ha venido para ayudarnos a mejorar en la vida".*
> *"Nada ocurre sin una razón de ser".*
> *"Lo ha puesto Dios en mi camino para salvarme, para que me supere".*

• *Dimensión espiritual.* La vertiente espiritual está bastante vinculada a la vivencia de la discapacidad. Las personas con creencias religiosas firmemente arraigadas se apoyan en dichos planteamientos que les ofrecen tanto explicaciones de la realidad como mecanismos en los que sustentarse. Aún conservo una estampa de un santo que me dio una madre.

> *"Mira, este santo va a ayudar a mi hijo, yo tengo mucha devoción en él, le rezo con frecuencia, como yo no sé hacerlo bien, seguro que San... lo hará por mí desde el cielo".*

El profesional, aunque comparta o no las creencias con los padres debe siempre respetarlas, ya que consisten en un elemento clave para su seguridad. Todas estas atribuciones causales, a pesar de no apoyarse en la lógica, forman parte del sistema de atribuciones de los padres, por lo tanto el profesional, debe manejarlas con mucho respeto y ayudar a las familias a reubicarlas dentro del sistema del modo más conveniente para facilitar la adaptación, pero nunca rechazarlas categóricamente ni hacerlas objeto de crítica o burla que vulnere la autoestima de los padres.

La interacción con el niño con trastornos del desarrollo

Hemos visto cuál es la situación emocional de los padres ante el diagnóstico y la reacción que manifiestan los distintos miembros de la familia. Si damos un paso más nos preguntamos: ¿cómo es la interacción de los padres con el niño que tiene una discapacidad o trastorno del desarrollo? Según Grácia

(2003) las interacciones comunicativas entre los padres y sus hijos con trastornos del desarrollo presentan las siguientes características:

EL NIÑO MUESTRA UN REPERTORIO LIMITADO DE HABILIDADES DE COMUNICACIÓN

- *Mayor tiempo de respuesta.* Los niños muy pequeños con alteraciones motoras, sensoriales o cognitivas suelen tardar en reaccionar a la estimulación del adulto. Cuando éste le mira, le habla o le sonríe, el niño no tiene la respuesta inmediata esperada de un bebé normal. El adulto suele mostrar dificultades para esperar la respuesta del niño por lo que inicia un nuevo gesto dirigido al niño antes de que éste reaccione para invitarle de nuevo a participar de la interacción. Con esta nueva acción interrumpe la posible respuesta del niño a la estimulación anterior. Una vez que el adulto ha propuesto varios intercambios sin respuesta, tiende a reducir la tasa de contacto con el niño como consecuencia de la lentitud en respuesta. Conforme los padres van conociendo al niño y vinculándose bien con él, pueden ir desarrollando patrones de interacción que incrementan su tiempo de espera hasta que el niño responda, mejorando de este modo la interacción.

- *Dificultades de contacto ocular.* En muchos de estos casos el niño se fija poco en la cara del adulto o durante poco tiempo, lo que éste puede interpretar como falta de interés. Es una conducta poco gratificante para el padre o la madre que intentan captar la atención de su hijo y como no logran que fije la mirada de un modo normalizado, se sienten frustrados y reducen la tasa de propuestas de interacción con el bebé. Cuando comprenden las dificultades que el niño tiene para hacer una adecuada fijación visual buscan otro tipo de respuestas en el niño y van aprendiendo habilidades para interactuar con él.

- *Inicia menos patrones de comunicación.* El niño realiza menos conductas de las esperadas para reclamar la atención del adulto mediante miradas, gestos o sonidos; hay menos iniciativas del niño reduciéndose las posibilidades de interacción y el aprendizaje de la alternancia que ésta supone. Se reduce la bidireccionalidad. La intención comunicativa parte con más frecuencia del adulto que del niño por lo que le cuesta aprender a iniciar contactos comunicativos.

- *Reacciones poco llamativas y difíciles de interpretar.* Las respuestas comunicativas del bebé permiten al adulto interpretar que está respondiendo a sus propuestas. Pero cuando el niño presenta un trastorno del desarrollo sus respuestas son diferentes. Puede que reaccione, pero a veces lo hace con pautas que se distancian de la normalidad, bien por la intensidad (poco evidentes) o por la forma (extrañas o anómalas). El adulto puede no captarlas e incluso interpretarlas erróneamente como conductas de displacer o de rechazo, inhibiendo su propuesta comunicativa. Es necesario que los padres aprendan a observar cualquier reacción del niño, por pequeña que sea, y a interpretarla adecuadamente, para que pueda establecerse un flujo de interacción que motive al niño para relacionarse.

• *El nivel de desarrollo no corresponde con su edad.* Hay casos en los que las reacciones del niño son apropiadas en cuanto a la forma pero están desfasadas en cuanto a la edad. Puede sonreír, pero más tarde de lo esperado o emitir sonidos pero a una edad más avanzada.

Cuando las familias conocen estas características de la comunicación del niño, ponen en marcha mecanismos para manejarlas, aprenden a observar y se sienten gratificados por la respuesta aunque sea lenta o distinta y puede mejorar la comunicación con el bebé.

LOS PADRES MUESTRAN DIFICULTADES EN SUS
REACCIONES COMUNICATIVAS

• *Esperan poco tiempo a que el bebé reaccione.* Miran y escuchan poco al niño, posiblemente como consecuencia de la ansiedad y de sus propias emociones y también por la escasa respuesta del bebé. Consideran que cuanto más se le estimule mejor y proponen intercambios frecuentes de forma asimétrica sin esperar a su respuesta.

• *Provocan pocos momentos de interacción.* En las tareas cotidianas de crianza, el aseo, la alimentación o el vestido se observan menos juegos de intercambio con los hijos que presentan algún trastorno del desarrollo.

• *Se muestran directivos, invasores.* Tienden a dominar la interacción de forma asimétrica, hacen muchas preguntas y responden por el niño, hacen preguntas redundantes y dan muchas órdenes limitando el espacio del niño para participar. El niño se acostumbra a esta asimetría y apenas se esfuerza por ajustarse a la interacción. Los padres, a través de este estilo de interacción, limitan las posibilidades de fracaso del niño reduciendo así su ansiedad pero perjudicando su desarrollo.

• *No se ajustan al nivel del niño.* Utilizan un código muy simplificado para garantizar la comprensión y reducir el error en lugar de hacer propuestas que exijan al niño un esfuerzo y por lo tanto un progreso en sus habilidades comunicativas.

A estas características de la comunicación entre los padres y el niño podemos añadir otros factores a la interacción como:

— Conductas impredecibles del niño que someten a la familia a confusión e inseguridad.

— Menor tasa de recompensas. Resulta necesario un gran esfuerzo para conseguir pequeños logros, que sumados a las dificultades de comunicación hacen que la relación sea poco gratificante para el adulto.

— Dificultades para manejar los problemas de conducta. El niño es más resistente al aprendizaje, requiere un porcentaje de ensayos mayor que otros niños para aprender una conducta. Esta forma peculiar que tienen de aprender provoca fatiga en las familias y muchas veces desorientación.

— Tardanza en la adquisición de hábitos normales como la alimentación, aseo, vestido, control de esfínteres, etc., por lo que reclaman más vigilancia y cuidado por parte del adulto y prolongan la crianza más allá de lo esperado inicialmente.

— Vergüenza o apuro por el comportamiento social de su hijo. Generalmente las conductas diferentes del niño se aceptan mejor en el ámbito del hogar que cuando se sale fuera de casa, lugares públicos o casas de familiares o amigos, donde se evidencian no solo las dificultades del niño sino también las habilidades de los padres para manejarlas.

La interacción de los padres con el niño va a ser un proceso en el cual los adultos van, poco a poco, rebajando las demandas o ajustándolas mejor a las características de su hijo y van aprendiendo a obtener una importante gratificación por los pequeños logros. A la vez la familia se va haciendo más tolerante a los inconvenientes de las situaciones sociales.

Los enfoques de intervención naturalista proponen la observación y el análisis de las interacciones espontáneas como mecanismo para mejorar la comunicación de los padres con el niño. Grácia (2003) propone una serie de estrategias presentes en los intercambios comunicativos y lingüísticos entre el niño y los adultos que incluyen:

— *Gestión de la comunicación.* Incluye la creación de rutinas interactivas, la estructuración de la actividad por turnos, el uso del silencio y la espera, la detección de señales comunicativas, la atribución de significados, la prolongación de secuencias, etc.

— *Adaptación del lenguaje del adulto al del niño* en cuanto a aspectos semánticos, sintácticos, morfológicos, fonéticos, etc.

— *Estrategias educativas implícitas.* Como las expansiones, las correcciones, los encadenamientos, las valoraciones positivas, las imitaciones, perseveraciones etc.

Revisión de conceptos

A partir de aquí y después de hacer un análisis de cuál es la situación de las familias con un hijo con trastornos del desarrollo, estamos en condiciones de revisar algunos conceptos que los profesionales manejamos con mucha frecuencia y que a veces lo hacemos erróneamente culpabilizando a las familias. He recogido sólo tres por considerarlos básicos a la hora de intervenir con las familias. Se trata de una perspectiva diferente al significado literal que tienen esos conceptos; algunos ya los hemos ido abordando a lo largo de la exposición pero me parece importante resaltarlos (Cunningham, 1988).

• *Sobreprotección:* Se trata de las conductas de los padres que, excesivamente sensibles a críticas o rechazos de otros hacia sus hijos, evitan situaciones sociales o de aprendizaje que pongan en riesgo al niño. Generan dependencias innecesarias, renuncian a mantener el control de la conducta de sus hijos y a la disciplina, y aumentan la permisividad. Necesitan por parte de los profesionales que les ayuden a reflexionar sobre las posibles consecuencias de sus acciones en lugar de ser acusados de sobreprotección.

• *Negación:* Es un mecanismo que permite a los padres mantener su modelo o sistema de atribuciones dándoles un margen para considerar la situación cuando se encuentren con más fuerzas o recursos. Necesitan tiempo y que el profesional les ayude a ir modificando progresivamente dicho sistema de atribuciones sin sentirse amenazados.

• *Ansiedad:* Es la conciencia de que los acontecimientos a los que se enfrentan están fuera de los límites de su sistema de constructos, por lo tanto deben desarrollar constructos totalmente nuevos para comprender los acontecimientos. De nuevo necesitan tiempo y ayuda para ir construyendo su propia seguridad.

© narcea, s. a. de ediciones

5. El sistema profesional

El hecho de tratar de definir a grandes líneas el sistema del profesional tiene por objeto reflexionar sobre la importancia que tiene en el proceso. El profesional de AT no es un elemento neutro u objetivo. Cuando interacciona con el niño o con la familia lo hace desde sus propias características; y sólo cuando todas ellas se contemplan, pueden manejarse de modo que la intervención sea apropiada.

Muchas veces observamos cómo el trabajo con las familias no es eficaz porque el profesional se siente amenazado por los sentimientos o las reacciones de los padres, porque su modelo profesional no es correcto o por otras muchas razones que radican en este sistema. Ignorar nuestras emociones o nuestros mecanismos de defensa nos lleva a subjetivar la relación y a analizarla desde perspectivas erróneas. El profesional, al igual que la familia, forma un sistema también complejo desde el que interactúa con el sistema familiar creando otro de rango mayor que también tiene unas normas, una morfogénesis y una tendencia a la homeostasis.

Características del sistema profesional

Al igual que en el sistema familiar, se pueden analizar las siguientes características que figuran en el cuadro:

Estructura

El libro blanco de la AT hace referencia al equipo de profesionales de orientación interdisciplinar o transdisciplinar. Estos equipos están formados por profesionales de distintas disciplinas que comparten los objetivos, la información y la toma de decisiones. Cada uno adquiere conocimientos y competencias de otras disciplinas relacionadas, incorporándolas a su práctica. La interdisciplinariedad va más allá de la suma de las diferentes especialidades. Implica trabajo en equipo para garantizar una intervención global.

Los equipos de AT están compuestos por profesionales de distintos ámbitos, incluyen distintos perfiles profesionales entre los que se encuentran: médicos, psicólogos, pedagogos, trabajadores sociales, logopedas, fisioterapeutas, maestros, estimuladores, terapeutas ocupacionales, etc. La configuración de estos equipos es muy variada según las distintas políticas sectoriales y las trayectorias seguidas por los centros. En España, en algunas comunidades autónomas están generalizados los Centros de Desarrollo Infantil y Atención Temprana (CDIAT) tal y como se definen en el Libro Blanco de la AT; en otras regiones hay centros de AT que atienden a la población infantil de 0 a 6 años con trastornos del desarrollo aunque no se ajusten a las características de los CDIAT. En todos los casos estamos hablando de equipos multidisciplinares que tratan de trabajar en coordinación. La existencia de diferentes perfiles profesionales va a permitir analizar los procesos teniendo en cuenta distintas perspectivas, lo que aporta mayor flexibilidad a la hora de intervenir y mayor eficacia.

Generalmente es un solo profesional el que, como representante de todo el equipo, lleva a cabo la intervención con la familia, con objeto de que se pueda establecer una relación personal. Puede ser aquél cuyo perfil responda mejor a las necesidades de la familia, o el que empatice mejor con ésta; en cualquier caso, recoge y representa a la totalidad del equipo aportando las distintas visiones de los profesionales que trabajan con el niño, que si bien no llevan a cabo de forma directa el seguimiento familiar, participan en el análisis del caso y en la toma de decisiones. Un equipo interdisciplinar o transdisciplinar permite adoptar a los diferentes miembros papeles correspondientes a otras disciplinas para dar respuesta a las necesidades del sistema familiar.

La estructura no sólo hace referencia a la composición del equipo, sino también a los distintos roles que los miembros desempeñan, la organización jerárquica establecida, la participación en la toma de decisiones, los mecanismos establecidos para llevar a cabo la coordinación, la relación con otros equipos o profesionales que también intervienen en el mismo caso, e incluso las relaciones personales que se desarrollan entre los distintos componentes del equipo.

Historia

Como en el caso de las familias, el profesional y el equipo tienen una trayectoria personal y profesional que determina su situación actual. Cabe destacar dos aspectos fundamentales: la formación y la experiencia.

Los equipos de AT incluyen profesionales procedentes de distintas disciplinas, pero las características del trabajo, así como la necesidad de trabajar en equipo hacen necesaria una formación específica común en materia de AT. La formación inicial según su perfil o la específica sobre AT, así como la formación permanente del profesional van a determinar, no solo su modelo de intervención, sino los recursos de los que va a disponer para atender adecuadamente al sistema familiar.

Por otro lado, a lo largo de su trayectoria profesional, ha atendido diversidad de casos que le proporcionan experiencias muy diversas de las cuales aprender. La puesta en práctica de distintas técnicas o estrategias amplía la capacidad del profesional y aumenta sus recursos, aunque no significa que éstas vayan a ser válidas para todas las familias.

© narcea, s. a. de ediciones

También la historia personal del profesional le permite conocer y posicionarse ante diversas situaciones e ir construyendo su propio sistema de atribuciones desde el cual va a intervenir.

Recuerdo una profesional responsable de un servicio de autismo que tiene un hermano con Síndrome de Down, que me contaba:

"Una madre, después de una dura entrevista, me dijo que no podía comprenderla porque no tenía ni idea de lo que significaba tener una discapacidad en la familia; cuando le conté mi historia, su actitud cambió radicalmente".

El hecho de haber vivido directamente la discapacidad en uno mismo o en un familiar próximo no tiene por qué garantizar una actitud favorable, pero no es un hecho que pase desapercibido para la intervención del profesional.

Estilo profesional

Cada profesional y cada equipo desarrolla su tarea desde un estilo diferente enmarcado en el modelo de intervención en el que se definen, y que establece distintas estrategias para trabajar con las familias. El modelo sistémico, cognitivo, dinámico, etc.

Por otro lado, cada uno tiene una forma concreta de comunicarse con el niño o con la familia, utiliza diferentes formas de expresión verbal y no verbal que marcan la relación. Cada uno tiene distinto grado de empatía y marca una distancia terapéutica concreta. Ésta es la razón por la que dos profesionales que trabajan con la misma familia, aunque ofrezcan las mismas orientaciones, serán vividas de forma muy distinta por los padres e incluso puedan dar lugar a confusiones o interpretaciones erróneas que confundan a la familia.

Las emociones

Los profesionales, como seres humanos que son, están inmersos en procesos emocionales, van a trabajar cargados con sus propias emociones fruto de sus experiencias personales. Están preocupados por sus hijos, han tenido una discusión con su pareja o están cansados porque no han dormido bien.

También experimentan emociones derivadas del desempeño de su tarea. Sienten frustración cuando no logran los objetivos que se han propuesto con un niño o con una familia, dudan de sus propias reacciones o de su capacidad para dar respuesta a las necesidades, se sienten culpables de no haber tenido en cuenta algo o de haberse equivocado. Se ilusionan cuando se obtiene un logro o se enorgullecen del niño o de la competencia de una familia o de alguna acción que ellos mismos han realizado. Cuando el profesional se implica con su labor, ésta desencadena múltiples y variadas reacciones emocionales.

Por si fuera poco con las emociones procedentes de la vida personal y del desempeño profesional, aún hay que tener en cuenta más emociones: las de la familia. Cualquier profesional que realiza intervención con familias ha experimentado situaciones en las que después de una entrevista necesita un tiempo para relajarse y desahogar las emociones que ésta ha desencadenado en él. El manejo de las emociones de los padres, que es uno de los principales contenidos que se abordan en la intervención, puede desestabilizar al profesional. Las emociones de la familia pueden resonar en el profesional creando nuevos sentimientos en éste. Cuando expresan su rabia o su miedo a lo largo de una entrevista, pueden provocar en el terapeuta reacciones de compasión, de ira o de estrés que si no sabe manejar correctamente pueden bloquear en el acompañamiento de la familia.

Teniendo en cuenta toda esta amalgama de sentimientos sería recomendable que los profesionales contaran con un óptimo estado de salud emocional. Sólo se puede generar estabilidad desde el equilibrio psíquico. El profesional debe tener gran capacidad para manejar sus propios sentimientos, debe ser capaz de reconocerlos, etiquetarlos y manejarlos y así ofrecer a la familia un modelo de seguridad. Debe ser capaz de manejar sus emociones para que éstas no distorsionen la relación terapéutica con las familias.

Para hacer frente a esta situación el profesional puede hacer uso de algunos mecanismos de protección como los siguientes:

— Su *equipo,* con el que puede compartir, no solo la información sino también los sentimientos, siempre que el equipo tenga condiciones de estabilidad y salud y exista una buena relación entre sus miembros.

— La *psicoterapia* a la que puede recurrir el propio profesional.

— La *familia de origen.* Es donde establece sus relaciones de apego y siempre que no sea fuente de estrés le proporcionará valores y estabilidad afectiva.

— *Actividades de ocio* o distracción mediante las cuales pueda canalizar la energía emocional que maneja.

Sistema de atribuciones

El profesional tiene su propio sistema de atribuciones determinado por su formación y por su experiencia personal y profesional. Éste le sirve para interpretar los acontecimientos y poder preveerlos; a través de él realiza la intervención con las familias. Es especialmente relevante que revise sus constructos, sus creencias y valores de modo que sean favorecedoras de la intervención.

Puede tener como prioritarias atribuciones generadoras de estrés, que en su posición de asesor, perjudiquen aún más el funcionamiento del sistema familiar.

Las atribuciones del profesional relativas a la discapacidad, a la familia, a la intervención o al calendario del desarrollo deben ser generadoras de competencias para que, al entrar en contacto con las de los padres, faciliten la percepción de autocompetencia de éstos.

Necesidades

Hay un conjunto de necesidades que el profesional tiene en común con cualquier otra persona, pero también hay otras que se derivan específicamente de su rol: necesidad de formación permanente, necesidad de eficacia y necesidad de reconocimiento profesional.

La investigación en las diferentes disciplinas va evolucionando constantemente y si el profesional no está al corriente de los cambios que se van produciendo en el conocimiento corre el peligro de quedar desfasado y no aportar calidad a su intervención. Generalmente, la necesidad de formación permanente choca con la escasez de tiempos disponibles para leer y conocer nuevas técnicas. Los profesionales conscientes de estas carencias pueden desarrollar sentimientos de frustración e incluso inseguridad en el desempeño de su tarea.

Otra necesidad es la de eficacia. El profesional necesita comprobar que gracias a su trabajo se producen cambios o mejoras tanto en el niño como en el sistema familiar. Los niños evolucionan bastante en los primeros momentos del desarrollo y las familias suelen ser permeables en esta etapa de su ciclo vital, por lo que puede ser fácil satisfacer esta necesidad profesional. No obstante, hay muchas ocasiones, que bien por el trastorno que presenta el niño o su contexto, o por una inadecuada intervención, no se pueden observar logros, lo que somete al profesional a estados de insatisfacción o indefensión que repercuten negativamente en el proceso de intervención.

Es necesario tolerar que no tiene por qué funcionar bien la intervención con todas las familias, que con mucha frecuencia se producen paradas o estancamientos inherentes al proceso y que el profesional no es omnipotente y no puede resolverlo todo. El terapeuta puede empatizar muy bien con unas familias, pero no tiene por qué ser así con todas. Hay muchas variables que están en juego y que facilitan o entorpecen la relación. Es en esas ocasiones cuando el profesional tiene que poner en marcha todos sus recursos para no abandonar la implicación, tan necesaria en los procesos de intervención familiar.

Respecto a la necesidad de reconocimiento, el profesional necesita que su trabajo sea valorado por los padres, por sus compañeros de equipo y sobre todo por sí mismo. En ocasiones esta necesidad se convierte en prioritaria y algunos técnicos se otorgan a sí mismos los méritos por determinados logros, reduciendo el valor de las aportaciones de otros compañeros u otros servicios, o incluso de los padres, en aras de satisfacer su autoestima. Estos comportamientos, más o menos implícitos, tienen un efecto devastador para la relación porque rompen el sentimiento de equipo. Al atribuirse más importancia fomentan en la familia o en los compañeros reacciones de ira y agresión, la relación se empaña con rivalidades en las que la energía no se aplica hacia el logro del objetivo común, sino más bien a la consecución de metas personales, aunque para ello se ignoren las necesidades del otro, en este caso de los padres o del niño.

Por fortuna ésta no es una actitud habitual pero hay que estar alerta para no confundir una necesidad lícita de reconocimiento con la búsqueda de protagonismo. Resulta muy saludable para el proceso de AT que el profesional vea satisfecha, de forma constructiva, su necesidad de valoración y reconocimiento. Cuando la relación está bien establecida, el vínculo existente entre los miembros garantiza la valoración recíproca. Por otro lado, el profesional, consciente de sus propias necesidades, debe saber buscar por sí mismo la satisfacción por el desempeño de su tarea sin menoscabo del papel de los padres, reconociéndose a sí mismo el valor de su esfuerzo y de su papel.

Expectativas

Si las expectativas de la familia son importantes, aún más son las del profesional porque, como catalizador del cambio, sirve de modelo a todos los implicados en el proceso de AT. En el rol que le atribuye la familia, si el profesional cree que el niño es capaz, o que la familia es competente, resulta más fácil a los padres descubrir ese potencial.

Todo esto hay que enmarcarlo dentro de un margen razonable y ajustado a las características reales del niño y de la familia pero si el profesional espera poco, se destruirá la expectativa positiva. En una ocasión un padre me comentó:

"Los padres siempre creemos en la excepción, nos dicen que en un trastorno determinado puede haber alguna excepción, pues nosotros creemos que nuestro hijo será la excepción, necesitamos que los profesionales nos ayudéis a ajustar la idea que tenemos de nuestro hijo, pero no que rompáis el derecho que nos queda a creer en la excepción".

No siempre es fácil creer en la competencia de las familias. A veces nos encontramos con algunas muy deterioradas, donde las relaciones con el niño son claramente negativas, y lejos de favorecer su desarrollo, incluso lo limitan. Es en estos casos cuando la intervención del profesional es más significativa buscando algún ámbito de competencia, por pequeño que sea, para tratar de reforzarlo.

La expectativa del profesional con respecto a su papel también va a ser determinante ya que difícilmente puede reforzar la autoestima de la familia si no existe percepción de autocompetencia como profesional.

Competencias del profesional

Según el Proyecto Leonardo da Vinci dirigido por Pretis (2006), teniendo en cuenta la complejidad de los desafíos profesionales que conlleva la AT, la formación del profesional debe incluir las siguientes áreas:

— *Conocimientos.* Implican competencias cognoscitivas que incluyen teorías, técnicas, etc., y que tienen que ver con el *"saber"* del profesional. Son conocimientos procedentes de distintas disciplinas: Psicología, medicina, logopedia...

— *Habilidades*. Implican competencia funcional. Tienen que ver con el *"hacer"* del profesional. Son competencias específicas relacionadas con la función a desempeñar con los destinatarios.

— *Competencias personales*. Conllevan la posesión de determinados valores, de una ética. Tienen que ver con el *"ser"* del profesional. Es a través de estas competencias personales como se establece la relación con las familias, de persona a persona. Incluyen: reflexión acerca de las propias ideas preconcebidas, puesta en práctica de los recursos personales, reflexión sobre las propias actividades profesionales, y reflexión sobre las propias reacciones emocionales y su impacto en las interacciones.

Las actitudes del profesional

Cuando se define un perfil profesional, no solo hay que tener en cuenta los conocimientos de una materia o el dominio de unas técnicas concretas, sino también unas competencias personales que faciliten el desarrollo de la tarea.

Para que la intervención sea eficaz hay que crear un vínculo con la familia que permita la confrontación. Si existe este vínculo es posible crear conflictos cognitivos, crisis en el sistema, que permitan el reajuste y el crecimiento. El profesional no sólo apoya emocionalmente a la familia, debe posibilitar los cambios, y para ello no solo pondrá en marcha sus conocimientos, su *"saber"* o sus habilidades, su *"hacer"*, sino también sus competencias personales, su *"ser"*. Tiene que empatizar con las familias, ganarse su confianza, el derecho a liderar esa relación. Por tanto coparticipar con la familia es una actitud, más que una técnica.

Hay una serie de actitudes que considero muy significativas en el proceso de AT: implicación, eficacia, expectativa positiva, coordinación, dinamismo, sistematización y honestidad.

Implicación

Implicarse significa asumir un papel activo en un proceso. No solo desde el papel profesional, sino también valorando lo que uno puede aportar como persona aunque no forme parte de su rol.

Recuerdo una experiencia muy entrañable con la fisioterapeuta de mi equipo. El plano inclinado donde situábamos a los niños motóricos para favorecer su control postural estaba estropeado y no funcionaba bien, habíamos llamado al técnico para arreglarlo, pero pasaba el tiempo y no aparecía por lo que nuestros niños no contaban con su adaptación. Decidimos hacer algo con la caja de herramientas y, a pesar de no ser nuestro fuerte la mecánica, la actitud de implicación nos llevó a dar con las tuercas necesarias para resolver una dificultad que aunque parecía irresoluble resultó ser bastante sencilla. Éste es un ejemplo, como otros muchos, de cómo hay veces que la solución de los problemas no depende tanto de una cualificación técnica como de la voluntad de resolverlos.

Implicarse es poner, al servicio del trabajo, no solo los conocimientos específicos del tema, sino también las cualidades personales y las habilidades del profesional de modo que los usuarios de un servicio de AT, bien sean los niños, las familias o los compañeros, sean conscientes de que éste tiene interés por lo que hace y está disponible.

La disponibilidad se deduce de la implicación. Hace referencia, no solo a los tiempos, estando abierto a buscar un tiempo para responder a una necesidad concreta, sino también a aspectos relativos a la comunicación, de los que ya hemos hablado anteriormente.

La implicación también supone persistencia en el logro de un objetivo. No hay que dejarse vencer fácilmente por la apatía o el desinterés. Ahora bien, la perseverancia debe combinarse con la paciencia ya que en el mundo de la discapacidad y de la intervención familiar las adquisiciones y los cambios se producen lentamente. No se deben marcar objetivos excesivamente ambiciosos que resulten inalcanzables pero es básico ser muy constante en la aplicación de los planes definidos, en la revisión de los objetivos planteados y en las propuestas de cambio a las familias.

El profesional implicado evita atribuciones externas que proyecten las causas de las dificultades en el niño, en los padres, en la escuela, etc., obviando su parte de responsabilidad. El profesional debe asumir su papel y las consecuencias de sus actuaciones, así como la incidencia que tiene su participación.

No se trata, como ya hemos visto anteriormente, de buscar culpables cuando las cosas no salen como sería deseable, pero sí de analizar qué parte de responsabilidad debe aceptar cada uno en el proceso. Implicarse es comprometerse con su tarea como profesional, ilusionarse y aportar sus conocimientos y su energía con entusiasmo creyendo en lo que hace.

Eficacia

Una actitud de eficacia implica la búsqueda de soluciones creativas, la tendencia a ser resuelto en la toma de decisiones. Algunas personas tienen dificultades para decidir o para poner en práctica las decisiones tomadas.

Con frecuencia podemos observar ejemplos de cómo se ha decidido, por ejemplo, utilizar un cuaderno de imágenes para favorecer el lenguaje oral o entrenar un código signado, o utilizar con el niño un tablero de comunicación. El profesional se compromete con la familia en facilitarle dichas imágenes o signos, pero pasa el tiempo y no llegan esos recursos. Puede haber muy buena voluntad pero ésta no basta, además tiene que haber eficacia. Este tipo de comportamientos, si son frecuentes vulneran la seguridad de los padres en el profesional y ello repercute también en su percepción de autocompetencia.

Para hablar de eficacia, también hay que retomar la atribución descrita en otro capítulo respecto al valor constructivo del error. No hay que temer a los cambios, todo lo contrario hay que facilitarlos aunque supongan riesgos. Una secuencia de eficacia sigue los siguientes pasos:

1. *Planteamiento* de problemas sin temor.

2. *Búsqueda de soluciones creativas.* No siempre las mejores soluciones son las habituales. Una propuesta alternativa puede ser más económica y más funcional que una solución clásica. Y sobre todo hay veces que si hemos de esperar, por ejemplo, que nos llegue un triciclo adaptado, un tablero de comunicación, una cuña especial o un adaptador del instrumento de escritura, se pierde un tiempo precioso en el que podemos emplear una caja, precinto, plastilina o cualquier otro material que utilizado de forma creativa puede dar una respuesta inmediata y, a veces, más funcional a las necesidades.

3. *Agilidad en la toma de decisiones.* Vale más tomar una decisión con un margen de error que dilatar el tiempo antes de tomarla de modo que no se adopte ninguna solución.

4. *Registro de las decisiones.* Es la manera de poderlas evaluar.

5. *Poner en práctica* las decisiones tomadas.

6. *Evaluar* la puesta en práctica para concluir si dicha decisión ha sido o no correcta.

Este proceso da lugar a un aprendizaje significativo que aumenta la percepción de autocompetencia de todos los sistemas implicados.

Expectativa positiva

Una visión optimista de los procesos en los que el profesional está inmerso hace que transmita entusiasmo al resto de las personas implicadas. Esperar progresos en el niño, en la familia, creer en la actuación de otros profesionales y en la propia intervención se convierte en energía movilizadora hacia el cambio y la mejora.

Cuando el profesional se percibe autocompetente y cree en sus habilidades profesionales, dentro de un margen razonable de tolerancia a la frustración, proyecta sobre su trabajo más interés y eficacia. La actitud de expectativa positiva se traduce en acciones como las siguientes:

— Partir de los logros en lugar de las carencias.

— Reforzar las ideas o conductas de los cuidadores habituales que favorezcan el desarrollo del niño.

— Rescatar los aspectos positivos de los entornos donde el niño se desenvuelve.

— Poner el punto de referencia en el propio niño, en un momento anterior y no en la normalidad.

Coordinación

Ya se ha manifestado en diversos apartados la visión de equipo que tiene que marcar la Atención Temprana. Tanto el trabajo multidisciplinar con profesionales de otras disciplinas, como la intervención con las familias requieren actitudes de colaboración. El profesional debe estar dispuesto a:

— Intercambiar información.

— Compartir tareas y responsabilidades.

— Buscar el consenso en la toma de decisiones.

— Disponer de tiempos comunes.

— Compartir marcos conceptuales y actitudinales.

— Participar en procesos de apoyo emocional.

— Valorar positivamente la competencia de otros profesionales o servicios.

— Respetar los cauces de comunicación apropiados para el acceso a distintos servicios.

— Evitar la confrontación con otros profesionales que ponga en peligro la seguridad de las familias.

Dinamismo

Esta actitud se define como la tendencia a adaptar los procedimientos a los usuarios, revisando continuamente los procesos para introducir modificaciones o mejoras. La intervención familiar no puede ser un proceso repetitivo y tedioso porque desmotivaría a la familia. El profesional debe estar muy activo para ir planteando nuevos objetivos una vez que se logren los anteriores.

Con frecuencia se ve necesario modificar los objetivos propuestos aunque no se hayan alcanzado los previos; introducir variaciones refuerza la posición de las familias, posiciona a los implicados ante un nuevo reto para lo cual se reúnen nuevas fuerzas. Estas actuaciones deben realizarse de modo muy cuidadoso ya que dar giros permanentemente a la intervención, pero sin lograr ningún objetivo propuesto, llevaría a una pérdida total de confianza en la AT. El profesional tendrá que ir proponiendo cambios que se ajusten a las posibilidades del niño o de la familia con objeto de lograr resultados, aunque sean parcialmente positivos, y que motivan a la familia.

Sistematización

El profesional de AT debe ser sistemático y minucioso en la planificación de la intervención y en el registro de los datos. A pesar de que la intervención familiar tiene que ser un proceso muy abierto, en la medida en la que el profesional introduce elementos metódicos como los registros, la periodicidad de los seguimientos, la organización de los contenidos, etc., va aumentando la eficacia de la intervención.

© narcea, s. a. de ediciones

Honestidad

Si el profesional quiere ofrecer una participación real a las familias tiene que admitir que no tiene toda la verdad. Compartir la información con los padres supone despojarse de la seguridad que implica ser "experto", por lo tanto es más susceptible de ser evaluado y eso no es fácil. Es imprescindible aceptar la confrontación como una parte del proceso. Habrá muchos momentos en los que haya acuerdo con las familias pero en otros aparecerán discrepancias que no tienen por qué poner en riesgo la relación si ésta se ha fundamentado en el respeto mutuo. Estar abierto a la crítica y ser capaz de reconocer un error, lejos de lo que pueda parecer, amplia la credibilidad del profesional ante la familia.

Honestidad implica también tolerar un margen de incertidumbre, no solo respecto al diagnóstico o el pronóstico del niño, teniendo en cuenta su edad temprana, sino también respecto a la eficacia de su intervención o a la respuesta de las familias. Y que dicha incertidumbre no quebrante la implicación o el dinamismo del que hemos hablado antes. Se atraviesan momentos de frustración cuando no se ven progresos. Conocer y aceptar las propias emociones ayudará al profesional a combatir los momentos de desaliento.

En ocasiones, la actitud de honestidad puede llevar al profesional a tener que defender los derechos del niño por encima de los del adulto enfrentándose a situaciones de conflicto con las familias difíciles de superar.

El profesional opera desde su propio sistema de atribuciones. Generalmente se producen vínculos afectivos con el niño y también con las familias, por eso debe ser muy consciente de sus propias reacciones para impedir que sus objetivos personales de reconocimiento profesional, de búsqueda de aprobación o afecto, etc., interfieran en su labor.

¿Qué le pedirías al profesional de AT?

En una ocasión tuve la oportunidad de debatir con un grupo de padres respecto a los Programas de AT. Me dieron su opinión sobre sus necesidades, sobre la AT y sobre los profesionales. Transcribo las conclusiones de este último apartado tal y como lo expresaron ya que ellos tienen cosas importantes que decirnos.

Los padres piden al profesional:

© narcea, s. a. de ediciones

— **Sinceridad** en la información. Piden que les digan las cosas como son pero de forma sencilla para que las entiendan.

— **Consideración** con los padres. Ellos piden que se les reconozca su capacidad de entender y su capacidad de aportación.

— **Valoración** del papel de los padres.

— **Calidad** en la intervención. Que el tratamiento sea el mejor posible.

— **Apoyo** psicológico en los momentos en los que se flaquee.

— **Proximidad**. Los profesionales no deben ser dioses, tienen que comprender las situaciones cotidianas.

— **Empatía**. Saber ponerse en el punto de vista de los padres, ser comprensivos.

— **Paciencia**. Deben tener paciencia con el niño y con la familia.

— **Formación** adecuada.

— **Persistencia**. A veces tienen que insistir para conseguir cosas.

— **Implicación**. Compromiso. Que es más que la colaboración.

— **Flexibilidad**. Para adaptarse a cada niño y a cada familia.

— **Factor humano**. Deben ser capaces de comprender, de implicarse y de emocionarse.

III. METODOLOGÍA

6. Objetivos de la Intervención Familiar en Atención Temprana

El presente capítulo trata de desmenuzar cuáles son los objetivos de la intervención familiar. ¿Por qué y para qué intervenimos con las familias? Definir unos objetivos es el primer paso en un proceso de intervención. El profesional elegirá y priorizará aquellos objetivos que sean pertinentes a cada familia y a cada momento del proceso.

Los *objetivos generales* de la intervención familiar en un programa de Atención Temprana son los siguientes:

1. *Colaborar con la familia* en el diseño adecuado del contexto físico, social y afectivo en el que el niño se desenvuelve.

2. *Ayudar a las familias* a mantener unas relaciones afectivas eficaces con el niño y a lograr un ajuste mutuo.

3. *Proporcionar información,* apoyo y asesoramiento adecuados a las necesidades de cada familia.

4. *Potenciar los progresos* en las distintas áreas del desarrollo para lograr la independencia del niño.

5. *Favorecer el acceso a los distintos recursos* personales y sociales que fomenten el desarrollo y la autonomía del niño y de la familia.

La enumeración no implica un orden jerárquico de los objetivos, todos están en el mismo nivel de significación. Será el profesional quien priorice, junto con la familia, el orden de abordaje de los mismos. Cada uno de estos objetivos generales se divide en otros operativos que concretan aún más la finalidad de la intervención familiar. Todos estos objetivos se definen en térmi-

© narcea, s. a. de ediciones

nos de: colaborar, favorecer, asesorar, etc., contemplando la intervención como un proceso de ayuda. Es la familia la que tiene que lograr las distintas habilidades. La intervención del profesional de Atención Temprana pretende potenciar, andamiar la adquisición de las mismas y dotar a las familias de progresiva autonomía en el desempeño de sus funciones.

A continuación desarrollamos cada uno de estos objetivos que hemos enunciado.

1. Colaborar con la familia en el diseño adecuado del contexto físico, social y afectivo en el que el niño se desenvuelve

La acción conjunta de los profesionales y los padres pretende mejorar tres aspectos básicos del contexto: el ambiente físico, las rutinas y los hábitos, y la interacción social.

El ambiente físico

Los padres irán siendo cada vez más competentes para definir el ambiente físico en el que su hijo se desenvuelve, teniendo en cuenta lo siguiente: elegir adecuadamente los objetos, cuidar las condiciones ambientales, proteger al niño de los riesgos, y evitar la hipoestimulación y la sobreestimulación.

• *Elegir adecuadamente los objetos* que maneje su hijo, sus juguetes, el mobiliario, en función de su edad y su capacidad. Según sus teorías implícitas y sus creencias sobre el desarrollo o sobre las necesidades de sus hijos, les ofrecen unos materiales u otros, unas tareas u otras, y no siempre son las adecuadas a su edad.

Recuerdo a una madre que me consultaba con mucha frustración por qué su hijo no era capaz de hacer puzzles. Se trataba de un niño de 2 años con riesgo neurológico por alta prematuridad. Indagué sobre lo que ella entendía por puzzles ya que es una palabra con significados diversos. Esta mamá, con su mejor intención, ofrecía a su hijo puzzles de varias piezas que componían una sola figura. Atribuía sus fracasos a un posible problema cognitivo pero insistía en proponerle este material en la consideración de que eso mejoraría su capacidad. A lo largo de una entrevista comprendió que no se trataba de dificultades específicas de su hijo, simplemente le estaba seleccionando un objeto y una tarea poco apropiadas para su edad cronológica, sometiéndose ambos a situaciones de frustración que para nada resultaban favorables.

También es frecuente ver a niños de edades avanzadas que aún utilizan el biberón para tomar la leche o duermen en la cuna en lugar de en la cama.

A través de la intervención familiar se abordarán temas relativos a los objetos que constituyen su ámbito estimular ajustando las atribuciones de las familias relativas a las necesidades o al calendario evolutivo de su hijo.

• *Cuidar las condiciones ambientales.* Puede parecer obvio cómo tienen que ser las condiciones de temperatura, de luz o de ruido habituales para un bebé pero no siempre es algo que los padres tengan tan claro. A veces supeditan estas condiciones a sus propias necesidades o a las de otros miembros de la familia. Puede tratarse de situaciones carenciales cuando cohabitan muchas personas en un espacio reducido, pero también puede deberse a falta de criterios claros en los cuales se da poca prioridad a este tipo de necesidades. Por ejemplo, en la escuela infantil, donde generalmente las condiciones de temperatura suelen ser adecuadas a las necesidades de los niños, observamos con mucha frecuencia, como unos niños acuden excesivamente abrigados y escasamente otros.

Las condiciones de ruido o iluminación pueden determinar el sueño del bebé. Éste necesita un ambiente tranquilo. No significa que la casa tenga que estar en un silencio total, pero puede ser conveniente que se le retire a otra habitación para dormir. Hay que ir adecuando dichas condiciones a la edad de los niños. Cuanto más pequeños son, menor tolerancia a las condiciones extremas.

En la intervención familiar también se abordarán estos temas si se ve la necesidad, bien a demanda de las familias o cuando el profesional observa un desajuste significativo entre las necesidades del niño y la respuesta del ambiente.

• *Proteger al niño de los riesgos.* Los niños con trastornos del desarrollo, como todos los demás, son susceptibles de accidentes en el hogar: caídas, ingestión de productos u objetos, manipulación incorrecta de objetos, etc. En función de sus características, estos riesgos pueden aumentar o disminuir, lo que sí varía es el umbral de edad a partir del cual requieren vigilancia. El niño con déficit cognitivo es susceptible hasta una edad mayor dado que la comprensión del contexto es menor. El riesgo de caídas, en los niños con discapacidad motora, por ejemplo, o en aquellos con trastornos de conducta o hiperactividad es mayor, por lo tanto las familias tienen que desarrollar una mayor capacidad de control para evitar accidentes y también una capacidad de respuesta ajustada ante ciertas situaciones que entrañen peligro.

Muchos padres consultan sobre si tienen que retirar plantas, adornos etc., de su casa para facilitar la seguridad del niño. Aquello que entrañe un riesgo importante no cabe duda de que hay que guardarlo donde el niño no tenga acceso. Pero eso no significa que el salón de la casa permanezca diáfano o se retiren muebles por el hecho de que el niño se pueda golpear. El bienestar de toda la familia implica la disposición de una serie de objetos, muebles, etc. Recuerdo a una madre de un niño con Síndrome de Down que me contaba:

"Yo no quiero cambiar mi salón, a mí me gusta tener adornos en la mesa baja y plantas. Creo que mi hijo tiene que aprender a respetar todo eso. Tengo que ser una persona normal y no por tener un hijo con Síndrome de Down voy a tener mi casa fea, sin un adorno".

Tener un miembro con discapacidad no requiere renunciar a dicho bienestar. Hay que enseñar al niño cómo utilizar todos esos elementos con seguridad y cómo enfrentarse a los riesgos.

• *Evitar la hipoestimulación y la sobreestimulación.* Algunas familias creen que estimular al niño consiste en llenar su cuarto de colores, sonidos, móviles, juguetes, etc. como si por el hecho de disponer de una gran cantidad de estímulos visuales y auditivos fuera a potenciarse mejor su desarrollo. Por el contrario también he conocido alguna que, bien por el estado depresivo de los padres o por condiciones de escasez cultural o económica, el ambiente que rodeaba al niño era muy pobre y apenas disponía de juguetes, llamando la atención la ausencia de estímulos.

Es básico que las familias encuentren un equilibrio entre ambos extremos. La clave podría estar en la siguiente pregunta: ¿cómo estaría su habitación si el niño no tuviera ningún trastorno del desarrollo? De este modo la disposición del espacio físico respondería a las características de personalidad de los padres, a sus gustos personales. Pero a esta pregunta habría que añadirle otra: ¿dispone de los elementos indispensables para responder a las necesidades específicas derivadas de su discapacidad?

Si el niño presenta una discapacidad física, el espacio tiene que responder a unas necesidades concretas en cuanto a la eliminación de barreras arquitectónicas, al mobiliario adaptado o a condiciones espaciales que faciliten la movilidad. Cuando hay una discapacidad sensorial, visual o auditiva, habrá que introducir elementos de control del ambiente como sonidos o luces que hagan más fácil la normalización en la vida cotidiana. En los casos de trastorno generalizado del desarrollo puede ser necesario el uso de tableros de comunicación o carteles con signos en algunos lugares de la casa. Son algunos ejemplos que nos pueden servir de reflexión sin agotar en absoluto la totalidad de ayudas posibles.

En el período de tiempo en el que se realiza la Atención Temprana muchos de estos niños, por su edad, aunque no utilizan ese tipo de recursos, pueden estar iniciándose en el uso de los mismos, pero probablemente aún no necesiten cambios sustanciales en la adaptación de la vivienda. No obstante es un buen momento para ir reflexionando con los padres sobre lo que van a ser las necesidades futuras para que vayan adaptándose poco a poco.

Las rutinas y los hábitos

El contexto físico, social y afectivo se construye, no solo con los objetos o las condiciones ambientales, sino también a través de los hábitos que cada familia establece. Dentro de este apartado me gustaría resaltar dos aspectos: cuidar los ritmos y los horarios, y fomentar la autonomía.

• *Cuidar los ritmos y los horarios.* Los niños pequeños necesitan ritmos estables para desarrollarse de forma sana y segura. Las familias se diferencian mucho unas de otras en este aspecto. Algunos padres son muy rígidos con los horarios de sueño, alimentación, etc. Otros se dejan llevar por el momento e instauran cierto desorden en la vida cotidiana del niño. Como en muchos otros aspectos de la educación, hay que buscar el término medio. Una excesiva rigidez potencia la inseguridad o la intolerancia, pero una flexibilidad extrema puede provocar también trastornos. Los niños necesitan un horario claro que facilite sus procesos fisiológicos y su adaptación psicológica. El respeto del ritmo de sueño, alimentación, salidas, etc., favorece su estabilidad. Este aspecto hay que cuidarlo con todos los niños igual que con el que presenta algún trastorno o una condición de riesgo. En estos últimos, el ritmo resulta una condición que favorece su aprendizaje. La exposición repetida a experiencias parecidas facilita la adquisición de hábitos de conducta, y la comprensión del contexto, lo hace más predecible y por tanto más fácil de anticipar, de este modo el niño puede autorregular mejor su conducta.

• *Fomentar la autonomía.* En la crianza de un niño con trastornos del desarrollo o riesgo surgen con más frecuencia actitudes de sobreprotección que se han descrito en capítulos anteriores. Uno de los principales objetivos de la intervención familiar va a ser fomentar la autonomía del niño, ir reduciendo progresivamente la inseguridad de los padres. Los hábitos y las rutinas son el escenario perfecto para trabajar la autonomía.

La alimentación, el aseo, el vestido o el control de esfínteres son temas que se abordan con mucha frecuencia en la intervención familiar. Por la importancia que suponen para el desarrollo físico del niño pero también por lo que implican para su desarrollo emocional. Hemos visto cómo el impacto de la discapacidad tenía mucha relación con la capacidad de independencia del niño. Por tanto no solo es necesario para el niño avanzar en este campo, sino también para la familia. Puede parecer inicialmente que no desean que su hijo haga las cosas por sí mismo, ya que están influidos por la necesidad de sobreprotegerlo, pero cuando van logrando avances en este aspecto, la carga de la atención del niño disminuye y aumenta la percepción de autocompetencia por haber logrado aspectos básicos para su hijo.

La interacción social

Mejorar la interacción social es un matiz que va a estar presente en todos los objetivos generales que se van a describir a continuación. En cuanto al primer objetivo del diseño del contexto, la intervención familiar pretende que los padres aumenten su seguridad en las pautas educativas y que integren al niño en la dinámica familiar.

• *Aumentar la seguridad en las pautas educativas.* En las entrevistas de seguimiento se debaten muchos aspectos relativos a cómo educar. Se buscan conjuntamente estrategias para que la familia responda a los problemas cotidianos; ¿cómo y cuándo premiar al niño?, ¿cómo y cuándo castigarlo? ¿qué tipo de premios o castigos son eficaces?, ¿cómo corregir una conducta no deseada? Se plantean con frecuencia programas para modificar conductas concretas, registros de seguimiento para ayudar a la familia a controlar determinados comportamientos. Programas de control de esfínteres, de alimentación, de control de conductas disruptivas, etc. Recuerdo a una madre que me decía:

"Mi hijo será deficiente, no lo niego, pero lo que no estoy dispuesta es a que sea maleducado".

En ocasiones los padres justifican conductas de sus hijos por el hecho de que presentan una discapacidad, transigen comportamientos que nada tienen que ver con su trastorno, porque les resulta difícil, como a todos los padres, educar a sus hijos. Es muy importante definir, conjuntamente con las familias, que una cosa es la estimulación y la respuesta a las necesidades educativas especiales que presenta su hijo y otra muy diferente es educar al niño.

Ya hemos comentado que hay un momento en el que los padres anteponen la condición de trastorno a la condición de niño. Ello lleva a asumir el papel de estimulador o de dar respuesta a dichas necesidades especiales pero también puede llevar a ignorar el papel básico de educar al niño como tal.

En la intervención familiar es indispensable abordar esta perspectiva ayudando a la familia a captar las necesidades de su hijo por el hecho de ser un niño, no solo por su situación de discapacidad o de trastorno. En este sentido la reflexión sobre las pautas educativas responderá al objetivo de que los padres vayan adquiriendo mayor competencia en su papel de padres y por lo tanto mayor autonomía.

• *Integrar al niño en la dinámica familiar.* La intervención pretende que el niño con trastornos del desarrollo participe en las actividades familiares, se integre en la vida de todos; para ello tendrá que asumir las normativas del sistema y adoptar un rol lo más normalizado posible. Tendrá que salir con sus padres, participar en las actividades de ocio y asumir una serie de tareas adaptadas a sus posibilidades. Se observan familias que distribuyen las tareas comunes tales como poner y quitar la mesa, ir a por el pan, tirar la basura o tareas de limpieza, sin incluir en ellas al hijo con discapacidad. Esta actitud no es beneficiosa para los hermanos que se pueden sentir tratados injustamente, pero tampoco es buena para él porque vulnera su autoestima y le margina respecto a los demás.

Este primer objetivo de colaborar con la familia en el diseño de un contexto físico, social y afectivo tiene, como hemos podido observar, multitud de aspectos sobre los que incidir; solamente he mencionado algunos que me parecen significativos, pero probablemente me he dejado muchos importantes sin analizar.

© narcea, s. a. de ediciones

2. Ayudar a las familias a mantener unas relaciones afectivas eficaces con el niño y a lograr un ajuste mutuo

Uno de los objetivos principales de la intervención familiar es ayudar a los padres a comunicarse mejor con sus hijos. Se concreta en los siguientes objetivos operativos:

— Desarrollar la capacidad de observar e interpretar las conductas del niño.

— Respetar los tiempos de atención y de respuesta del niño.

— Aumentar la iniciativa por la comunicación en ambos sentidos.

— Establecer vínculos afectivos más ajustados.

• *Desarrollar la capacidad de observar e interpretar las conductas del niño.* Pueden aprender observando al profesional que interactúa con el niño o también por el análisis de las conductas de éste que se lleva a cabo conjuntamente con el profesional.

Grácia, en sus propuestas de intervención naturalista con las familias, propone la visualización de vídeos con los padres de situaciones naturales de interacción de los profesionales o de los padres con el niño. A través de los vídeos se fijan en diferentes criterios y aprenden a detectar sus respuestas comunicativas.

Cuando los padres participan en las sesiones de intervención directa, el profesional puede indicarles que observen determinados aspectos de las respuestas del niño que a continuación comentan. Esto va construyendo aprendizajes por parte de la familia para interpretar adecuadamente las señales comunicativas del niño. Cuando los padres descubren que un gesto de su hijo esconde intención comunicativa, eso les proporciona placer, por lo que refuerzan dicha conducta y así va progresando la comunicación.

Las entrevistas son también un espacio donde analizar algunas observaciones que las familias han realizado en el entorno natural del hogar. Se pueden reforzar las interpretaciones de los padres o reinterpretar algunos significados erróneos que han dado a las señales del niño.

• *Respetar los tiempos de atención y de respuesta del niño.* A través de la intervención familiar van a ir ajustando sus expectativas a las características reales del niño. Van a aprender a no desesperarse porque no responde inmediatamente o porque mira para otro lado. Cuando comprenden el porqué de ese desajuste respecto a la normalidad lo toleran un poco mejor. Van haciendo una atribución de "cómo es su hijo" variando la perspectiva inicial de que es "raro", "difícil", "deficiente" por una idea de cómo es realmente el niño, sin un juicio de valor y pueden empezar a disfrutar de la interacción porque hay una respuesta aunque sea lenta o diferente.

• *Aumentar la iniciativa por la comunicación en ambos sentidos.* Como consecuencia de la nueva construcción que van haciendo de su hijo los padres van iniciando más intercambios y mejorando la calidad de los mismos. Van introduciendo variaciones que permiten andamiar la evolución en el desarrollo del lenguaje y la comunicación. Como ha mejorado el proceso, el niño va aumentando también la iniciativa, propone más intercambios comunicativos y progresivamente más complejos.

• *Establecer vínculos afectivos más ajustados.* Tal y como define F. López (1993) el establecimiento del vínculo afectivo, si el niño realiza una demanda aunque sea siguiendo un patrón diferente, el padre tiene que percibir dicha demanda, interpretarla adecuadamente y responder a la misma de una forma contingente. El hecho de aumentar su capacidad de observar las señales comunicativas del niño lleva directamente a un aumento en la percepción de sus demandas y a una clara mejora en la interpretación de las mismas. Por lo tanto hay más respuestas contingentes a las demandas del niño. Esto hace que aumente el número de demandas cerrándose el círculo. Así el vínculo afectivo va creciendo y se va ajustando a través de la satisfacción mutua de la relación.

La intervención familiar tiene un papel muy importante en el ajuste afectivo ayudando a la familia a interpretar y responder a las conductas comunicativas del niño. Poco a poco los padres se convierten en auténticos expertos para comprender a su hijo, incluso son capaces de ir modelando sus respuestas. La sensación de ir comprendiendo mejor al niño, junto con el descubrimiento de sus puntos fuertes y sus habilidades y la satisfacción por observar cómo va progresando, aunque sea despacio, permite a los padres ir mejorando la relación afectiva con el niño. A la vez esta relación afectiva sirve de motor, potenciando el desarrollo del niño y el papel de los padres en este proceso.

3. Proporcionar información, apoyo y asesoramiento adecuados a las necesidades de cada familia

Este objetivo general se puede desglosar en otros objetivos más operativos:

— Acompañar a la familia en las reacciones de duelo.

— Aportar información realista, suficiente y ajustada a las necesidades de cada familia.

— Posibilitar la expresión de necesidades.

— Apoyar los distintos papeles familiares.

— Manejar las fuentes de estrés.

— Reducir la ansiedad respecto a la discapacidad o trastorno del desarrollo.

• *Acompañar a la familia en las reacciones de duelo.* El papel del profesional, en estos momentos, y también en otros muchos en los que cíclicamente vuelven a aparecer intensas reacciones emocionales, va a ser que los padres no se sientan solos, que dispongan de un espacio donde se les escuche sin ser juzgados, donde puedan llorar su pérdida. La expresión de sus emociones tiene un papel para la construcción de nuevas atribuciones o la modificación de las ya existentes. Sólo si expresan cuáles son sus ideas respecto a la discapacidad o sobre su hijo concreto podrán manejar esas atribuciones haciéndolas más adaptadas, podrán manejar sus pensamientos irracionales y situarse ante la realidad en una posición más eficaz.

Hay que expresar el dolor, la rabia, el rechazo en un contexto apropiado para que dichos sentimientos no se conviertan en crónicos ni en perturbadores. Para que este acompañamiento se produzca en condiciones de calidad, el profesional debe estar preparado para contener dichas reacciones emocionales y por supuesto no realizar juicios de valor, que no solo romperían la relación del profesional con los padres sino que influirían negativamente en el proceso de asimilación de la familia.

• *Aportar información realista, suficiente y ajustada a las necesidades de cada familia.* Esta información versará sobre diferentes aspectos: el trastorno del desarrollo concreto del niño, la Atención Temprana, pautas de estimulación y de crianza, estrategias educativas, recursos, etc. Es un referente para la familia que puede ayudarles a construir su nuevo sistema de atribuciones en sus diferentes categorías.

A lo largo del proceso de Atención Temprana, que puede ser muy largo ya que es una intervención de los 0 a los 6 años, van a ir apareciendo nuevas dudas, nuevas necesidades, situaciones de crisis, etc. La intervención familiar se convierte, durante ese tiempo, en una progresión hacia la autonomía de la familia. Al principio, teniendo en cuenta la situación emocional, pesa más el objetivo de acompañamiento, más adelante pesará la necesidad de información específica sobre diversos aspectos o el abordaje a situaciones de crisis puntuales.

• *Posibilitar la expresión de necesidades.* Hay momentos en los que la familia para y analiza. ¿Qué está pasando? ¿Cómo están pasando las cosas? ¿Por qué ocurre algo? Reflexionan sobre la realidad que están atravesando, ordenando sus percepciones y sus ideas, y como consecuencia de este análisis se explicitan necesidades que de otro modo, aunque existieran no llegaban a expresarse y por lo tanto podrían quedar sin responder.

La intervención familiar permite pararse cada cierto tiempo para ver cómo van las cosas, permite que la familia se haga consciente de las nuevas necesidades que van surgiendo y por tanto busque alternativas para responder. Dichas necesidades no tienen por qué referirse únicamente al niño, también pueden estar relacionadas con otros miembros de la familia.

La vida cotidiana nos sume en rutinas en las cuales vamos funcionando. No siempre somos conscientes de lo que va ocurriendo, por lo que pueden quedar necesidades sin atender que, con el paso del tiempo, pueden convertirse en auténticas dificultades.

• *Apoyar los distintos papeles familiares.* Desde el asesoramiento deben contemplarse todos los papeles y potenciar los roles de todo el sistema. Por ejemplo, el cuidador primario, como ya hemos visto, tiene gran necesidad de que se reconozca su papel (Navarro Góngora, 2002). La intervención familiar puede ayudar a los distintos miembros de la familia a reconocer cuáles son las demandas reales de dicho cuidador aunque no siempre coincidan con las que expresa. A través de las entrevistas una familia puede descubrir carencias en alguno de sus miembros que no tiene por qué ser el hijo con trastorno. Si se atienden las necesidades de todos se reequilibra el sistema haciéndolo más competente.

• *Manejar las fuentes de estrés.* Las atribuciones de estrés van a ser uno de los contenidos básicos a manejar en la intervención. Es importante identificar qué aspectos producen estrés a una familia, que no tienen por qué ser los mismos en unos casos que en otros, y buscar estrategias conductuales o cognitivas que ayuden a reducirlo.

• *Reducir la ansiedad respecto a la discapacidad o trastorno del desarrollo.* La ansiedad es un estado emocional que limita la capacidad de acción del individuo. Si una madre está bloqueada, no podrá poner en marcha conductas favorecedoras para el desarrollo de su hijo. Si el apoyo del profesional consigue reducir esa ansiedad, esa madre irá avanzando progresivamente y haciendo cosas. A medida que observe que sus acciones provocan ciertos logros ganará en seguridad y aumentará su percepción de autocompetencia. Esta ansiedad se reducirá en la medida en que se construyan atribuciones generadoras de competencia y se reubiquen las que son generadoras de estrés.

4. Potenciar los progresos en las distintas áreas del desarrollo para lograr la independencia del niño

He hablado mucho del contexto familiar, pero no hay que olvidar que el objetivo fundamental es que el niño evolucione favorablemente adquiriendo progresivamente más habilidades y mayor autonomía. Para que esto sea posible es necesario que la familia se posicione correctamente respecto al desarrollo de su hijo. En el marco de este objetivo general, la intervención familiar persigue los siguientes objetivos operativos:

— Facilitar la comprensión de las dificultades.
— Ajustar las expectativas.
— Aprender técnicas y habilidades específicas.
— Aumentar la seguridad en las decisiones de los padres.

• *Facilitar la comprensión de las dificultades.* Es necesario conocer las dificultades del niño y de la familia, inherentes a su trastorno del desarrollo o secundarias a él. La interpretación adecuada de los déficits y la atribución correcta de las causas de muchas conductas es lo que va a permitir evolucionar en el proceso de adquisición de habilidades.

Recuerdo un niño con una diplejia espástica de 4 años. Seguía un tratamiento intenso individualizado de fisioterapia en el entorno escolar vinculado con un programa global de Atención Temprana. En la escuela, junto con la fisioterapeuta era capaz de caminar solo largas distancias, sin embargo no lo hacía en otros ámbitos. Revisando con los padres las posibles causas de estas dificultades, descubrimos que en el entorno familiar tenía ciertas ventajas respecto a su hermano gemelo por el hecho de no caminar y posiblemente no quería renunciar a dichos privilegios. Caminar solo le proporcionaba mucha satisfacción, pero percibía que su rol en casa podía modificarse sustancialmente por el hecho de desplazarse. Esta explicación puede ser correcta o no, lo que está claro es que fue válida ya que con este análisis los padres no se sintieron amenazados por el hecho de que con ellos no caminara y les permitió adoptar una postura firme. Comprendieron que el niño podía caminar pero no lo hacía por otras razones que trataron de abordar desde otras perspectivas.

Hay muchas habilidades que no pueden desarrollarse porque lo impide el trastorno del desarrollo, pero hay otras muchas que no tienen relación con él y que las familias justifican como consecuencia del mismo, por lo que no se estimulan o los padres se muestran muy permisivos. Un buen conocimiento de los límites de la discapacidad y de las características concretas de personalidad del niño va a orientar la dirección concreta de los objetivos a plantear para su aprendizaje.

• *Ajustar las expectativas.* A través de la intervención familiar se van a analizar las expectativas de los padres respecto a las posibilidades del niño. El profesional puede ayudar a reducirlas si éstas son muy elevadas y conducen a una frustración permanente con la consiguiente desmotivación del niño y de los padres, o puede aumentarlas en algunos casos en los que la familia apenas espera nada del niño.

Generalmente un diagnóstico conlleva un pronóstico. Por eso los padres tienen tanta necesidad en algunos momentos de precisar el diagnóstico. Las familias, en el primer momento, recogen mucha información sobre el pronóstico de futuro, pero sorprendentemente, las posibilidades de desarrollo de un niño no solo hay que ligarlas a su diagnóstico, hay una serie de variables personales y contextuales que influyen también en el proceso. Todos los niños con el mismo trastorno no evolucionan igual. El profesional, como agente externo, debe hacer una valoración minuciosa sobre cuáles son las posibilidades reales de cada niño para poder ayudar a la familia en la construcción de unas expectativas ajustadas.

• *Aprender técnicas y habilidades específicas.* Los padres, a lo largo del proceso de Atención Temprana van a ir aprendiendo técnicas concretas para potenciar su desarrollo. Habilidades para el manejo postural o para potenciar el desarrollo motor, ejercicios de métodos de fisioterapia como el Bobath o el

Vojta, gestos de comunicación bimodal o lenguajes de signos cuando son necesarios, estrategias como la toma de turnos o juegos de anticipación de contingencias son algunos ejemplos de los conocimientos que los padres van adquiriendo. Se trata de técnicas concretas que, para que sean realmente funcionales, deben generalizarse al entorno natural del niño.

Hace unos meses una madre me hacía el siguiente comentario:

"Nadie habría dicho antes que yo iba a ser capaz de encender un ordenador, sin embargo los profesionales me decíais que el manejo del ordenador sería el futuro para mi hijo y me he convertido en una experta; creo que hasta me podría dedicar profesionalmente a ello".

Otra madre hace tiempo me confesó:

"Si pudiera me dedicaría a la formación de personas que se ocupen de la discapacidad, he aprendido un montón de cosas y he descubierto que es una materia que me gusta mucho".

Una tutora de Educación Infantil que escolarizó durante dos años en su aula a un niño con trastorno generalizado del desarrollo me contaba cómo la experiencia había resultado un éxito gracias a la madre del niño. Era una auténtica experta en autismo y sobre todo en su hijo. Elaboraba con mucha destreza un cuaderno que facilitaba la comunicación del niño con su entorno. Cada nuevo contenido escolar, la madre añadía al cuaderno nuevos signos para facilitar la comprensión del niño y su comunicación con la tutora y los demás niños. Este cuaderno era un instrumento básico para su adaptación y aprendizaje. Se puede decir que esta madre había comprendido en qué consistían las dificultades de su hijo y había aprendido estrategias para compensar sus limitaciones.

• *Aumentar la seguridad en las decisiones de los padres.* El conocimiento de las dificultades y el ajuste de las expectativas permite que la familia se sienta más segura de sus decisiones. Así los padres van a establecer una exigencia firme cuando sea necesario evitando la sobreprotección. Educar a niños con trastornos del desarrollo requiere mucha perseverancia, con frecuencia requiere gran número de ensayos o estrategias diferentes para aprender una nueva habilidad. En la medida en que aumenta la seguridad de los padres, éstos pueden ser más persistentes a la hora de instaurar un aprendizaje y van a estar más seguros porque se sienten más acompañados, están más informados, aprenden a observar el comportamiento de su hijo y a interpretarlo

© narcea, s. a. de ediciones

correctamente, dominan técnicas y habilidades concretas, tienen expectativas ajustadas y se sienten autocompetentes.

Como consecuencia de todo ello adoptan un papel activo en la relación con el profesional, en el programa de Atención Temprana. Pueden opinar y toman decisiones respecto a los objetivos, las estrategias etc., que se proponen para su hijo. Se implican en el proceso como responsables del desarrollo del niño.

5. Favorecer el acceso a los distintos recursos personales y sociales que potencien la autonomía del niño y de la familia

En este objetivo podemos diferencias dos líneas: el acceso a recursos sociales y el acceso a recursos personales.

El acceso a recursos sociales

En el acceso a los recursos sociales se diferencian una serie de objetivos operativos: facilitar el acceso a distintas ayudas y prestaciones, fomentar la vinculación de los padres con asociaciones, colaborar en la búsqueda de recursos, facilitar la integración escolar del niño y coordinar la acción conjunta de distintos servicios.

• *Facilitar el acceso a distintas ayudas y prestaciones.* En nuestro estado del bienestar existen bastantes ayudas disponibles, no obstante es necesario conocer su existencia, saber cuáles son los plazos para solicitarlas y las gestiones necesarias. El profesional, no solo informará a los padres sobre las prestaciones y la forma de acceder a las mismas, sino que también puede ayudarlos a gestionar las emociones que la petición de dichas ayudas lleva consigo. Muchas familias renuncian a derechos legítimos porque solicitarlos implica una situación de crisis emocional ya que supone el reconocimiento de la condición de discapacidad. A edades tan tempranas pueden estar pasando aún por un proceso diagnóstico y de asimilación del trastorno. Otras familias simplemente desconocen su existencia o la manera de acceder a las mismas.

• *Fomentar la vinculación de los padres con asociaciones.* Las asociaciones les proporcionan recursos y contacto con otras familias. El asociacionismo en el mundo de la discapacidad dispone de un abanico muy amplio de posibilidades entre las cuales las familias tienen que elegir. Hay asociaciones de un trastorno concreto o más generalistas que recogen la discapacidad en general, las hay más próximas físicamente a la familia, en su ciudad u otras más especializadas pero más lejanas. Unas ofrecen muchos servicios y otras menos, y cada una se define con unos planteamientos determinados y una concepción diferente tanto de la discapacidad como del papel de los padres.

La elección de las familias será más apropiada en la medida en que manejen más información y unos criterios claros para orientarla. Otra cosa que la familia tiene que definir es el papel que quieren que juegue para ellos dicha asociación en función de sus características y sus posibilidades, la implicación que están dispuestos a asumir en ella, etc.

Uno de los aspectos básicos que pueden ofrecer las asociaciones es el contacto con otras familias que, como ya hemos dicho en capítulos anteriores, supone una ayuda importante en el proceso de asimilación del trastorno y ayuda a evitar el aislamiento social. Suponen también plataformas de reivindicación social que ejercen mucho poder para lograr cambios y mejoras.

• *Colaborar en la búsqueda de recursos.* Me refiero no solamente a la información que el profesional ofrece a la familia sobre los recursos disponibles en su comunidad sino también a la colaboración en la toma de decisiones. La intervención familiar puede poner en relación, por un lado, las necesidades no solo del niño sino de toda la familia, y por otro lado, los recursos y sus características, las ventajas y los inconvenientes que cada opción ofrece.

En los últimos años vengo asistiendo a la proliferación de recursos disponibles que, en ocasiones, lejos de hacer más fácil la tarea de los padres, se la ponen más complicada. La implicación de estos en asociaciones o su participación activa en los recursos sociales les obliga a llevar a sus hijos a una multitud de actividades que se han diseñado desde esos servicios. Los padres sienten que tienen que apoyar a dichos servicios, haciendo uso de las opciones que les ofrecen, y el niño con trastornos del desarrollo, cuando sale del colegio va a natación adaptada, y luego a logopedia, luego a estimulación en grupo, y otros días a hipoterapia y musicoterapia, etc. Reduciendo así sensiblemente el tiempo de convivencia tranquila en su entorno familiar y estresando a todo el sistema para poder abarcar tantas posibilidades.

Los padres tienen que decidir si es suficiente el tratamiento de fisioterapia que su hijo recibe en el Centro de Desarrollo Infantil y Atención Temprana o si le conviene acudir también a la fisioterapia que se les ofrece desde la asociación de parálisis cerebral, por ejemplo. Si es oportuno llevar a su hijo a natación con el resto de los niños de su clase como actividad extraescolar de la Escuela Infantil o es más conveniente llevarlo a la natación adaptada que le oferta una asociación concreta o un servicio especializado de la comunidad. Si le conviene ir a los talleres de ocio del Ayuntamiento pensados para niños con discapacidad o ir a la ludoteca de su barrio con su hermano pequeño. Estas decisiones corresponden a la familia y a veces les resultan difíciles de tomar ya que si renuncian a un recurso concreto pueden aparecer pensamientos irracionales de "malos padres".

La existencia de todas esas opciones es un importante avance de nuestra sociedad, pero los usuarios debemos hacer un uso racional de los mismos, considerando más criterios que el simple hecho de que si existe un recurso se debe usar. Las familias deben aprender a identificar la calidad de los servicios y hacerse exigentes respecto a ellos.

Pero no en todas las comunidades hay tantas posibilidades. Seguimos encontrando dificultades para acceder a los recursos, incluso los mínimos necesarios, desde la zona rural. Generalmente, los servicios se sitúan en las capitales de provincia o en grandes núcleos de población. Las familias que viven en los pueblos aún tienen que desplazarse muchos kilómetros por sus propios medios para poder disfrutar de los mismos derechos que en los núcleos urbanos.

• *Facilitar la integración escolar del niño.* En la actualidad el 100% de los niños de 3 a 6 años de nuestro país están escolarizados en el segundo ciclo de Educación Infantil, y un alto porcentaje de niños de 0 a 3 años acuden a guarderías o Escuelas Infantiles de primer ciclo. Ya hemos mencionado en el capítulo sobre la familia cómo la escolarización es un momento de crisis para el sistema familiar y más aún cuando se trata de un alumno con necesidades educativas especiales.

En este caso, el niño y la familia tienen que pasar por trámites administrativos, como la elaboración de un dictamen de escolarización, donde se enumeran las necesidades educativas especiales que presenta el alumno, los apoyos que requiere y los recursos que debe tener la escuela. Van a pasar por un nuevo proceso de diagnóstico y categorización que, si bien tiene como finalidad que el sistema educativo pueda responder a las necesidades concretas del niño, no podemos negar que supone un nuevo obstáculo para la familia ya que tienen que seguir un itinerario diferente que el resto de los niños para incorporarse al sistema escolar. Tienen que conocer nuevos profesionales, volver a retomar el diagnóstico y las necesidades especiales de su hijo.

No todas las escuelas disponen de los recursos necesarios por lo que la familia tiene que adaptarse a las opciones disponibles aunque no correspondan con el centro escolar más próximo a su domicilio, o al que acuden sus hermanos, o simplemente al colegio que ellos deseaban para su hijo. A veces tienen incluso que reclamar a la administración apoyos o recursos lo que les sitúa en una posición de reivindicación un tanto incómoda.

Una vez concluidos los trámites de escolarización empieza todo un proceso de adaptación, no solo para el niño, sino también para la familia y para los profesionales de la escuela, en el que todos tienen que ir ajustando sus expectativas. Se van buscando soluciones a las demandas que van surgiendo y a lo largo de todo ese proceso la situación emocional de los padres puede ser más vulnerable. No siempre sus reacciones se ajustan a lo que esperan de ellos los profesionales de la escuela. También ocurre a la inversa, los tutores o especialistas asumen al niño con necesidades educativas especiales no siempre con los recursos necesarios o las actitudes apropiadas. Muchas veces tienen miedo a no saber hacerlo bien por lo que muestran actitudes de recelo que pueden interpretarse por los padres como rechazo o incompetencia.

La intervención familiar, en este momento, va a ser de mucha ayuda ya que puede permitir una mejor comprensión de la situación y un mejor ajuste emocional a los cambios. El profesional de Atención Temprana puede servir de nexo entre la familia y la escuela, mediando si surgen situaciones de confrontación y facilitando el ajuste mutuo. También puede ayudar a los padres a asumir progresivamente la independencia del hijo que supone la escolarización. Con frecuencia se vinculan muy fuertemente con este hijo y les puede costar asumir que otras personas, ajenas a la familia, asuman su cuidado y su educación. Comprender este aspecto desde la perspectiva positiva que supone el adquirir autonomía va a ser un contenido a trabajar en las entrevistas con los padres.

En varias ocasiones he experimentado la dificultad que supone para algunas familias de niños con pluridiscapacidad el hecho de llevarlos al colegio. Al principio los padres planteaban llevarlos poco tiempo argumentando el cansancio que les podría suponer la jornada escolar completa. Esta demanda iba cambiando a medida que desarrollaban la confianza suficiente en los profesionales de la escuela y poco a poco accedían a que el niño pasara allí más tiempo.

Otro factor importante, a la hora de facilitar la adaptación a la escuela, es la construcción de una relación eficaz con el tutor. Cuando el niño se escolariza, los padres entablan una relación con su profesor. Cuanto más fluida y eficaz sea, será mejor para el niño y para todos. Se trata de una situación de crisis, no solo para los padres, sino también para los profesionales de la escuela. La intervención familiar puede colaborar con la familia en la construcción de atribuciones relativas a la escuela que determinen conductas de aceptación, tolerancia y colaboración con un sistema tan complejo. Las actitudes con las que los padres se acercan a los maestros van a marcar significativamente la adaptación del niño. Las demandas son lícitas pero deben plantearse siempre en términos de colaboración, nunca como reivindicación o exigencia, ya que esto último produce reacciones de defensa en los maestros que perjudican la relación seriamente.

El profesional de AT debe transmitir a los padres seguridad en el tránsito que van a realizar. Para ello es conveniente resaltar los puntos fuertes del sistema escolar respaldando su competencia de forma que la familia se sienta más segura y confíe en las personas que, a partir de ese momento, se van a hacer cargo de su hijo.

• *Coordinar la acción conjunta de distintos servicios.* La intervención familiar debe tratar de dar coherencia a las orientaciones que los padres reciben desde los distintos servicios a los que acuden.

Sería deseable que el profesional responsable de dicha intervención pudiera tener acceso a todos y cada uno de los recursos de los que una familia es usuaria, aunque se tratara de distintos ámbitos para que pudieran coordinarse las actuaciones y evitar contradicciones e interferencias. Pero esto es algo difícil de lograr.

No se trata solamente de economía de recursos. Cada profesional, desde su servicio, marca su propio estilo de actuación, y aunque las orientaciones sean parecidas, siempre hay matices que inducen a las familias en la desorientación o la desconfianza. Por lo general, utilizan simultáneamente los servicios sanitarios, sociales y educativos. Si en cada uno se dan pautas diferentes, acaban por no confiar en ninguno con el consiguiente perjuicio para el proceso. ¿Sería muy aventurado proponer, que entre los profesionales de los distintos ámbitos implicados en cada caso, se produjera una coordinación en la que uno de ellos, en función de las características del caso, asumiera el papel de coordinador de los otros y, sin que ninguno renuncie a su rol, se pudiera dar a la familia una perspectiva homogénea de las necesidades de su hijo y de la mejor forma de ofrecerle respuestas?

© narcea, s. a. de ediciones

El acceso a los recursos personales

En cuanto a los recursos personales, se definen los siguientes objetivos operativos: reforzar los recursos familiares, apoyar sus propias redes sociales, resolver problemas cotidianos, integrar socialmente a la familia, y cuidar del cuidador primario.

• *Reforzar los recursos familiares y ayudar a resolver problemas cotidianos.* A través de la intervención familiar los padres pueden descubrir sus puntos fuertes, sus competencias como personas y como sistema familiar. El profesional debe descubrir cuáles son esas potencialidades, que son diferentes en cada familia, para que los padres las reconozcan y a través de ellas vayan adquiriendo capacidades nuevas.

Con mucha frecuencia en las entrevistas se van a abordar problemas concretos que se les presentan a los padres en casa y que tienen dudas sobre cómo resolver. El profesional puede ofrecer información al respecto o servir meramente de espacio de discusión o debate para encontrar conjuntamente con los padres soluciones concretas a asuntos cotidianos. El profesional reforzará aquellas propuestas facilitadoras y estimulará el pensamiento creativo de los padres para que vayan adquiriendo progresiva autonomía.

Reforzar la percepción de autocompetencia de las familias va a ser la principal estrategia para que éstas asuman autonomía.

• *Apoyar sus propias redes sociales.* Generalmente éstas son más funcionales y normalizadas. Hay que descubrir los aspectos positivos de dichas redes, identificarse con sus familiares y amigos para así responder con sus propios recursos a las necesidades de su familia y de su hijo. Reforzar el papel de esas figuras va a ser significativo. Aunque no se trate de personas expertas, son próximas física y afectivamente, y aunque sus cuidados no impliquen especialización, aportan un matiz afectivo que no siempre es posible encontrar en los servicios comunitarios.

• *Integrar socialmente a la familia.* La intervención familiar potenciará la realización personal de los distintos miembros de la familia, su participación en acciones comunitarias, la búsqueda de opciones de ocio que permitan a los padres descansar o descargarse de su carga emocional. Ya hemos visto en el capítulo anterior cómo una de las reacciones de la familia es el aislamiento social. Conviene combatir esta tendencia ya que limita la satisfacción personal de relacionarse con otras personas cercanas y supone un riesgo para la salud emocional. El profesional de la AT debe tener como objetivo el desarrollo del niño, pero para lograrlo, es imprescindible el desarrollo de la familia, de sus distintos miembros. Dar respuesta a sus necesidades personales a nivel laboral, de formación, de ocio, de relación permite aproximarse a un mayor equilibrio. Si los miembros de una familia se desarrollan con dicho equilibrio, ésta tolerará más fácilmente el estrés que implica la discapacidad o el trastorno del desarrollo.

• *Cuidar al cuidador primario.* Como ya hemos mencionado antes este cuidador primario requiere una necesidad de ayuda que es interpretada por el resto de la familia como que no puede asumir todas las tareas relacionadas con el niño con trastorno. En realidad, la demanda implícita que realiza es que se le reconozca su papel (Navarro Góngora, 2002). La intervención familiar va a tener mucha importancia en esta función de reconocimiento del cuidador primario.

El profesional de AT se convierte en un personaje relevante para la familia, por lo que su reconocimiento del cuidador primario tiene mucho valor para él pero también sirve de modelo para el resto de los miembros de la familia. Puede poner de manifiesto la necesidad de cuidar a dicho cuidador primario y estimular a dicha persona para que se cuide a sí misma dado el papel tan significativo que asume. Recuerdo la satisfacción que mostraba una madre cuando le insistía en que debía irse un fin de semana con su marido dejando al niño con su abuela para descansar un poco porque lo necesitaba y además se lo merecía.

"Sí, tienes razón, sería estupendo, pero no puedo cargar a mi madre con esa tarea, no obstante está bien la idea, claro que necesito descansar, lo pensaré".

Los programas "de respiro" han nacido con la intención de dar respuesta a esta necesidad de las familias: disponer de tiempos para ellos mismos, para descansar, salir de compras, ir al cine o realizar alguna tarea tranquilamente. Algunas familias aceptan muy bien dicha ayuda, pero a otras les cuesta mucho dejar a sus hijos para relajarse o descansar, como si eso vulnerara su papel de disponibilidad incondicional. Como el resto de los recursos, cada familia, en función de sus características y necesidades, decidirá cómo hará uso de dichos programas de respiro. Corresponde a la intervención familiar ayudar para que las decisiones sean apropiadas y a que no supongan problemas de tipo emocional.

Hasta aquí se han desmenuzado los objetivos que persigue la intervención familiar en Atención Temprana. No obstante los objetivos dependerán de cada familia y del momento concreto. El profesional de AT debe hacer un análisis minucioso de las características de la familia con la que trabaja y de sus necesidades.

Los objetivos que inicialmente se planteen con una familia, pueden, e incluso deben, ir variando conforme cambian las circunstancias. Mientras el apoyo y acompañamiento en las reacciones de duelo va a ser el objetivo dominante en los primeros momentos, potenciar los progresos en las distintas áreas del desarrollo para lograr la independencia del niño será un objetivo que permanezca en todo momento a través del tiempo. Otros objetivos que hemos analizado pueden aparecer de forma puntual contingentes a un cambio o situación concreta. Puede ocurrir que un objetivo que se suponía logrado tenga que ser priorizado de nuevo porque el proceso haya sufrido algún tipo de retroceso.

No existen programas válidos para todas las familias. Cada una requiere un planteamiento concreto de intervención y mucha flexibilidad por parte del profesional para adaptarse a las necesidades y a los cambios.

El siguiente esquema resume todos los objetivos de la intervención familiar en AT que se han descrito en páginas anteriores. El esquema puede hacer más fácil su comprensión.

© narcea, s. a. de ediciones

OBJETIVOS DE LA INTERVENCIÓN FAMILIAR EN ATENCIÓN TEMPRANA		
GENERALES	**OPERATIVOS**	
1. Colaborar con la familia en el diseño adecuado del contexto físico, social y afectivo donde el niño se desenvuelve.	*El ambiente físico.*	• Elegir adecuadamente los objetos. • Cuidar las condiciones ambientales. • Proteger al niño de los riesgos. • Evitar la hipoestimulación y la sobreestimulación.
	Las rutinas y los hábitos.	• Cuidar los ritmos y los horarios. • Fomentar la autonomía.
	La interacción social.	• Aumentar la seguridad en las pautas educativas. • Integrar al niño en la dinámica familiar.
2. Ayudar a las familias a mantener unas relaciones afectivas eficaces con el niño y a lograr un ajuste mutuo.	• Desarrollar la capacidad de observar e interpretar las conductas del niño. • Respetar los tiempos de atención y de respuesta del niño. • Aumentar la iniciativa por la comunicación en ambos sentidos. • Establecer vínculos afectivos más ajustados.	
3. Proporcionar información, apoyo y asesoramiento adecuado a las necesidades de cada familia.	• Acompañar a la familia en las reacciones de duelo. • Aportar información realista, suficiente y ajustada a las necesidades de cada familia. • Posibilitar la expresión de necesidades. Apoyar los distintos papeles familiares. Manejar las fuentes de estrés. • Reducir la ansiedad respecto a la discapacidad o trastorno del desarrollo.	
4. Potenciar los progresos en las distintas áreas del desarrollo para lograr la independencia del niño.	• Facilitar la comprensión de las dificultades. • Ajustar las expectativas. • Aprender técnicas y habilidades específicas. • Aumentar la seguridad en las decisiones de los padres.	
5. Favorecer el acceso a los distintos recursos personales y sociales que fomenten el desarrollo y la autonomía del niño y de la familia.	*Acceso a recursos sociales.*	• Facilitar el acceso a distintas ayudas y prestaciones. • Fomentar la vinculación de los padres con asociaciones. • Colaborar en la búsqueda de recursos. • Facilitar la integración escolar del niño. • Coordinar la acción conjunta de distintos servicios.
	Acceso a recursos personales.	• Reforzar los recursos familiares. • Apoyar sus propias redes sociales. • Resolver problemas cotidianos. • Integrar socialmente a la familia. • Cuidar al cuidador primario.

7. Contenidos de la Intervención Familiar en Atención Temprana

Una vez definidos en el capítulo anterior cuáles son los objetivos de la intervención familiar, analizaremos los contenidos a través de los cuales puede operar el profesional para alcanzar dichos objetivos. En muchos casos los objetivos y los contenidos guardan cierta similitud, de modo que puede inducir a error. Metodológicamente se entiende por objetivos los logros que pretenden alcanzarse a través del proceso de intervención familiar. Los contenidos son aquellos temas que se manejan en la intervención familiar a través de los cuales se pueden ir alcanzando los objetivos.

Como ya vimos en el capítulo dedicado al "Modelo de Entornos Competentes", la estrategia que puede seguir el profesional de la Atención Temprana para intervenir en el entorno familiar va a ser manejar el sistema de atribuciones de los padres con objeto de generar percepción de autocompetencia. Va a operar con ese Sistema Básico de Atribuciones que ya hemos definido.

Los contenidos van a ser, por lo tanto, cada una de las atribuciones que se manejan en el proceso de intervención, y se articulan en torno a cinco categorías: *Conceptos*, *Sistemas*, *Referencias*, *Emociones* y *Expectativas*. Estas cinco categorías, a su vez, se sitúan en un continuo entre dos polos:

— Atribuciones generadoras de competencia.
— Atribuciones generadoras de estrés.

Resulta imposible descomponer todas las posibles atribuciones que se van a manejar en un proceso de AT para valorar si son generadoras de competencia o generadoras de estrés, el esquema pretende únicamente facilitar la tarea del profesional a la hora de comprender los enunciados que se manejan en la intervención. No obstante, a lo largo de mi experiencia he observado que hay algunos enunciados que son claramente generadores de competencia. Todos los enunciados los iré describiendo a lo largo del capítulo.

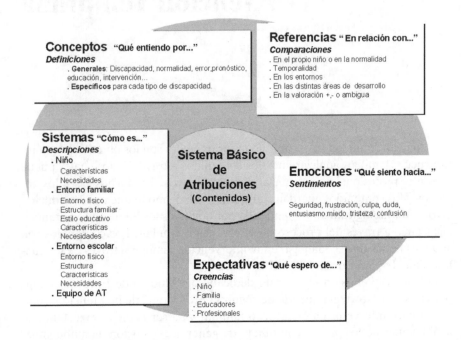

Atribuciones relativas a Conceptos

En este apartado incluyo todas aquellas construcciones mentales relativas a conceptos. Se refieren a la definición que hace el cuidador habitual de palabras como discapacidad, atención temprana o muchas otras que están interviniendo de forma muy importante en el proceso. ¿Qué opinión tiene de esas palabras? ¿Qué entiende por ellas?

Estas definiciones están muy marcadas por sus experiencias emocionales y no están basadas en la lógica ni en un conocimiento técnico; en muchos casos se han construido individualmente y no son compartidas por otras personas del entorno más próximo. Actualmente las familias tienen acceso a diferentes fuentes de información. A través de bibliografía o internet consultan y recogen multitud de ideas que les ayudan a construir sus propias definiciones, pero incluso esa búsqueda está marcada emocionalmente, y se produce una selección de datos y una interconexión de los mismos particular para cada individuo. No significa que los padres construyan sus conceptos de forma inadecuada, sino que cada uno lo hace de forma específica y no siempre el resultado coincide en las diferentes personas implicadas en cada caso. Unas dan más valor a unos aspectos que a otros de modo que su posicionamiento frente al niño va a ser diferente, en unos casos más ajustado que en otros.

Estas atribuciones relativas a conceptos pueden ser susceptibles de generar competencia, pero también estrés, en función de los matices que cada individuo incorpore a la definición de los mismos. Algunos están más relacionados con la intervención en AT y la experiencia demuestra que los padres se los plantean en momentos puntuales o bien a lo largo de todo el proceso.

Algunos de estos conceptos generales van a estar presentes en la intervención con cualquier familia, sea cual sea su discapacidad, son los siguientes:

No se trata de hacer una definición de dichos conceptos sino más bien de incluir aquellas matizaciones al concepto que favorezcan la percepción de autocompetencia y que el profesional puede ir reforzando a lo largo de la intervención.

En función de variables como la edad, el tipo de trastorno o el contexto en el que el niño y la familia se desenvuelve, nos vamos a encontrar con otros conceptos significativos. Si nos referimos a un caso concreto con un tipo específico de discapacidad, intervendrán los conceptos mencionados anteriormente pero también otros conceptos más concretos.

Pongamos el caso de un niño con diparexia espástica, con inteligencia conservada, en proceso de adquisición de la marcha con ayudas técnicas. Los conceptos generales siempre van a estar presentes pero van a aparecer conceptos específicos relacionados con dicha discapacidad. Habrá que reflexionar sobre conceptos como: "marcha", "caída", "andador", "parada o detención de la marcha", "postura", "férula", "ayudas técnicas", etc. Por ejemplo, el concepto postura, en este caso adquiere una relevancia especial, ya que una adecuada postura puede permitir al niño un rendimiento mayor; pero ¿qué entendemos por "adecuada postura"? Además ¿compartimos todos esa idea? ¿Sabemos realmente cuál es? Otro concepto que vamos a manejar mucho en estos casos es el de "ayudas técnicas". ¿Qué son? ¿Cómo se utilizan? ¿Cuándo se utilizan? En el caso de un niño con problemas de crecimiento, concretar qué entendemos por "peso" o por "talla" o qué significa "alimentación" puede ser determinante para una adecuada intervención. Son contenidos básicos que debemos trabajar con los padres y que en función de los matices que se introduzcan, pueden ser generadores de competencia o generadores de estrés.

A continuación analizaremos algunos enunciados concretos relativos a conceptos que resultan generadores de competencia.

Concepto de Estimulación

"La estimulación es algo sencillo, es relacionarte con el niño de forma natural, no es necesario ser un experto".

Muchas familias y/o educadores tienen una idea de la estimulación que implica una gran especialización, piensan que solo el profesional está capacitado para atender al niño y por ello tienden a delegar. No cabe duda de que el profesional de la AT debe ser un técnico altamente cualificado para intervenir no solo con el niño sino también con los entornos. Pero ése no es el caso de las familias; su papel es diferente al del profesional, pero indudablemente tienen que estimular al niño. Son los artífices reales de su desarrollo, pero desde una interacción natural.

Una de las primeras atribuciones relativas a conceptos que se debe trabajar en un proceso de AT es la estimulación. Es el momento idóneo para definir conjuntamente: ¿qué es la estimulación?, ¿a quién le corresponde?, ¿qué papel ocupa cada uno? En este momento el enunciado anterior respecto a la estimulación como la relación que el cuidador habitual establece con el niño respalda muy positivamente la percepción de autocompetencia, ya que no es indispensable ser un "experto". Cada padre o cada madre puede resultar un estimulador muy eficaz.

Progresivamente a lo largo del proceso se irán introduciendo importantes matizaciones al concepto y la definición; se irá complementando con otras atribuciones de diferentes tipos, pero inicialmente resulta bastante eficaz tranquilizar a la familia respecto a lo que implica la estimulación, y que no va a requerir por su parte una preparación especial.

"Estimular al niño es aprovechar situaciones cotidianas de juego y relación para potenciar su desarrollo, no trabajar a diario una lista de ejercicios por obligación".

Una idea errónea, por desgracia bastante extendida, es considerar la estimulación como un listado de ejercicios con objeto de alcanzar unos objetivos relativos a capacidades que deben ser trabajados con una periodicidad y frecuencia concreta. En esta concepción, el papel de los padres o los educadores consiste en realizar dichos ejercicios. Para más despropósito, incluso se otorga a dichas acciones, por sí mismas, un efecto rehabilitador semimágico, de modo que el incumplimiento de las mismas impide el logro de determinadas capacidades.

Nada más apartado de la concepción actual de la Atención Temprana. No voy a negar el efecto favorecedor de determinados ejercicios o juegos, que en un contexto terapéutico pueden tener todo el sentido, pero lo que sí voy a poner en duda es que el papel de los padres sea el de "profesionalizar" su relación con el niño y convertirse en terapeutas. Su papel es conocer qué es lo que el niño necesita en cada etapa de su desarrollo y aprovechar las situaciones de la vida cotidiana para potenciar sus adquisiciones.

"El tratamiento de AT que el niño recibe del profesional tiene un sentido de evaluación continua del desarrollo para asesorar a los contextos naturales que es donde se producen y generalizan las adquisiciones".

Este enunciado pretende relativizar el papel de las sesiones de tratamiento que el niño recibe ya que, con frecuencia, las familias atribuyen excesivo valor a las mismas, proyectando sobre ellas una visión reparadora de la discapacidad, como si la recuperación del niño estuviera en función del número de horas de tratamiento recibidas, de tal modo que si el niño no puede acudir por alguna razón, los padres lo viven con mucha ansiedad e incluso con sentimientos de culpa. Las sesiones con el profesional son básicas para que éste conozca al niño y pueda hacer una adecuada tarea de asesoramiento y también son el lugar donde se inician muchos aprendizajes, pero éstos deben ser generalizados al entorno natural para que sean realmente significativos. Desde esta perspectiva, los cuidadores habituales se sitúan en un papel básico para el desarrollo del niño y se evitan actitudes que delegan sobre los profesionales la responsabilidad sobre la maduración del niño.

CONCEPTO DE ERROR

"Considerar el error como fuente de aprendizaje favorece el proceso de AT".

Es un enunciado que resulta particularmente eficaz en la percepción de autocompetencia. Cuando los implicados en un proceso de AT consideran el error como un fracaso personal o del proceso puede sumirles en situaciones depresivas que requieran mucha energía emocional para reconsiderar la situación y proponer cambios. Sin embargo, cuando el error se considera una oportunidad de aprender lo que no es correcto, esta visión permite una actitud de búsqueda de nuevas opciones.

Construir el marco de relación entre el profesional de la AT y la familia sobre esta concepción del error, permite que el proceso en sí atraviese momentos de confusión y se toleren desviaciones de lo esperado tanto por parte de unos como de otros. Los implicados en el proceso van a cometer errores que van a ser aceptados, se van a analizar sin temor a perder la credibilidad y se van a hacer propuestas de modificación o cambio que permitan el avance o la mejora.

Concepto de Investigación

"La AT es un proceso de investigación sobre cada niño concreto que se realiza a base de hipótesis que tenemos que ratificar".

Éste es un constructo que se utiliza con frecuencia en la intervención con los entornos y que refuerza bastante la percepción de autocompetencia de los cuidadores habituales.

Hay muchos libros y documentos escritos sobre parálisis cerebral, Síndrome de Down o sordera, etc. Pero no hay nada escrito sobre Luis, Laura o Sergio; son niños con esos trastornos del desarrollo que comparten algunas de las características descritas en los libros pero que son únicos y muy diferentes a los demás. El profesional de la AT sabe, o debería saber, mucho sobre las distintas discapacidades o trastornos del desarrollo, pero cuando inicia un proceso de AT, no sabe nada o sabe muy poco sobre un niño concreto, su familia y su entorno.

A lo largo del tiempo que dura el proceso de intervención en AT, el profesional, junto con la familia, debe descubrir muchas cosas: ¿cómo es el niño?, ¿qué le motiva?

Evidentemente hay estrategias que van a ser eficaces porque responden a las necesidades de un trastorno concreto, pero incluso en esos casos hemos de hacer una adaptación a las características específicas de ese niño y de esa familia para que dicha estrategia sea aún más idónea. El proceso es un libro en blanco que debemos ir escribiendo, pero ¿cómo?: planteando hipótesis de trabajo que debemos ir ratificando o desechando según se pongan a prueba. Lo que para un niño o una familia resulta muy positivo puede ser incluso perjudicial para otro. El profesional de la AT debe funcionar con un alto grado de flexibilidad para dar respuesta a la individualización.

Teniendo en cuenta la adaptación requerida para cada caso se deduce la necesidad de elaborar un programa concreto para cada niño teniendo en cuenta sus características y sus necesidades y las de su entorno. La aplicación directa de programas ya definidos para una u otra discapacidad no responde a esta concepción de investigación. Dichos programas van a servir de apoyo al profesional de la AT para la elaboración del programa concreto de cada niño, que se realizará en coordinación con la familia y con el entorno escolar si queremos que dichos sistemas asuman realmente las adaptaciones necesarias.

Concepto de Trastorno del Desarrollo

"Definir el trastorno del desarrollo en términos de competencias en vez de desde el handicap y describir el niño concreto en lugar del trastorno".

Las atribuciones relativas a un trastorno del desarrollo concreto, para que sean generadoras de competencia, deben incluir no solo los aspectos desfavorables sino también las capacidades.

También resulta necesario adaptar la atribución del trastorno al niño concreto. Enunciados que respondan mejor a la pregunta: ¿cómo es Carlos?, en lugar de a esa otra: ¿cómo es un Síndrome de Asperger? Cada niño es diferente, algunas de sus características son propias del síndrome o la discapacidad que presenta pero hay muchas otras que no tienen relación con el trastorno. Incluso dentro de la misma discapacidad hay multitud de variantes que pueden o no tener significación en un caso concreto. Por eso la definición del trastorno, para que pueda generar competencia, debe ser adaptada a cada caso y además buscar puntos fuertes de donde partir para la intervención.

Concepto de Equipo

"Padres, educadores y profesionales de la AT constituyen un equipo".

Ser un equipo no significa que todos hagamos lo mismo, significa que compartimos la información, compartimos los objetivos y buscamos juntos formas de afrontar las distintas situaciones que se plantean. Cada uno desde su papel. Los padres deben seguir siendo padres y cumplir con su rol afectivo y educativo, los educadores de la Escuela Infantil van a ofrecer el niño modelos de adultos diferentes y la posibilidad de ampliar sus vínculos afectivos así como un papel de mediadores sociales en la relación del niño con sus iguales. El profesional de la AT aporta al equipo una visión técnica especializada, propone cambios en el contexto e interviene con el niño para ir evaluando su desarrollo. Ninguno debe suplantar el papel de los otros pero sí compartir tanto los logros como los fracasos.

Concepto de Integración

"Integrar a un niño no consiste únicamente en introducirlo en un sistema social; implica buscar respuestas apropiadas a sus necesidades, ofrecerle una atención diferencial respecto a otros niños que no presentan trastornos de su desarrollo".

A veces, las familias consideran erróneamente que integrar significa tratar igual que a los demás y cuando perciben un tratamiento diferencial hacia su hijo consideran que se le está marginando. Los cuidadores habituales deben aceptar situaciones que impliquen un tratamiento diverso del niño en un sistema concreto, y no sólo aceptarlo sino también favorecerlo.

Por otro lado esta atención que el niño necesita requiere de dicho sistema una serie de recursos materiales o personales de los que no siempre dispone, por lo que los cuidadores habituales, y en este caso sobre todo los padres, deben adoptar una actitud de comprensión y colaboración con dicho sistema.

Atribuciones relativas a Sistemas

Incluyen todo un conjunto de descripciones sobre los distintos sistemas que intervienen. Es la visión concreta que tienen los cuidadores habituales sobre dichos sistemas: ¿cómo son?, ¿qué necesitan?, etc. Estas atribuciones se ordenan según los distintos sistemas.

EL NIÑO

Forma parte del sistema familia, pero constituye un sistema en sí mismo. Son básicos los enunciados que se refieren a:

- *Características:*
  - Derivadas de su condición de niño de una edad determinada. Tienen mucho que ver con el calendario evolutivo de cada familia (Palacios y Rodrigo, 1998).
  - Derivadas de su propia personalidad.
  - Derivadas de su discapacidad, trastorno del desarrollo o condición de riesgo.
- *Necesidades.* Se derivan de las características anteriores:
  - Derivadas de su edad.
  - Derivadas de su personalidad individual.
  - Derivadas de su discapacidad.

La concepción que tienen los padres sobre cómo es el niño es básica en el proceso de intervención en AT. En muchas ocasiones nos encontramos que las familias magnifican las características o las necesidades derivadas de la discapacidad por encima de las derivadas de su edad o de su personalidad, e incluso olvidan o relegan necesidades que el niño tiene por el hecho de ser un niño para dar respuesta casi exclusivamente a las necesidades que tiene por su trastorno. Esta situación genera una respuesta en el contexto muy desajustada que si bien aparenta ser muy positiva por la atención que recibe la discapacidad, crea una constelación de carencias a otros niveles que son bastante perjudiciales para el desarrollo sano del niño.

La tendencia a someter al niño a una multiplicidad de tratamientos, responde a la atribución de la familia de que el niño tiene muchas necesidades y que cuantos más tratamientos reciba mejor será para su desarrollo. Por eso es básico que la familia elabore una idea ajustada respecto a las necesidades reales de su hijo.

Describir cómo es el niño de forma periódica, ir evaluando conjuntamente las capacidades y los handicaps ayuda a crearse una imagen ajustada del niño y permite ofrecer un entorno favorecedor. El hecho de realizar estas descripciones junto con el profesional de la AT obliga a hacerlas explícitas y ello implica un *feedback* para la familia que, a través de esta estrategia, descubre conductas en el niño que de otro modo pueden pasar desapercibidas o interpreta dichos comportamientos utilizando otro tipo de atribuciones (relativas a conceptos, relativas a referencias, etc.) que las convierten en atribuciones generadoras de competencia.

EL ENTORNO FAMILIAR

Describir cómo es la propia familia no es fácil, va surgiendo a lo largo del proceso pero resulta determinante para que la intervención sea eficaz. La introspección de la familia sobre sus propias características impulsa hacia movimientos de cambio para crear condiciones más idóneas al desarrollo del niño. Dentro de este sistema vamos a operar con los siguientes enunciados:

— *Enunciados relativos al entorno físico*. En ellos los padres van a analizar cómo son y cómo deben ser los espacios, objetos, etc. para que el contexto físico sea favorecedor.

— *Enunciados relativos a la estructura familiar*. El número de miembros que la componen y las relaciones que establecen entre ellos, sus redes de influencia, los roles que desempeñan, las personas de la familia extensa que no conviven en el domicilio familiar pero influyen de diversas maneras. El profesional debe contemplar también el papel de abuelos, tíos u otras figuras que forman parte del círculo familiar y que pueden suponer soportes de ayuda o elementos de estrés y que indudablemente forman parte del proceso.

— *Enunciados relativos a la historia.* La existencia de antecedentes familiares con discapacidad, la trayectoria en la relación de pareja, la historia de la relación con la familia extensa, etc. y la relación que estas experiencias tienen con su posicionamiento actual respecto al niño.

— *Enunciados relativos al estilo educativo.* Incluye enunciados relativos a cómo creen los padres que están educando a su hijo o a sus hijos. Cuál es el clima afectivo en su hogar, expresiones que ponen de manifiesto el tipo de apego que tienen con el niño. Si perciben o no dificultades para expresar sus afectos y cómo funcionan en su entorno familiar los vínculos afectivos. También incluye enunciados relativos a cómo se organizan en su familia las actividades cotidianas, las rutinas, y cómo regulan o controlan las conductas de sus hijos. El manejo de este tipo de enunciados pasa a ser básico para lograr algunos de los objetivos mencionados en el capítulo anterior, sobre todo los relacionados con el diseño del ambiente afectivo del niño.

— *Enunciados relativos a necesidades.* Expresiones que recogen las necesidades que vive la familia, tanto las propias de una familia normal, como las derivadas de tener un miembro con discapacidad.

EL ENTORNO ESCOLAR

Cuando el niño acude a un centro escolar hay otro sistema más sobre el que intervenir y que interactúa con los anteriores. Los padres manejan una serie de enunciados sobre cómo es esa escuela y hacen una valoración cualitativa de los mismos respecto al niño que está determinando sus actitudes en torno a los siguientes apartados:

— *Enunciados relativos al entorno físico.* Cualidades de tamaño, iluminación, disponibilidad de recursos materiales, adecuación de los espacios o los materiales.

— *Enunciados relativos a la estructura.* Composición del equipo, coordinación del mismo, preparación para atender las necesidades educativas especiales, relaciones con los iguales, red de recursos humanos disponibles, etc.

— *Enunciados relativos al estilo educativo.* Hace referencia a la metodología empleada, a las habilidades docentes, al vínculo que el educador establece con el niño, a su capacidad de respuesta, a la fluidez en la comunicación con el sistema familiar, etc.

— *Enunciados relativos a las necesidades.* Necesidades de formación continua y específica sobre la discapacidad, ayuda en el desempeño de sus funciones respecto al niño con trastornos del desarrollo, tiempo para desempeñar algunas tareas, coordinación con otros profesionales o las familias, reconocimiento profesional, respeto por sus actuaciones, colaboración con el entorno familiar.

A lo largo de la intervención aparecen muchas de estas atribuciones, algunas de ellas pueden ser generadoras de competencia o generadoras de estrés según los matices que se incluyan, dado que determinan las actitudes de los padres y la forma concreta en que éstos se relacionan con el entorno escolar. Resulta muy importante que los enunciados que cada sistema, familiar y escolar, maneje respecto del otro, sean generadores de competencia ya que la percepción de competencia del otro sistema revierte positivamente en la competencia del primero.

EL EQUIPO DE ATENCIÓN TEMPRANA

No podemos obviar el fuerte papel que tienen los profesionales de la AT. Forman parte del proceso y por tanto son un sistema más a describir. La concepción que las familias y los educadores tienen sobre estos equipos va a determinar la percepción de autocompetencia de los cuidadores habituales y se organiza respecto a los siguientes aspectos:

— *Enunciados relativos a la estructura.* Profesionales que lo componen, coordinación de las intervenciones.

— *Enunciados relativos a la historia.* Trayectoria profesional, experiencia con distintas discapacidades, experiencia en AT.

— *Enunciados relativos al estilo profesional.* Modelo de intervención, empatía, distancia terapéutica, vínculo con el niño, comunicación con los cuidadores habituales.

— *Enunciados relativos a las necesidades.* La eficacia, el reconocimiento profesional, la formación.

Resulta especialmente importante la percepción que cada sistema tenga de los otros, si los ve competentes, si cree en sus posibilidades. Es básico para que aparezca la corresponsabilización, para que se compartan muchas de estas atribuciones que estamos describiendo; por tanto un conocimiento de cada sistema por parte de los otros hará posible un posicionamiento adecuado respecto a su funcionamiento.

Algunas atribuciones relativas a sistemas que en la práctica se experimentan como generadoras de competencia se manifiestan a través de enunciados como los siguientes:

"Los cuidadores habituales son quienes mejor conocen al niño, son quienes saben interpretar sus necesidades y deseos".

Este enunciado es especialmente válido para generar competencia. Los padres suelen considerar que es el profesional de la AT el que más sabe de su hijo por el hecho de presentar un trastorno del desarrollo, piensan que son los expertos en el tema y por lo tanto los que mejor pueden conocerle. Esta idea implica dotar a la discapacidad de un papel prioritario en la vida del niño y es un pensamiento irracional, por lo tanto hay que modificarlo. Los cuidadores habituales son los que pasan la mayor parte del tiempo con el niño, y los que establecen el principal vínculo afectivo. Son por tanto los que mejor pueden interpretar sus señales comunicativas, sean del tipo que sean. Conocer al niño no es únicamente conocer la discapacidad, ésa es una parte del niño, hay mucho más que eso, él es por encima de todo un niño.

El profesional de la AT interpreta y traduce la información de los cuidadores habituales, ordena y estructura la información para hacerla más comprensible, filtra dicha información enfatizando la que es relevante. Puede aportar muchos datos sobre el niño pero tiene que dar cabida a los padres como principales responsables del desarrollo del niño.

Esta atribución, unida a otras que ya he descrito, sitúa a la familia en un lugar privilegiado de la relación con el niño, que es el que les corresponde, son los principales observadores y evaluadores de su desarrollo puesto que están en una situación óptima para ello. Y, por supuesto, desde esta situación de privilegio, sobre todo afectivo, son indispensables para estimular las distintas habilidades.

Permite incluir a todos los implicados en un equipo del que ya hemos hablado, donde su aportación es indispensable para que la visión del profesional de la AT respecto a las conductas del niño sea realmente óptima.

"Eso... lo estás haciendo muy bien". "Ésa es una buena idea..."

Cuando el profesional de la AT hace explícita una valoración positiva de una conducta concreta o de una idea, hace que aumente la autoestima del cuidador habitual, no solo en ese aspecto concreto, sino en su percepción de autocompetencia en general. Debemos buscar aquellos comportamientos susceptibles de ser reforzados aunque no siempre sea fácil. Hay casos donde pesa más la negligencia. En esos casos resulta aún más necesario buscar cualquier aspecto, por pequeño que sea, susceptible de ser valorado.

"Las personas que rodean a los cuidadores habituales, los familiares, los compañeros, constituyen una red de apoyo social de mucho valor".

Esta atribución también es generadora de competencia en la medida que los cuidadores habituales se sienten acompañados y apoyados por sus familiares, amigos, compañeros o personas próximas. Éstas son incorporadas en el proceso de AT. A lo largo de las entrevistas, los padres hacen referencia a todas esas personas que tienen alrededor, sus otros hijos, su pareja cuando no está presente, los abuelos, etc. Analizar la relación que establecen con ellos, la ayuda que pueden suponer en unos momentos, o los conflictos que generan en otros, van a ser contenidos de alto valor. Potenciar la confianza de los cuidadores habituales en las redes sociales que les rodean proporciona mayor seguridad y hace más sólida la intervención.

"Cada familia es diferente y reacciona de diferente manera, no es mejor lo que hacen otros que lo que hago yo".

Muchas veces las familias se comparan con otras que atraviesan situaciones semejantes y observan los modos diferentes de afrontarlo adoptando posturas de valoración positiva o negativa de sus propios planteamientos. Insistir en la diversidad familiar permite adoptar un punto de vista más objetivo a la hora de analizar cómo es cada sistema familiar. Hay familias que tienden a la crítica fácil, rechazando por sistema las opciones que observan en otros, esta actitud les limita las posibilidades de aprendizaje. No cabe duda de que hay que reforzar su percepción de autocompetencia pero ésta pasa por admitir otras opciones diferentes de las propias si objetivamente son mejores. También hay familias que por siempre consideran que lo que hacen los demás es lo mejor y que ellos no son capaces de hacerlo igual. En este caso la intervención familiar tendrá que ir en la línea de afianzar sus posiciones y reforzar su autoestima.

Este tipo de atribución surge bastante en el ámbito de los grupos de padres, escuelas de padres, grupos terapéuticos, etc. En ese contexto se debaten puntos de vista, que si bien son muy valiosos para generar conflictos cognitivos que potencien el cambio, también generan ansiedad y rivalidades que a veces es necesario manejar en situación individual.

Esta atribución es básica para las familias, pero también para los educadores que frecuentemente comparan a unas familias con otras y para los profesionales de la AT que debemos flexibilizar nuestras posiciones buscando aquellas estrategias que mejor respondan a las características y necesidades de cada familia.

Atribuciones relativas a Referencias

Hay una serie de pensamientos que aparecen con bastante frecuencia en los cuidadores habituales y que son aquellos parámetros de referencia que utilizamos con objeto de valorar o considerar la evolución o el desarrollo del niño o de los contextos. No son definiciones de conceptos ni descripciones de la realidad sino otro tipo de estrategias cognitivas que consisten en comparar una realidad con otra, por esa razón no se incluyen en los apartados anteriores.

Las personas tenemos un potencial social biológicamente determinado, que resulta de vital importancia. Ejemplos claramente demostrados son la preferencia perceptiva que muestra el bebé por la cara de las personas por encima de otro tipo de estímulo visual, o la respuesta discriminativa a la voz humana por encima de otros estímulos auditivos. Esta sociabilidad incluye diferentes estrategias que posibilitan una mejor adaptación. De forma natural, los seres humanos utilizamos la observación de otros seres humanos de características semejantes para valorar las capacidades o el propio desarrollo.

En el caso de un proceso de AT aparece también esta conducta y va a ser especialmente significativa, observar y comparar el desarrollo del niño objeto de la AT puede ser un motor que ayude al niño y a la familia o un importante freno del desarrollo según los referentes que el sistema utilice y la forma concreta como lo haga.

Las atribuciones de este tipo se articulan en torno a diversos puntos de referencia:

REFERENCIA EN EL PROPIO NIÑO O EN LA NORMALIDAD

La percepción de autocompetencia va a ser muy diferente si los padres utilizan como punto de referencia al propio niño o al niño normal de la misma edad, o incluso al niño de la misma edad y con la misma discapacidad. Los procesos de comparación llevan a sacar conclusiones muy diversas según pongamos los puntos de referencia. Lo que está claro es que estas comparaciones se producen, y será básico canalizarlos convenientemente.

La referencia en el propio niño va a ser una atribución generadora de competencia que puede resultar muy útil en la intervención con los padres, mientras que la referencia en la normalidad tiende a generar estrés porque evidencia los handicaps, las carencias.

"Para valorar el desarrollo del niño le tomaremos a él mismo como punto de referencia en una etapa anterior".

La atribución de referencia en el propio niño constituye un eje básico de la intervención que debe anclarse convenientemente desde el inicio del proceso y a la cual vamos a hacer referencia periódicamente, bien para reforzar los progresos y generar un clima de optimismo o bien para reinterpretar los sentimientos de fracaso o la fatiga de los sistemas en los momentos de desaliento. Es necesario observar los cambios que se van produciendo y comparar las habilidades del niño en el momento actual con las que tenía en un momento anterior, el mes pasado, el año pasado, etc. Para ello va a ser muy eficaz delimitar momentos de evaluación en los que nos hagamos conscientes de cómo está el niño, y que nos vayan sirviendo como referencia para etapas posteriores.

REFERENCIA A LA TEMPORALIDAD

Otro punto de referencia es el tiempo. Valorar el desarrollo del niño o la situación del sistema familiar o escolar implica considerar el tiempo como eje del proceso. Los procesos de comparación se realizan en el transcurso de unos tiempos. Vamos a concebir el tiempo en una doble vertiente: como tiempo transcurrido y como edad del niño.

Como tiempo transcurrido es vital en un proceso de AT. La estrategia cognitiva consiste en considerar los elementos que han variado en los diferentes contextos. Dirigir esas atribuciones hacia la búsqueda de parámetros que hayan evolucionado positivamente va a ser una de las principales atribuciones generadoras de competencia. Por otro lado, puede convertirse en una atribución generadora de estrés en la medida en que los cuidadores habituales no sean capaces de observar adquisiciones o mejoras en un período de tiempo determinado o atribuyan a las mismas poca significación.

El tiempo articula la intervención dotándola de una estructura.

Periodicidad: cada cierto tiempo, al mes, cada 6 meses, al año...

Direccionalidad:

- De menos a más (habilidades del niño, competencia del cuidador, recursos...).

- De más a menos (habilidades del niño, competencia del cuidador, recursos...).

- Sin evolución. (habilidades del niño, competencia del cuidador, recursos...).

Dicha progresión puede ser de magnitudes muy variables ya que tanto las habilidades del niño, como las competencias de los cuidadores como los recursos de los sistemas van a ser distintas en función de las características del niño y de los entornos.

Los distintos tipos de discapacidad o riesgo marcan distintos ritmos de adquisición y es el profesional el que debe conocer y determinar las posibilidades de progreso de cada caso para colaborar con la familia en la determinación de la magnitud del progreso. La direccionalidad en la mayoría de los casos es progresiva, no obstante hay que marcar una excepción, son aquellos niños cuya discapacidad es degenerativa. En estos casos el eje tiempo sigue siendo muy significativo, incluso más, y conviene recogerlo como un elemento básico en el sistema de atribuciones. También puede darse el caso de que en ciertos períodos de tiempo no haya evolución. Es básico interpretar correctamente esta detención para evitar la desmotivación de la familia.

El tiempo como edad del niño tiene grandes implicaciones en el proceso de AT. La interpretación de las capacidades va a estar mediatizada por lo que es esperable según la edad del niño. Las familias operan desde su calendario evolutivo considerando si las conductas que el niño realiza son acordes o no con lo esperado. Elaboran sus propios calendarios evolutivos incluyendo la discapacidad, siguiendo esquemas de pensamiento más o menos racionales, donde intervienen sus emociones y sus expectativas. La revisión y reconstrucción de dichos calendarios va a ser uno de los contenidos de la intervención con los entornos dentro de este eje temporal.

REFERENCIA EN LOS ENTORNOS

Otro punto de referencia básico para realizar procesos de comparación son los entornos, ¿dónde se producen las conductas? Si hacemos una valoración de las competencias del niño teniendo en cuenta únicamente su comportamiento en un entorno concreto, corremos el riesgo de ignorar habilidades del niño o distintos matices de una habilidad.

Con frecuencia nos encontramos que el niño se manifiesta de forma muy diferente en la escuela infantil que en casa, o en las sesiones de tratamiento. Ello puede llevarnos a hacer interpretaciones erróneas de su capacidad. La evaluación del niño pequeño en situaciones de laboratorio o situaciones especiales no es la más idónea dado que el niño no pone en marcha todas sus capacidades. Las actividades que se le proponen no siempre responden a su motivación, tampoco existe el vínculo afectivo con el observador que impulse al niño hacia la realización de las tareas y se producen situaciones de expectación e incluso de rechazo que se manifiestan a través de sus conductas de llanto o inhibición. Teniendo en cuenta esto, para hacer una evaluación precisa, debemos tener en cuenta las apreciaciones de sus cuidadores habituales respecto a las conductas del niño en el entorno natural y validarlas. En ocasiones tendremos que poner en juego matizaciones respecto a la forma concreta como se manifiesta una conducta o los requisitos que deben estar presentes en el contexto para que el niño la ponga en marcha, pero en cualquier caso dar cabida a comportamientos diferenciales según los entornos.

Cuando valoramos los logros del niño nos encontramos comportamientos que están claramente adquiridos porque aparecen en todos los contextos y de una forma habitual, pero nos encontramos con algunas conductas cuya adquisición parece más imprecisa, en estos casos podemos marcarlas significativamente como:

— *Conducta posible*, es aquella que forma parte de su repertorio aunque solo aparezca esporádicamente o en algún contexto.

— *Conducta casual*, es aquella que no forma parte de su repertorio porque solo aparece esporádicamente o en algún contexto.

La significación (posible o casual) que en nuestro sistema de atribuciones otorguemos a dicha conducta va a implicar una perspectiva diferente. Si la consideramos posible estamos incluyéndola dentro de la zona de desarrollo próximo y por tanto en vías de adquisición; si la consideramos casual, podemos no incorporarla como susceptible de ser estimulada. Esa atribución va a influir en las emociones y en las expectativas de los padres y por lo tanto en el desarrollo del niño.

Considerar una conducta como posible es una atribución generadora de competencia. El hecho de que el niño sea capaz de ponerla en marcha en algún momento, aunque sea con una serie de requisitos, significa que existe dentro de su repertorio, por lo tanto favorece la percepción de las capacidades del niño e impulsa al cuidador habitual hacia la generalización de dicha conducta de unos contextos a otros.

En ocasiones aparecen apreciaciones contradictorias respecto a las capacidades del niño que incorporan al proceso recelos de unos sistemas hacia otros. Éste es un caso frecuente cuando por ejemplo los tutores de la Educación Infantil opinan que el niño es capaz o no de realizar una conducta y los padres tienen una opinión diferente o incluso contraria. Una intervención ecológica eficaz trataría de buscar los puntos de confluencia entre las visiones de ambos sistemas o incorporar en cada uno las matizaciones necesarias que expliquen la visión del otro sistema.

Un ejemplo muy frecuente de esta situación se da cuando los padres manifiestan que el niño habla y esa conducta no se observa en el ámbito escolar. Ninguno de los contextos está equivocado pero hay muchas más variables a tener en cuenta, algunas de las cuales pueden ser:

— El estado emocional en el que el niño se encuentra, en casa está rodeado de sus padres con una situación de comunicación más individualizada y en la escuela entre sus iguales con una situación de comunicación mucho más grupal.

— La respuesta que recibe del contexto. En casa está garantizada la comprensión de sus manifestaciones orales o gestuales, en el aula sus compañeros no interpretan adecuadamente sus emisiones y el tutor debe atender simultáneamente muchas señales comunicativas diferentes procedentes de varios niños.

— La expectativa de su familia que puede magnificar los logros del niño introduciendo matices que facilitan la expresión del niño (gestos, señalizaciones, preguntas...). O la expectativa del tutor que no interpreta una conducta como tal hasta que no está totalmente adquirida.

Recuerdo el caso de una niña con parálisis cerebral que su expresión se reducía a sonidos vocálicos y gestos faciales. La madre decía: "La niña me cuenta todo lo que hace en el colegio". Los profesionales de la Escuela Infantil no podíamos creerlo porque en el contexto escolar tenía serias dificultades de comunicación. No obstante nos llamaba la atención que la madre conociera cosas de la vida escolar que no le habían sido facilitadas por nadie. Descubrimos que la madre le hacía todo tipo de preguntas e iba deduciendo, por los sonidos y los gestos faciales de la niña, mucha información sobre lo que hacía en la escuela. No es que la niña "hablara todo" como decía su madre, sino más bien que tenía una comunicación con su madre que la permitía deducir mucha información.

La familia va a ser una fuente fundamental de información sobre las adquisiciones del niño, ya que en su entorno natural el niño es capaz de manifestar muchas conductas posibles que deben incorporarse significativamente en el proceso de intervención dinamizando éste. Estas conductas pueden aparecer o no en el contexto escolar o, en el ámbito de la intervención directa con el niño, en el CDIAT, etc.

REFERENCIA EN LAS DISTINTAS ÁREAS DEL DESARROLLO

Considerar la globalidad del niño implica tener en cuenta la relación de interdependencia que se da entre las distintas áreas de desarrollo. El desarrollo cognitivo o lingüístico está directamente relacionado con el desarrollo motor y éste con el desarrollo afectivo o con la autonomía del niño. Esta diferenciación tiene un sentido teórico en cuanto a que facilita la organización de la información por parte del profesional, pero en la realidad, el niño crece y madura de forma integral. Cuando existe algún trastorno del desarrollo o una situación de riesgo puede implicar de forma especial a algún área concreta, tal es el caso de las discapacidades físicas o sensoriales, o puede implicar diversos aspectos cuando nos encontramos con niños pluri-deficientes. Tanto en unos casos como en otros, y aunque únicamente haya una discapacidad sensorial, existe siempre una afectación de otras áreas en mayor o menor medida dadas las implicaciones de esa alteración en la vida del niño.

Considerar únicamente los aspectos relacionados con la discapacidad concreta nos conduce a un error. Incorporar elementos de las distintas áreas del desarrollo en nuestros programas de intervención garantiza un ajuste a las necesidades reales del niño. Para ello es básico que los padres y los educadores sean conscientes de las implicaciones que la discapacidad tiene en todos los ámbitos de la vida del niño para que puedan dar una respuesta adecuada a todo tipo de necesidades en el contexto natural.

"Para valorar el desarrollo del niño hay que tener en cuenta que éste se produce de forma global y las distintas áreas de desarrollo son interdependientes".

Enunciados como éste son generadores de competencia. Incorporar las distintas áreas del desarrollo hace posible identificar puntos fuertes donde sustentar la motivación de la familia y, cómo no, también la del niño. Reforzar habilidades positivas donde la afectación es menor o se da un funcionamiento normal, sirve como punto de partida para abordar otros aspectos donde hay más dificultades. Por ejemplo, en niños motóricos con inteligencia conservada resulta muy eficaz apoyar sus posibilidades cognitivas para que le sirvan en su desarrollo motor fomentando la construcción de esquemas mentales sobre posturas y movimientos que van a favorecer la adquisición de patrones motores. Recuerdo a un niño distónico con dificultades en el control postural pero con inteligencia conservada. Resultaba una estrategia muy eficaz irle describiendo la posición de las distintas partes de su cuerpo para que hiciera los cambios posturales.

En este sentido cobra un importante papel el desarrollo afectivo. El vínculo afectivo va a ser el motor del desarrollo y está en la base de todos los aprendizajes. Esta atribución tiene importantes implicaciones en la intervención ya que establece los límites entre la sobreestimulación, entendida como un conjunto de acciones persistentes sobre el niño cuyo único objetivo es aumentar sus habilidades y que responde más a la ansiedad de los cuidadores habituales que a las necesidades reales del niño, de la interacción eficaz basada en un apego equilibrado que tiene en cuenta la dimensión del niño como ser humano por encima de su discapacidad.

REFERENCIA EN LA VALORACIÓN POSITIVA, NEGATIVA O AMBIGUA

Los procesos de comparación tienen como punto de referencia los niños, el tiempo, los lugares y las conductas, pero todos ellos se realizan desde una actitud que puede magnificar los progresos o éxitos, los fracasos o la ambigüedad. Y según se fijen en una valoración u otra, generarán competencia o estrés.

Con mucha frecuencia la atención, no solo de los padres sino también de los profesionales de la AT, se centra en las dificultades que el niño tiene; esta selección de información tiñe todo el proceso de un halo de pesimismo y de indefensión ya que por mucho que hagan los distintos entornos siempre sigue estando presente el handicap como elemento principal y definitorio del niño. Para que el proceso fluya es necesario alentar la motivación de las personas implicadas, tanto del niño como de los adultos y la mejor manera de hacerlo es poner el punto de partida en aquello que determinado niño es capaz de hacer, en lugar de lo que ese niño todavía no hace. Este tipo de atribuciones se concretan en:

— Resaltar las capacidades del niño estén o no relacionadas con la discapacidad. ¿Qué es capaz de hacer?, ¿Qué hace hoy que no hacía ayer?
— Reforzar las ideas y las conductas de la familia que favorezcan el desarrollo.
— Rescatar los aspectos positivos del entorno escolar y familiar.

En muchas ocasiones, los aspectos positivos a resaltar pueden ser muy pequeños o casi inexistentes porque el niño presente una discapacidad muy grave o porque apenas haya habido evolución a lo largo de un período determinado; en esos casos tendremos que hacer un encuadre sobre lo que significa la discapacidad y recurrir a referencias en lo positivo relativas a las actuaciones de los padres o a las características favorecedoras de los entornos.

Atribuciones relativas a Emociones

En este apartado incluimos todas aquellas construcciones mentales que aparecen a lo largo del proceso de AT sobre las emociones de las personas implicadas, las del niño y las de los adultos.

Las distintas emociones suelen aparecer formando familias que engloban un conjunto de palabras con significados semejantes, las diferencias residen en la intensidad o en sutiles matices. Las más frecuentes las podemos enumerar del siguiente modo:

Emociones negativas. Son desagradables. Se experimentan cuando se bloquea una meta, ante una amenaza o una pérdida.

— Ira, cólera, rabia, enojo, indignación...
— Miedo, temor, horror, pánico, fobia, desasosiego...
— Ansiedad, inquietud, angustia, preocupación, nerviosismo, desazón.
— Tristeza, decepción, depresión, pena, desconsuelo, melancolía, disgusto.
— Culpa, vergüenza, inseguridad...
— Recelo, aversión, hostilidad, asco, desprecio...

Emociones positivas. Son agradables. Se experimentan cuando se logra una meta.

— Alegría, júbilo, gozo, satisfacción, entusiasmo, euforia...
— Amor, afecto, cariño, ternura, amabilidad...
— Felicidad, bienestar, satisfacción, gozo...

Emociones ambiguas. Pueden ser positivas o negativas según la circunstancia. Son breves y movilizan muchos recursos.
— Sorpresa
— Esperanza.

En la intervención con el contexto familiar vamos a tener en cuenta dos aspectos: la expresión de las emociones y el manejo del componente cognitivo de las emociones.

EXPRESIÓN DE LAS EMOCIONES

Es muy importante canalizar las emociones convenientemente si queremos que sean favorecedoras del proceso en lugar de frenos al mismo. El ambiente que debe ofrecerse en las entrevistas debe ser muy abierto, creando un clima de confianza y seguridad que haga posible que los padres manifiesten su tristeza, su ira, su miedo o su alegría. Para lograrlo podemos poner en marcha distintas estrategias como:

— Mantener actitudes no verbales de proximidad.

— Tolerar el llanto o la queja.

— Aceptar la expresión emocional del propio profesional dentro de unos límites adecuados.

— Emplear técnicas de escucha activa.

MANEJO DEL COMPONENTE COGNITIVO DE LAS EMOCIONES

No solo hay que expresar las emociones como una mera catarsis, sino que es necesario manejarlas cognitivamente para lograr que sean generadoras de competencia. Toda emoción es aceptable, buena, sirve, aunque sea displacentera tiene un sentido para lograr la adaptación del individuo (Bisquerra, 2000). Son las reacciones que siguen a las emociones las que pueden ser buenas o malas y esas son las que hay que controlar.

Las atribuciones relativas a emociones que podemos manejar con los cuidadores habituales se centran en los siguientes procesos: etiquetado, identificación del desencadenante y descripción de las técnicas de afrontamiento.

— *Etiquetado.* Poner nombre a las emociones no resulta fácil, diferenciar entre ira, ansiedad, aversión, etc. aunque inicialmente parece sencillo, no lo es. Las personas funcionamos con esos estados emocionales y no siempre somos conscientes de ellos. El etiquetado ayuda a la expresión de las emociones y a una vivencia de las mismas más funcional.

— *Identificación del desencadenante.* Con frecuencia no somos capaces de precisar cuál es el agente causante de una emoción y por tanto podemos dar respuestas inapropiadas contra otras personas o contra nosotros mismos que pueden resultar muy nocivas. Así, nos encontramos muchas veces con familias que atraviesan estados de ira. Se defienden de ella a través de la agresión hacia distintos sectores de la sociedad (escuela, profesionales de la salud, de la AT, etc.) y ello les provoca dificultades de adaptación en su medio e incluso rechazos que repercuten muy negativamente en el niño. Otras veces, la respuesta a la ira es una agresión contenida hacia sí mismos que puede llevarles hasta la autodestrucción. Reflexionar sobre el desencadenante de una emoción puede hacer que el afrontamiento de la misma sea más funcional. El desencadenante puede estar relacionado con la discapacidad o no, no siempre las emociones de los padres tienen por qué tener su origen en el trastorno de su hijo. Éste es un error que los profesionales podemos cometer: atribuir cualquier reacción de las familias a la situación del hijo. Hay muchas otras cosas que están presentes en sus emociones. Como cualquier persona, está sometida a situaciones laborales, a relaciones con su pareja, con sus otros hijos, con la familia extensa, con sus amigos, tiene su propio mundo interior, etc., y cada una de estas variables puede ser desencadenante de emociones. A su vez estas emociones, cuyo origen puede o no estar en el hijo discapacitado, van a influir en su relación con dicho hijo y por lo tanto en el proceso de AT.

— *Descripción de técnicas de afrontamiento.* Una vez etiquetada la emoción e identificados los desencadenantes va a resultar eficaz buscar técnicas de afrontamiento que permitan al sujeto expresar y vivir sus emociones de forma positiva. Cada emoción requerirá un afrontamiento diferente no solo por las características de la misma sino también por las necesidades concretas de la persona que la experimenta, algunas de estas técnicas pueden ser: cambio de perspectiva, distracción, relajación, expresión canalizada, desensibilización sistemática, reestructuración cognitiva, etc.

Las atribuciones relativas a emociones pueden ser generadoras de competencia o generadoras de estrés, no tanto por el carácter positivo o negativo de la emoción como por la atribución respecto al desencadenante o respecto a las técnicas de afrontamiento. Por tanto experimentar una emoción negativa, como por ejemplo el miedo o la ira, o etiquetar unas reacciones concretas como dichas emociones, no tiene por qué ser generador de estrés. Lo que puede ser generador de estrés es atribuir ese miedo o esa ira a agentes inapropiados y no disponer de técnicas para afrontar esas emociones. Del mismo modo identificar una emoción de ira y expresarla convenientemente buscando una forma apropiada de afrontamiento puede potenciar la percepción de autocompetencia de los cuidadores habituales, precisamente por considerarse capaces de gestionar de forma eficaz sus propias emociones.

Las emociones del profesional de la AT también están implícitas en el proceso de intervención. Los profesionales viven sentimientos de seguridad, de frustración, de culpa, de duda, de entusiasmo, etc. Es necesario conocerlos para poderlos manejar y que no distorsionen la relación terapéutica con las familias. Surgen momentos en los que la interacción entre el profesional de la AT y los cuidadores habituales implica reacciones emocionales de unos hacia los otros. El técnico de AT no debe sentirse amenazado por las emociones de los destinatarios de su intervención, para hacer más constructiva la relación terapéutica.

También es básico ajustar la distancia emocional con las familias o los educadores para que no perjudique el proceso de intervención.

Atribuciones relativas a Expectativas

Se engloban en la categoría de creencias. Son enunciados que responden a preguntas del tipo: ¿qué espero de...? y se derivan de la interacción de todas las atribuciones expuestas anteriormente, relativas a conceptos, a sistemas, a referencias y a emociones; nos lleva a una deducción lógica sobre lo que podemos esperar de cada uno de los sistemas. Las expectativas son las ideas que las familias tienen sobre lo que pueden esperar de su hijo, de la AT, de los profesionales que intervienen, de los recursos existentes, e incluso respecto de sí mismos. Tienen un gran valor motivacional, y con frecuencia determinan, en alguna medida, la eficacia de las acciones.

No siempre resulta fácil expresar las expectativas. A veces aparecen implícitas dentro de otros enunciados. El profesional tratará de analizar, conjuntamente con los padres la polaridad de estas atribuciones, si generan competencia o estrés. Unas expectativas bajas respecto a las posibilidades reales provocan apatía y frenan el desarrollo. Unas expectativas excesivamente altas y desajustadas provocan fuertes sentimientos de ansiedad y un desgaste emocional importante con consecuencias negativas a largo plazo. La dificultad está en situarse en un nivel de expectativa óptimo que dinamice la interacción, en condiciones saludables para todos los implicados en el proceso de AT.

Las principales atribuciones relativas a expectativas van a versar sobre los distintos sistemas: expectativas respecto al niño; expectativas respecto a la familia; expectativas respecto al sistema escolar y expectativas respecto a la AT.

Creer en las posibilidades del niño y esperar avances va a ser una atribución generadora de competencia. No cabe duda que dichas expectativas deben ser ajustadas ya que la discapacidad puede marcar ciertos límites en las adquisiciones. Si no existe esa expectativa pueden no ponerse en marcha las estrategias necesarias, y no producirse el logro, no tanto porque el niño no sea capaz, sino más bien porque no hemos puesto los medios para que se produzca.

Las expectativas están íntimamente ligadas a la percepción de autocompetencia. El progresivo logro de unos objetivos establecidos bajo unas expectativas ajustadas hace que todos los implicados en el proceso de AT perciban eficacia, y ésta a su vez refuerza la imagen de competencia.

Atribuciones generadoras de estrés

A lo largo de mi trayectoria profesional he podido comprobar cómo algunas atribuciones resultan generadoras de estrés para la mayoría de las familias. Algunos de los enunciados que aparecen a continuación ponen de manifiesto dichas atribuciones. Todas las expresiones que siguen están formadas de mi experiencia en el trato con las familias.

• Atribuciones relativas a **Conceptos:**

"Si yo hubiera hecho...".

• Atribuciones relativas a **Sistemas:**

"Le miran con curiosidad, con compasión, como si fuera un bicho raro".
"El niño necesita más cuidados, más ayuda y una atención especial".
"Ya va ser todo diferente, mi vida ya no es la misma, me va a cambiar la vida...".
"No puedo hacer las mismas cosas que la gente normal".
"Necesito la ayuda de otras personas".
"Tengo que dejar de trabajar para poder atender a este hijo, renunciar a mis proyectos personales".

- Atribuciones relativas a **Referencias:**

  "Con la edad que tiene ya debería hacer…..".
  "Otros niños con síndrome de …… ya hacen ……. Y el mío no".
  "Vamos para atrás, cuanto más tiempo pasa peor".

- Atribuciones relativas a **Emociones:**

  "No consigo superar esta sensación permanente de tristeza".
  "No me pasa nada, estoy fenomenal".

- Atribuciones relativas a **Expectativas:**

  "No hay que molestarse, no da para más".
  "Si total, para lo que sirve trabajar algo, no hay ninguna posibilidad de avanzar".

© narcea, s. a. de ediciones

8. Estrategias metodológicas

El papel del profesional de AT en el Modelo de Entornos Competentes que aquí hemos propuesto consiste en acompañar a la familia en el proceso de construcción de un nuevo sistema de atribuciones que refuerce su percepción de Autocompetencia. Para ello se seguirán las siguientes pautas:

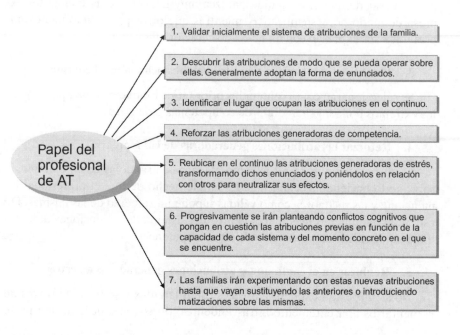

Papel del profesional de AT

1. Validar inicialmente el sistema de atribuciones de la familia.

2. Descubrir las atribuciones de modo que se pueda operar sobre ellas. Generalmente adoptan la forma de enunciados.

3. Identificar el lugar que ocupan las atribuciones en el continuo.

4. Reforzar las atribuciones generadoras de competencia.

5. Reubicar en el continuo las atribuciones generadoras de estrés, transformamdo dichos enunciados y poniéndolos en relación con otros para neutralizar sus efectos.

6. Progresivamente se irán planteando conflictos cognitivos que pongan en cuestión las atribuciones previas en función de la capacidad de cada sistema y del momento concreto en el que se encuentre.

7. Las familias irán experimentando con estas nuevas atribuciones hasta que vayan sustituyendo las anteriores o introduciendo matizaciones sobre las mismas.

1. Validar inicialmente el sistema de atribuciones de la familia

Esto ha de hacerse no porque sea idóneo, sino porque se ha de partir de una situación de seguridad. Los padres operan con un conjunto de ideas que resultan más o menos útiles. Hay que partir de su realidad y acoger sus pensamientos como válidos inicialmente, respetar su visión de las cosas para lograr un buen *rapport* o contacto inicial, para que se sientan cómodos. Sólo si la comunicación entre el profesional y los padres es fluida se pueden hacer explícitas las atribuciones y de ese modo manejarlas.

2. Descubrir las atribuciones de la familia para que se pueda operar sobre ellas

Generalmente adoptan la forma de enunciados. Eso significa que el profesional debe dar cabida a la participación de los padres y estar muy atento a sus expresiones. En una relación de este tipo surgen multitud de enunciados y, por supuesto, no todos son susceptibles de análisis. Tiene que haber una selección de los mismos según su nivel de significación. Se elegirán teniendo en cuenta no solo el contenido, sino también los elementos emocionales que moviliza la familia cuando expresa dichos enunciados. Así puede haber algunos que, a pesar de que el contenido parezca muy importante, la familia los expresa de modo poco significativo, mientras que otros pareciendo menos importantes, los expresan con un marcado carácter emocional.

3. Identificar el lugar que esas atribuciones ocupan en el continuo

Se seleccionarán como contenidos prioritarios los que se sitúan próximos a los extremos por ser generadores de competencia o de estrés.

4. Reforzar las atribuciones generadoras de competencia

Mediante distintas técnicas como alabanzas, usándolas como ejemplos y sobre todo haciéndolas explícitas. El simple hecho de que el profesional las mencione y las reconozca como válidas supone un refuerzo de las mismas. De este modo adquieren más fuerza dentro del sistema de atribuciones de la familia aumentando su percepción de autocompetencia.

5. Reubicar en el continuo las atribuciones generadoras de estrés

No siempre son explícitas, a veces están latentes y se filtran a través de comentarios aparentemente intrascendentes, otras veces ocupan una parte importante del pensamiento de los cuidadores habituales. Una vez identificada su existencia y la intensidad con la que se viven en el contexto natural del niño, habrá que poner en marcha una serie de estrategias cognitivas que permitan ubicar dichas atribuciones de forma conveniente y relativizar la importancia de las mismas dentro del sistema general de atribuciones del cuidador habitual:

— Se plantearán pensamientos alternativos incompatibles con los que producen estrés.

— Se valorarán las bases sobre las que se sustentan dichas atribuciones, si son o no racionales, si responden a pensamientos irracionales del tipo de hipergeneralización, personalización, negativismo o pensamiento polarizado. Se parte de la idea de que la mayoría de dichas atribuciones generadoras de estrés tienen una base real, no obstante hay que operar con la intensidad de dichos enunciados y la capacidad de acaparar la atención del cuidador habitual.

— Se plantearán conflictos cognitivos mediante los cuales el cuidador habitual se cuestione la eficacia de utilizar dichas atribuciones.

6. Progresivamente se irán planteando conflictos cognitivos

Estos conceptos pondrán en duda las atribuciones previas que se hayan identificado como generadoras de estrés o incluso nuevas atribuciones que el sistema familiar aún no se haya planteado con objeto de hacerlo más competente. Esta estrategia se realizará en función de la capacidad de cada sistema y del momento concreto en el que se encuentre. Si, por ejemplo, en una etapa determinada, la prioridad es el acompañamiento en el duelo, no tiene sentido hacer propuestas de cambio importante en el entorno físico, porque éste es un aspecto poco significativo para la familia en ese momento. Los conflictos cognitivos son ideas o atribuciones nuevas que introducen variaciones respecto a las anteriores, llevando al sujeto a una situación de duda a la que debe buscar una respuesta. Imaginemos la siguiente situación. El profesional sugiere a los padres:

—*"Y ¿por qué no puede vestirse solo?"*.

Los padres pueden buscar una respuesta:

—*No puede por sus dificultades motrices.*
—*Es muy pequeño aún.*
—*Tarda mucho y tenemos mucha prisa por las mañanas.*

Se argumenta la respuesta:

—*"Es cierto que tarda mucho, pero sería muy bueno para tener más autonomía, mejoraría enormemente su autoestima y además vosotros podríais liberaros un poco".*

Pueden acceder a probar o mantener su posición inicial, pero ya se ha introducido un matiz al sistema de ideas sobre el que poco a poco irán reflexionando. El profesional aceptará la decisión de la familia sin recriminarla si decide mantener su posición inicial y sugerirá de nuevo cambios a dicha atribución más adelante. El mero hecho de haber planteado un cambio hace que la familia se lo cuestione y vaya variando progresivamente su posición.

7. Las familias irán experimentando con las nuevas atribuciones

Irán experimentando hasta que vayan sustituyendo las anteriores o introduciendo matizaciones a las mismas. Podemos encontrar expresiones como la siguiente:

"He probado a dejarle que se vista solo, lo ha intentado y realmente tarda mucho, pero se alegró tanto de conseguir ponerse los pantalones que voy a intentar esperar un poco para ver si lo va consiguiendo, además yo creo que le ayuda a manejar mejor sus manos".

Se trata de un proceso lento pero continuo. El papel del profesional es principalmente servir de motor de cambio de modo que evite estancamientos en el proceso. Cuando la familia empieza a sentirse cómoda en su sistema de atribuciones, es el momento de iniciar un nuevo cambio. Recuerdo a una familia con la que compartí varios años de seguimiento que decía:

"Hay que ver, no nos dejas descansar, cuando hemos conseguido algo, ya estás otra vez proponiendo lo siguiente, pareces una llave inglesa apretando todo el rato la tuerca".

La actitud del profesional es clave para que la familia vaya aceptando los cambios. No debe culpabilizar pero seguirá sugiriendo e insistiendo hasta que el sistema esté preparado para aceptar el cambio. Debe aceptar el ritmo de las familias, mostrarse comprensivo ante las dificultades de éstas para cambiar, nunca recriminarles si no avanzan pero insistir en las propuestas de cambio.

La intervención es algo muy complejo y en ella se abordan simultáneamente muchos aspectos y muchos cambios, por lo que puede no haber evolución en algunos pero sí en otros. Aquellos en los que se observe evolución, por pequeña que sea, se aprovecharán para reforzar a la totalidad del sistema. La percepción del logro que experimenta el sistema, le impulsará a aventurarse con nuevas propuestas y a disminuir las barreras para cambiar.

Los siete pasos que hemos descrito, para la reconstrucción del sistema de atribuciones, se desarrollan a través de dos tipos de estrategias generales de intervención en las que profundizaremos a lo largo de este capítulo. Son la entrevista y las reuniones.

La Entrevista

Es un contexto de interacción entre la familia y el profesional de AT, un espacio que se dedica a la construcción de un sistema de atribuciones compartido. Las entrevistas proporcionan la oportunidad de participación y materializan la toma de decisiones compartida. Es allí donde se intercambian opiniones, se expresan emociones y necesidades y se discuten distintas opciones en un clima de tranquilidad sin que las necesidades inmediatas del niño reclamen la atención de los adultos. La entrevista es un acto de comunicación en el que se pueden distinguir los elementos básicos de la comunicación:

— Los padres y el profesional de AT alternan la posición de *emisor y receptor.*

— Comparten un *código*, no solo en cuanto al idioma sino también en lo relacionado con la terminología empleada.

— El *canal* preferente es el oral, no obstante influye mucho la comunicación no verbal, las posturas, los gestos, etc.

— Los *mensajes* serán cada uno de los contenidos que se abordan a lo largo de la entrevista.

Influyen también otras variables como la personalidad, la experiencia previa, la motivación o las actitudes de las personas implicadas aportando matices diferenciales.

© narcea, s. a. de ediciones

Tipos de entrevista

En el marco de un proceso de Atención Temprana vamos a distinguir cuatro tipos de entrevistas según el momento en el que se realizan: entrevista *inicial,* entrevista *de negociación,* entrevistas *de seguimiento* y entrevista *final.*

ENTREVISTA INICIAL

Es el primer contacto de la familia con el servicio de AT, en ella se presentan y se conocen las personas implicadas en el seguimiento (padres y profesionales), hay una recogida de datos inicial ya que aún no se ha hecho la valoración del niño, una explicación por parte del profesional sobre lo que el servicio de AT ofrece y un acuerdo sobre un futuro contacto.

Esta primera relación puede marcar el futuro. Si la familia se siente bien acogida en ese primer momento facilitará la relación posterior. También va a ser fundamental una adecuada información de lo que el servicio de AT puede ofertar de modo que no se creen falsas expectativas a las que posteriormente no se pueda responder. La honestidad del profesional debe ser evidente desde el primer momento ya que ésta va a hacerle más digno de la confianza de los padres.

ENTREVISTA DE NEGOCIACIÓN

Se realiza después de una primera evaluación del niño y una vez determinadas sus necesidades, como punto de partida de la intervención. En este caso los contenidos pueden ser:

1. *Definición del modelo de intervención,* explicando qué se entiende por Atención Temprana y cuál es el papel de los padres en el mismo. Muchas de las atribuciones generadoras de competencia, pueden ya aparecer en este momento del proceso. El profesional, al definir su papel y el de la familia está manejando ya dichas atribuciones y sentando las bases de una futura relación. Pueden empezarse a manejar algunas atribuciones: concepto de error, de investigación, de equipo o atribuciones relativas a referencias que ya se han descrito en el capítulo 6.

© narcea, s. a. de ediciones

2. *Intercambio bidireccional de información sobre el niño y su entorno* aportando los datos de la evaluación realizada por el equipo de AT e incorporando información procedente de otros servicios. Es muy importante marcar el sentido bidireccional de la información desde el primer momento. Hay que evitar situaciones de entrevista en las cuales la familia se sienta interrogada porque el profesional pretenda, sobre todo, recoger información del ámbito familiar; y también evitar situaciones en las que únicamente se proporcione información procedente de la evaluación realizada por los profesionales ya que, en este caso, se minimiza el papel de la familia.

3. *Acuerdo sobre las fórmulas concretas de intervención y el papel de cada implicado.* Se diseña el plan de intervención: el tipo de tratamientos que el niño requiere, la periodicidad de las entrevistas con las familias y los procedimientos que se van a emplear. Se trata de un acuerdo entre los profesionales y los padres donde cada parte puede opinar y debatir. La realidad es que, en este momento, muchas familias aún no tienen asumido un papel activo y tienden a dejarse orientar por el profesional al que otorgan el papel de experto. Aunque esto sea así en muchos casos, el proceso debe estar abierto a la participación de modo que la familia vaya experimentando, desde el primer momento, la posibilidad de aportar su opinión y de incidir en las decisiones que afectan a su hijo. Resulta muy eficaz el hecho de concretar todos estos aspectos ya que la familia se va a sentir segura sabiendo lo que le espera y cómo tiene que responder. Cuanto mayor sea la información de la que dispongan mejor será su colaboración.

4. *La entrevista de negociación va a convertirse en la primera entrevista de seguimiento ya que se deben concretar cuanto antes objetivos que es necesario abordar en un corto plazo hasta la siguiente entrevista.* A veces los profesionales no queremos iniciar un proceso de intervención mientras no esté finalizada la evaluación y concretado el diagnóstico. Teniendo en cuenta las edades tempranas en las que nos movemos, donde los diagnósticos pueden ser provisionales, el hecho de esperar a finalizar un proceso de diagnóstico puede retrasar sin necesidad la puesta en marcha de medidas de intervención. Las familias, sobre todo en los primeros momentos, necesitan percibir eficacia cuanto antes, entendiendo por ésta, no la eliminación de los handicaps o alteraciones del desarrollo, sino la realización de acciones concretas

que tengan por objetivo incidir positivamente en el desarrollo del niño. Y sobre todo que les aporten la seguridad de que están respondiendo positivamente a las necesidades de su hijo. A veces en la entrevista de negociación le corresponde al profesional el difícil papel de dar la primera noticia, o sea de dar un diagnóstico que siempre es doloroso para los padres. En el capítulo 9 se aborda con más detenimiento esta situación.

ENTREVISTAS DE SEGUIMIENTO

Se realizan a lo largo de todo el proceso. En ellas se van analizando los cambios observados en el desarrollo del niño en un periodo de tiempo transcurrido, y se proponen nuevos objetivos dirigidos no solo hacia el niño sino también al entorno. Los padres participan en las propuestas y en la toma de decisiones. Resulta conveniente utilizar algún instrumento que facilite esta tarea, como las fichas de seguimiento, en las que anotar los objetivos propuestos de modo que se facilite la evaluación posterior disponible para los profesionales y para la familia.

En estos contactos se dará cabida a otras problemáticas que los padres sugieran y que incidan en el entorno del niño. Los hermanos son una de las grandes preocupaciones de los padres y van a hablar mucho de ellos. Un ajuste idóneo de los padres a la discapacidad favorece la aceptación de la misma por los hermanos, no obstante puede ocurrir que éstos necesiten una intervención específica.

Por supuesto la expresión de emociones y necesidades va a ocupar una parte importante de dichas entrevistas. Cíclicamente se retomarán posicionamientos respecto a la AT, a la discapacidad, a la educación, etc., que permitan ir modificando progresivamente el sistema de atribuciones compartido.

Se aprovechará cualquier circunstancia a lo largo de estas entrevistas para elevar la motivación de los padres validando conductas e ideas concretas que refuercen su percepción de autocompetencia. Las entrevistas de seguimiento son un espacio idóneo para proporcionar información e interpretarla. Se realizarán con una periodicidad concreta. Un mes o mes y medio puede ser un tiempo aconsejable ya que pasa un período suficientemente largo para que se produzca algún cambio, y aunque no haya cambios, introduce una dinámica de interacción con un ritmo concreto. En ella las familias anticipan la entrevista en la que pueden contrastar opiniones e información con el profesional. Por otro lado, a los profesionales les marca una pauta de evaluación continua que facilita la búsqueda de aspectos positivos respecto al desarrollo del niño o del entorno. La preparación de estas entrevistas con las familias implica una evaluación detallada de los objetivos y de las acciones realizadas, una propuesta de cambios y una búsqueda de soluciones a las dificultades encontradas.

Entrevista final

Se trata de la entrevista de cierre o de alta y se produce en el momento en que el niño deja de ser usuario del servicio de AT bien por haber superado sus dificultades, porque se produce una derivación a otros servicios o por haber cumplido seis años. Se intercambia información sobre la situación del niño y del entorno en ese momento, se hará una evaluación sobre la intervención realizada y se asesorará a las familias en la búsqueda de otros recursos a partir de ese momento, garantizando la coordinación con los mismos para facilitar la adaptación no sólo del niño sino de la familia al cambio que van a experimentar.

Una vez cerrada esta etapa, la familia debe estar preparada para buscar nuevos recursos y esta entrevista final debe servir de ayuda para afrontar la crisis que se deriva del cambio que van a atravesar. Cuando finaliza el proceso de Atención Temprana el acompañamiento de la familia por parte de los profesionales tiende a disminuir, no sólo porque los servicios que atienden la discapacidad a partir de estas edades se definen de diferente modo sino también porque las familias son más autónomas. Si dicho proceso ha sido adecuado, el entorno familiar estará más preparado y será más competente para responder a las necesidades concretas de su hijo. Un buen indicador de calidad del servicio de AT es la capacidad de las familias de independizarse fácilmente del profesional que les ha acompañado en los primeros momentos. Esto no significa que no exista un vínculo afectivo, pero éste no tiene por qué implicar dependencia ya que el entorno familiar debe adquirir progresiva autonomía en la realización de sus funciones.

Desarrollo de la entrevista

La entrevista puede parecer una simple conversación, sin embargo es un acto de comunicación mucho más complejo. Es una técnica que requiere cualificación por parte del profesional. Tanto en la planificación como en el desarrollo de la misma hay que tener en cuenta muchas variables.

Las entrevistas que se realizan con las familias conviene que sean abiertas y que no estén preestablecidas para facilitar la relación entre el profesional y los padres, no obstante hay una serie de estrategias generales que conviene conocer para mejorar el desarrollo de las mismas.

A continuación se van a explicar cada uno de los pasos a seguir incidiendo en algunas orientaciones clave para mejorar la eficacia de la entrevista: preparación, citación, comienzo, desarrollo, finalización, y registro y evaluación.

PREPARACIÓN DE LA ENTREVISTA

Preparar una entrevista no es marcar un esquema rígido de interacción, es definir unos objetivos y actualizar la información disponible para poder responder con espontaneidad al curso que la conversación vaya adoptando.

Existen muchos modelos de anamnesis disponibles y aunque es cierto que pueden orientar al profesional, sobre todo en algunos casos muy claros como es la entrevista inicial, no deben utilizarse de forma rígida porque limitan la espontaneidad de los entrevistados. Una cosa es la espontaneidad que resulta deseable en un acto de comunicación y otra muy distinta es la improvisación. Ésta puede alterar sustancialmente los objetivos e incluso la relación entre el profesional y los padres. Por tanto una entrevista hay que prepararla. Hay que tener en cuenta los siguientes aspectos.

- *Definición de los objetivos.* Conviene definir unos objetivos concretos. Estos serán muy diferentes según se trate de una entrevista inicial, de seguimiento o de cierre, o según el momento concreto que esté atravesando la familia. Eso no quiere decir que si en el desarrollo de la misma surgen aspectos que no están planificados no se vayan a abordar, pero es necesario marcar una dirección.

- *Lugar de realización.* ¿Dónde se hacen las entrevistas? Ya hemos visto en el primer capítulo los estudios de Cunningham que recogían las quejas de las familias. Una de ellas es la falta de respeto que perciben cuando son atendidos de cualquier manera, en un pasillo, sin poderse sentar, etc. El lugar para entrevistar a los padres debe ser cómodo y acogedor, disponer de asientos confortables para los entrevistados.

Conviene eliminar las barreras físicas que marquen claramente el poder del profesional. La disposición espacial debe facilitar el contacto ocular entre los interlocutores. No se debe confundir una entrevista con un contacto puntual; este último no está planificado, se puede producir en cualquier lugar. Sin embargo la entrevista requiere un lugar idóneo que garantice la privacidad de la conversación. Es conveniente que no haya otras personas presentes para que los padres se sientan cómodos y puedan expresar sus emociones.

- *Temporalización.* En función del momento del proceso ya hemos visto los distintos tipos de entrevistas: al iniciar un programa de AT, a lo largo del mismo y al finalizar. Resulta conveniente marcar unos plazos temporales con objeto de otorgar sistematización al proceso, pero se realizarán en cualquier momento que se considere necesario por ambas partes. Se concretarán los horarios de acuerdo con los padres con objeto de ajustarlos, en la medida de lo posible, a su disponibilidad horaria, tratando de favorecer la participación de ambos.

- *Análisis de la información existente.* Es conveniente revisar la información disponible sobre el niño y la familia. En muchas ocasiones he vivido experiencias en las que la preparación de una entrevista con la familia me ha ayudado a descubrir logros del niño que no me habían resultado evidentes hasta ese momento. Al analizar la evolución del niño, para dar una información actualizada a la familia desde una perspectiva positiva, en coordinación con el resto de los profesionales del equipo que intervienen con el niño, y tomando como referencia la situación del niño en la entrevista anterior, se observan cambios más o menos significativos, que son más difíciles de objetivar si no se sigue la estrategia de comparar con el momento anterior. La intervención familiar, desde esta perspectiva, supone un impulso a la intervención directa con el niño. El compromiso del profesional de encontrar aspectos en los que se haya producido una evolución positiva para motivar a la familia, sirve de estímulo al profesional que se hace consciente de sus propios logros.

Repasar los datos de los que se dispone es una estrategia práctica, que a pesar de ser evidente, conviene recordar. En la realidad, cuando se asume el seguimiento de varios casos, es fácil confundir algunos datos de unos niños y otros. Este análisis refresca la memoria y favorece la impresión de interés, dado que se puede ofrecer mayor precisión y detalles concretos.

© narcea, s. a. de ediciones

• *Concreción de los contenidos.* Hay que seleccionar algunos temas prioritarios a manejar en función de las necesidades del momento. También pueden concretarse los datos que es necesario recabar del ámbito familiar, sin olvidar que los datos que se ofrecen o se recogen no son asépticos, tienen un importante valor emocional para las familias.

No obstante, el profesional, a lo largo de la entrevista, flexibilizará todos estos aspectos antes mencionados en función de los objetivos que persiga y de los enunciados que vayan surgiendo.

CITACIÓN

Conviene citar a las familias con un margen de tiempo previamente consensuado con ellas. A algunas familias les resulta más fácil concretar en una entrevista la fecha para la siguiente; otras, en cambio, prefieren concretar la fecha cuando esté más próxima. En todo caso es conveniente una periodicidad determinada: cada mes, cada dos meses, etc. para poderla prever.

Se puede utilizar una nota que les sirva de recordatorio, aunque tengo que decir, que en muchos años de seguimientos con las familias, han sido escasas las ocasiones en las que se han olvidado de acudir. En general, han mostrado mucho interés por las entrevistas, e incluso, en muchas ocasiones, han sido los padres los que han llamado para recordar que estaba próximo el plazo marcado para concretar una nueva entrevista. Si unos padres no acuden a las entrevistas, o ponen pegas para la realización de las mismas, el profesional se debe preguntar ¿qué está pasando con la motivación de esa familia? ¿que aspectos del seguimiento hay que modificar para dar respuesta a sus necesidades?

COMIENZO Y DESARROLLO DE LA ENTREVISTA

Si se trata de una entrevista inicial, va a ser muy importante la presentación y el establecimiento del *rapport*. Si no es la primera bastará con un saludo cordial. Una estrategia útil consiste en iniciar la conversación con un contenido motivador, una anécdota del niño o una valoración positiva de algún aspecto concreto.

Puede resultar eficaz aclarar lo que se va a tratar a lo largo de la entrevista para reducir incertidumbres y ofrecer oportunidades de participación. Sobre todo al principio del proceso va a ser especialmente importante clarificar para qué sirven las entrevistas y cómo se plantea su realización para crear un clima de colaboración.

Se seguirá el esquema planificado siempre que se observe que es adecuado y se irán incluyendo nuevos objetivos en la medida en que el entrevistador o los entrevistados lo consideren oportuno. La dinámica ha de ser muy fluida adaptándose en todo momento a las necesidades de los entrevistados.

En algún momento del proceso conviene asegurar a la familia la discreción en el manejo de los datos. Este detalle facilita la expresión de emociones por parte de los padres.

La secuencia que seguirá una entrevista dependerá de las características de las familias y de sus necesidades. En todo caso, tiene que darse intercambio de información en ambas direcciones y participación en la toma de decisiones. En ciertos momentos, el profesional resumirá y ordenará los contenidos tratados para hacer más fácil la comprensión de los mismos.

No debemos olvidar que los datos tienen connotaciones emocionales, tanto los que el profesional expone como los que solicita. Cuando se expone una información o se pregunta algo es porque se considera significativo, por lo tanto se le otorga un valor. Este valor que da el profesional tiene influencia para la familia. Por esta razón es importante reflexionar sobre algunos contenidos concretos que van apareciendo en la entrevista, ya que pueden suponer un refuerzo al sistema de atribuciones de la familia o servir como conflicto cognitivo que ponga en duda cogniciones previas.

Las informaciones generales, sobre el servicio de AT, sobre la discapacidad o el trastorno del desarrollo o sobre los recursos tienen más interés si se muestra su conexión concreta con el niño.

A veces puede ser necesario tomar alguna nota; es una técnica de la que no conviene abusar. Si el profesional muestra mucho interés en registrar puede bloquear la fluidez de la comunicación. Es bueno hacer algún comentario sobre el uso que se va a hacer de las notas tomadas ya que los datos que se anotan adquieren aún mayor valor emocional para los padres.

"Esto que me dices lo voy a anotar para tenerlo en cuenta cuando trabaje con el niño".

"Lo voy a escribir para que no se me olvide trasmitírselo a mis compañeros del equipo".

© narcea, s. a. de ediciones

FINALIZACIÓN, REGISTRO Y EVALUACIÓN DE LA ENTREVISTA

Conviene terminar una entrevista en un momento positivo, pero no brus-
camente. Se resumirá la información que se ha manejado a lo largo de la misma y se concretarán las decisiones tomadas, emplazando a los asistentes para
la siguiente entrevista.

Parece obvio decir que una vez terminada la entrevista es necesario registrar los datos de la misma. En la práctica, como consecuencia de la sobrecarga de trabajo y la escasez de tiempo, con frecuencia se pospone esta acción a
otro momento, lo que repercute negativamente en la eficacia ya que se corre
el riesgo de perder información significativa. Conviene convertir este paso en
un hábito imprescindible una vez acabada la entrevista. Resulta útil el uso de
instrumentos que faciliten la toma de datos sobre los cuales consultar para
preparar las siguientes. Se anotarán estos datos:

— Informaciones sobre el niño: conductas concretas, cambios observados...

— Informaciones procedentes de otros servicios que nos transmiten los
   padres.

— Informaciones sobre el contexto: cambios, actitudes...

— Enunciados que han sido trabajados y atribuciones a las que hacen referencia y la orientación que se ha dado a las mismas.

— Cambios propuestos.

— Compromisos adquiridos por ambas partes de modo que nos permitan
   una revisión de los mismos en el siguiente período de tiempo.

También es el momento de hacer una evaluación que nos va a permitir
observar la evolución en el proceso de intervención familiar. Se puede plantear en torno a unos indicadores:

— Participación de la familia.
— Puntualidad y tiempo dedicado.
— Fluidez en la comunicación.
— Cambios observados.
— Satisfacción de los implicados.

Las reuniones

Las reuniones se utilizan en distintos programas de intervención familiar: escuelas de padres, reuniones informativas, etc. Participan las familias con la coordinación de un profesional de AT. Según el programa de que se trate tendrán distintos objetivos:

— Compartir experiencias y emociones.

— Aumentar la formación de los participantes.

— Transmitir información.

— Discusión y toma de decisiones sobre aspectos de interés para las familias.

Los contenidos van a ser muy variados según los intereses de los participantes. Se utilizarán técnicas de dinámica de grupos como el *Philips 6/6,* el *Brainstorming* o lluvia de ideas, los diálogos simultáneos, el *Role-Playing* o el análisis y discusión de documentos o de recursos audiovisuales, según se ajusten a los contenidos abordados y al tipo de reunión. A continuación se hacen una serie de sugerencias respecto a las reuniones que, si bien no pretenden agotar el tema, ya que cada reunión tiene sus características y responde a distinto tipo de necesidades, servirán para que el profesional reflexione sobre cómo llevarlas a la práctica.

Desarrollo de una reunión

PREPARACIÓN Y CONVOCATORIA DE LA REUNIÓN

De nuevo hay que buscar la espontaneidad pero huir de la improvisación, ésa es la razón por la que resulta necesario planificar. Tanto si es una reunión aislada, como un conjunto de reuniones que confluyen en un programa concreto, se tendrán en cuenta los siguientes aspectos:

— Definir unos objetivos. ¿Qué se pretende?

— Preparar una convocatoria.

— Planificar los tiempos en cuanto a horario, duración y periodicidad de las reuniones (si son más de una). Las reuniones no pueden prolongarse indefinidamente. Los asistentes tienen derecho a conocer la hora de inicio y de final y dicho horario debe ser respetado. Así mismo hay que planificarlas en un tiempo que responda a las posibilidades de las familias.

— Decidir los contenidos de acuerdo con los intereses de las personas implicadas.

— Preparar la información a abordar, así como los recursos a utilizar para que estén disponibles y funcionen correctamente.

— Definir los asistentes según el tipo de programa de participación de que se trate. En reuniones cuyo objetivo es terapéutico conviene que sean grupos reducidos (8-10 personas) para garantizar la posibilidad de que todos intervengan, sin embargo en una reunión de tipo informativo no es necesario restringir el número de participantes.

— Establecer unos criterios de evaluación.

La convocatoria es una parte importante de las reuniones. Muchas veces se organizan actividades muy interesantes que fracasan por la falta de asistencia de las familias. Aparte de responder a su motivación, las familias tienen que estar informadas con la suficiente antelación para poder organizar su asistencia. Para ello, se pueden utilizar carteles o mensajes escritos que sirvan de recordatorio. No obstante, la mejor estrategia es que, además de enviar un mensaje escrito, el propio profesional se lo recuerde a las familias, o bien unas se ocupen de avisar a otras.

El contacto personal resulta más motivador que el mensaje escrito. Cuando se trata de programas que incluyen un conjunto de reuniones, como Escuelas de Padres, resulta práctico utilizar un tríptico o similar que incluya las fechas y los contenidos de dichas reuniones para que los padres lo puedan consultar. De todas formas, a pesar de disponer de ese recurso sigue siendo necesario hacer un recordatorio cuando falte poco tiempo.

COMIENZO Y DESARROLLO DE LA REUNIÓN

No existen pautas fijas sobre cómo debe comenzar una reunión, sin embargo hay algunas sugerencias que pueden facilitar la tarea.

Si el grupo no se conoce, o participa alguna persona diferente a lo habitual, se comenzará con una presentación para que todos los participantes se sientan más cómodos.

La persona responsable de coordinar la reunión realizará una introducción breve y clara explicando los objetivos, los contenidos y la metodología que se va a utilizar. El por qué y el cómo ayudan a clarificar lo que se espera de cada uno. Si es continuación de una reunión anterior, se realizará un breve resumen de lo tratado y de los acuerdos adoptados. Se puede anticipar también si va a tratarse de algún otro tema que no estuviera previsto.

El coordinador tiene las siguientes funciones:

Estimular la discusión. Para ello puede lanzar esporádicamente preguntas al grupo o a personas concretas y esperar a que sean respondidas. Una pregunta que se dirige al grupo que viene seguida de un silencio por parte del dinamizador de la reunión y más si éste dirige la mirada hacia algún o algunos participantes es una estrategia muy efectiva para lograr una respuesta del grupo. La mirada instiga a la participación, siempre que no se mantenga excesivo tiempo y provoque un efecto inhibidor contrario.

Centrar el tema. El profesional explicará la tarea, tratará de buscar conexiones lógicas entre los contenidos, sacará las ideas principales, resumirá, explicará o interpretará algunas aportaciones facilitando el avance del debate en una dirección concreta. Retomará la atención de los participantes cuando se produzcan distracciones y evitará los cambios de tema que desvíen al grupo de su objetivo principal. En algún momento propiciará un pequeño descanso para luego retomar la atención del grupo.

Canalizará las aportaciones excesivamente particulares hacia objetivos grupales. Así cuando un padre personalice mucho en una situación concreta de su hijo, el profesional tratará de generalizar la situación para que sea útil para todo el grupo y los demás no lo perciban como una pérdida de tiempo.

A lo largo del desarrollo del tema, el profesional debe ofrecer calidad técnica en las exposiciones de modo que responda a los intereses de las familias.

Controlar el turno de palabra. El coordinador fomentará la participación de todos, instigando a hablar a aquellos que tienden a participar menos y controlando el tiempo disponible para evitar que unos ocupen mucho tiempo en detrimento de otros. Será necesario, en algunos momentos, evitar las conversaciones cruzadas que impiden escuchar y favorecen la falta de atención al tema principal. Cuando esto se produzca, se cortarán esos comentarios si no tienen cabida; si se refieren al tema a debate se intentará incorporarlos a la discusión grupal para que todos los asistentes puedan beneficiarse de ellos.

© narcea, s. a. de ediciones

Atender a la dinámica grupal. El papel del coordinador es unir al grupo y dirigirlo hacia un objetivo. Para lograrlo no debe tomar partido por unos u otros sino reforzar algunas propuestas o ignorar otras, de modo que canalice adecuadamente la energía grupal.

La agresividad es enemiga del grupo, por lo que el profesional debe ser capaz de anticipar qué elementos o conductas pueden provocarla para neutralizarlas. Si un participante acusa a otro utilizando algún tipo de agresión verbal o gestual, el moderador deberá reinterpretar dicha conducta para aminorar su efecto. Es básico impedir la crítica destructiva. Hay que buscar solución a los problemas planteados o devolver al grupo las dudas para que surjan de éste propuestas.

El profesional debe saber utilizar a aquellos participantes que podríamos llamar "constructivos" que no solo aportan opiniones o propuestas, sino además actitudes conciliadoras que le ayudarán a canalizar la energía grupal.

FINALIZACIÓN, REGISTRO Y EVALUACIÓN

Se resumirán los puntos más importantes tratados en la reunión explicitando los acuerdos tomados en el caso de que existan, a ser posible con la ayuda de los asistentes. Se agradecerá la participación a todos y se concretarán nuevos encuentros. No conviene finalizar una reunión en un momento álgido de una discusión o cuando se está produciendo una tensión o agresividad ya que producirá desmotivación para futuras reuniones.

Al igual que las entrevistas, es conveniente registrar por escrito los aspectos más significativos de la reunión y los acuerdos tomados, para tenerlo en cuenta en futuras acciones. Se aprovechará también para evaluar la reunión y así ir aprendiendo de la experiencia.

Estrategias prácticas para el desarrollo de una reunión

Vamos a distinguir y enumerar estrategias verbales y no verbales. Ambas son de mucha importancia para el buen desarrollo de las reuniones.

VERBALES

— Valorar la presencia de los asistentes, en lugar de hacer referencia a los que no están presentes.

— Utilizar ejemplos que faciliten la comprensión de contenidos.

— Expresar puntos de vista con franqueza.

— Cuando un padre plantea cuestiones concretas sobre su hijo hay que atenderlo, remitiéndolo a una entrevista o recogiendo el caso como un ejemplo.

— El papel del moderador es resumir, aclarar, sacar ideas principales, relacionar unas ideas con otras.

— Reforzar las aportaciones de los asistentes.

— Preguntar a los participantes.

— Usar un lenguaje sencillo adaptado a los participantes con objeto de que las familias se sientan próximas al profesional.

— Hay que estar preparado para recibir opiniones contrarias. De modo que éstas no bloqueen al moderador.

NO VERBALES

— La colocación de los asistentes de forma que se vean entre sí, en círculo por ejemplo, facilita la atención y la participación.

— Repartir la mirada entre todos los asistentes favorece la atención y sirve de refuerzo.

— Conviene evitar las barreras físicas entre el moderador y los asistentes (mesas, tarimas, lugares elevados) cuando se trate de reuniones que pretendan la participación de los asistentes ya que estos elementos transmiten sensación de distancia.

— El profesional mantendrá una actitud corporal de cordialidad expresada mediante la postura, los gestos, la localización, etc.

© narcea, s. a. de ediciones

Técnicas que facilitan la comunicación

Hay un conjunto de técnicas que complementan a la comunicación oral y facilitan la interacción y que debe dominar el profesional de AT para hacer más eficaz su intervención con las familias. Van a ser útiles tanto en las entrevistas como en las reuniones. Se articulan en torno a tres líneas: la comunicación no verbal, el silencio y la escucha activa.

LA COMUNICACIÓN NO VERBAL

Un acto de comunicación está compuesto por elementos verbales que son los mensajes, pero también por elementos no verbales que matizan el significado de los mensajes; pueden reforzarlos, contradecirlos o atribuirles distintos grados de significación para el receptor. En lenguaje coloquial decimos con frecuencia que: "lo que comunicamos no es lo que dice el que habla, sino lo que entiende el que escucha".

Cuántas veces percibimos que alguien ha interpretado lo que le hemos dicho de forma diferente, ha entendido otra cosa de la que nosotros queríamos decir. Hay varias razones por las que se produce este hecho. Por un lado cada individuo interpreta la realidad en base a su propio sistema de atribuciones y a sus experiencias acumuladas lo que hace que pueda introducir matices de significado en un mensaje, pero no cabe duda de que otra de las razones básicas es la comunicación no verbal. Un mismo mensaje oral puede ser interpretado por el receptor con significados contradictorios en función de la forma en que se expresa, es decir, del uso que hace el emisor de los gestos, la mirada, la postura, el tono de voz, etc.

En situaciones de crisis predomina la comunicación no verbal sobre la verbal, prevaleciendo el significado que se transmite de forma gestual. En el contexto de la intervención familiar, hay un fuerte componente emocional, por lo que podemos deducir que el manejo apropiado de la comunicación no verbal va a resultar un instrumento de trabajo básico. El profesional debe cuidar minuciosamente el uso de su comunicación no verbal teniendo en cuenta que la congruencia entre el mensaje verbal y no verbal es lo que otorga mayor fiabilidad para el receptor. Si los gestos o la voz no son congruentes con lo que el emisor está diciendo, se produce desconfianza en el receptor y por lo tanto se pone en riesgo la relación. Si, por el contrario, se apoyan mediante estrategias no verbales los contenidos de la intervención familiar, servirá de refuerzo a los mismos favoreciendo la eficacia de los procesos.

La comunicación no verbal facilita las interacciones sociales en la medida en que informa sobre los estados de ánimo de las personas implicadas y regula la forma de comportamiento previsible en una situación de comunicación. Los elementos que componen el espectro de la comunicación no verbal son los siguientes.

• **La mirada.** En ella está implicado el movimiento de los ojos, la dirección, el tiempo de fijación, etc. Sirve para inhibir o facilitar una conducta y se interpreta como una muestra de interés hacia el interlocutor. En una entrevista o en las reuniones el profesional debe dirigir la mirada a la cara del receptor o receptores y repartirla equilibradamente entre los mismos para evitar recelos y facilitar la atención. Cuando el emisor evita el contacto ocular, o se centra en un papel o similar, el receptor puede interpretarlo como falta de interés hacia él, también puede ser muestra de inseguridad lo que tendría una incidencia negativa en el proceso de intervención.

Por otro lado, una mirada muy insistente puede ser interpretada como agresión y generar ansiedad en el entrevistado. La mirada tiene un valor reforzador que se puede utilizar para valorar una opinión o una conducta y aumenta la autoestima del receptor.

• **Los gestos.** Los movimientos de las manos o de la cabeza, la expresividad con los músculos de la cara y sobre todo la sonrisa, componen un abanico de acciones muy variado que informan del estado emocional y pueden apoyar o contradecir el significado de un mensaje verbal. Hay gestos compartidos por un grupo social (no, silencio...) y otros que son característicos de una persona y dependen mucho de su expresividad emocional. Algunos se usan para regular las propias emociones y los llamamos adaptadores (taparse los ojos, sujetarse la cabeza...), y otros son reguladores porque informan al interlocutor sobre lo que se espera de él (agarrar, señalar, abrir la mano para recibir algo...). Se destaca la sonrisa como un gesto favorecedor de la interacción que transmite aceptación y agrado hacia el interlocutor, o el movimiento afirmativo de la cabeza que valida o refuerza la intervención del receptor.

No es objeto de este capítulo hacer un estudio pormenorizado de las posibilidades gestuales, pero sí hacer conscientes a los profesionales de cómo éstas pueden favorecer o entorpecer los procesos de comunicación, invitándoles a hacer una observación minuciosa de cómo utilizan estos recursos y cómo pueden implementarlos.

© narcea, s. a. de ediciones

- **La voz.** Incluye variables como el tono, la modulación, la velocidad. Pueden transmitir sensación de seguridad y calidez o por el contrario, rechazo o agresividad. En la intervención familiar se deben evitar tonos que suenen autoritarios.

- **La postura.** Transmite información de estatus respecto al interlocutor. Conviene que sea próxima, abierta y relajada. Una postura rígida o cerrada (brazos cruzados por delante, de pie con el tronco muy estirado o hacia atrás...) expresa que el emisor pretende poner distancia con el receptor, bien porque éste no le interesa, o porque necesita protegerse de él, o porque se considera de un estatus superior; puede romper la posibilidad de que el receptor se exprese y participe de las decisiones.

- **La orientación corporal.** Es la localización del emisor respecto al receptor o receptores. Una posición en círculo cuando se trata de un grupo de personas o cara a cara si es una entrevista son más eficaces que si el emisor se sitúa de espaldas o a un lado. Esta variable va a depender de la tarea; en cualquier caso, debe facilitar el intercambio de la mirada.

- **La proximidad física.** Este elemento depende mucho de la cultura y del grado de intimidad que existe en una relación. Hay culturas donde la gente interactúa físicamente muy próxima, mientras que en otras eso está considerado de mala educación. Por otro lado, cuanto más íntima es una relación, mayor es la proximidad física entre los participantes. La proximidad debe ser la esperada para cada tipo de relación, ya que si no es así, resulta un indicador claro de incompetencia social. Una distancia escasa se puede vivir como hostilidad o agresividad, mientras que una distancia grande puede vivirse como una conducta de evitación o de falta de interés.

- **La apariencia personal.** Es un elemento que el profesional debe cuidar, ya que sirve como carta de presentación e influye en el interlocutor. No existen unas pautas fijas, hay que tener en cuenta que debe ajustarse a la situación. Si la apariencia del profesional se separa significativamente de lo esperado socialmente, puede provocar inseguridad a los receptores.

- **La latencia de respuesta.** Consiste en el tiempo que tarda una persona en dar una respuesta. Tiene mucho que ver con el estilo personal de comunicación. Conviene considerar que una excesiva demora transmite sensación de pasividad o desinterés, sin embargo, mucha rapidez en las respuestas o impulsividad puede transmitir sensación de agresividad, inseguridad o falta de control emocional.

• **El contacto físico.** Un apretón de manos, una caricia o una palmada en la espalda pueden ser conductas muy significativas para la familia en un momento determinado. El contacto físico con el niño es otra conducta también muy significativa. Las conductas de aproximación del profesional hacia el niño, que ponen de manifiesto la existencia de vínculo afectivo, son una muestra evidente de interés por éste, lo que favorece la confianza de los padres. El contacto físico va a depender de la edad y del grado de intimidad que exista en una relación. La intervención familiar está sometida a fuertes cargas emocionales, por lo tanto, saber manejar esta variable en el momento oportuno puede resultar una herramienta muy eficaz.

EL SILENCIO

El silencio es una herramienta indispensable en la comunicación, si bien resulta difícil de emplear. Generalmente tiene un significado. Se produce en un momento concreto por alguna razón que hay que descubrir.

— Puede suponer un punto de inflexión en el que se instiga a una respuesta al receptor.

— Puede ser un espacio que permite la expresión emocional. Ante una reacción de llanto por ejemplo, el silencio acoge a la persona que llora y la permite expresarse.

— Si va acompañado de gestos supone un rechazo o un refuerzo al contenido verbal.

— Prepara al receptor para recibir un contenido concreto generando una expectativa ante el mismo que aumenta su atención.

— Refuerza la posición del que habla dejando un espacio de tiempo para que el que escucha comprenda mejor el mensaje.

— En una situación de grupo resulta una técnica clave para captar la atención del grupo en un momento en el que se haya dispersado.

El tiempo que duren esos silencios, junto con la comunicación no verbal que los acompaña, van a ser la clave de su eficacia. Si éste permanece más tiempo de lo necesario puede generar ansiedad y romper la comunicación.

La escucha activa

Comunicarse no es solo hablar, también es escuchar. Un mensaje no tiene sentido si no existe un receptor que lo reciba. El profesional de AT alterna su papel con las familias como emisor y como receptor. Cuando asume este último está construyendo una parte muy importante de la relación. Si se pretende que la familia participe realmente en el proceso de AT es indispensable que el profesional sepa escucharla, de ese modo puede conocerla y así dirigir adecuadamente su intervención. La escucha activa consiste en una serie de conductas que facilitan la comunicación y que se articulan en torno a cinco variables: disposición psicológica, observación del interlocutor, claves no verbales, expresiones verbales y conductas a evitar.

- **Disposición psicológica.** Consiste en una actitud, por parte del receptor, en la que se aísla de otros estímulos que no sean los procedentes de su interlocutor. Lo más importante en ese momento es la otra persona. Y para lograrlo va a ser necesario:

  — Mantenerse centrado en la conversación, evitando las distracciones y las interrupciones, y sin cambiar de tema o realizar otras actividades simultáneamente.
  — Salir de la posición de experto.
  — Ponerse en el lugar del otro a través de la empatía. Aceptando su posición y tratando de adoptar su punto de vista.
  — Validar las posiciones de las familias y comprenderlas en el contexto en el que se producen.
  — Mostrar interés por el otro, preguntarle, escuchar lo que tiene que decir y dejarle hablar.

- **Observación del interlocutor.** El receptor observará las reacciones de las otras personas, sus mensajes orales, sus gestos, tratando de identificar sus sentimientos y de comprender los contenidos que transmiten. Capta las señales del interlocutor cuando abre el paso a intervenir y lo hace o cuando necesita un silencio y lo respeta, o cuando modula las respuestas propias a los indicios y palabras del otro.

- **Claves no verbales.** Se emplearán gestos de apertura a la comunicación: sonrisas, afirmaciones con la cabeza, levantar las cejas…

Se usarán gestos congruentes con el mensaje que expresa el emisor y que ratifiquen su posición (pena, alegría, enfado...) siempre que se correspondan con los contenidos que se están manejando en ese momento.

Se usarán respuestas en espejo que consisten en la repetición de expresiones gestuales del emisor que transmiten aceptación y empatía.

El contacto ocular es una clave de escucha muy eficaz. Igualmente, una ligera inclinación del tronco hacia delante muestra signos de interés hacia el emisor.

Se tendrán en cuenta todas las sugerencias descritas en el apartado de comunicación no verbal.

• **Expresiones verbales.** Hay una serie de claves verbales que facilitan la escucha activa, son las siguientes:

— *Respuestas de continuidad.* Consisten en expresiones orales que invitan al emisor a seguir expresándose, y son del tipo: "y entonces...", "si...", "ah, sí claro...", "y bien...", "aja", "uhm".

— *Parafrasear.* Es repetir lo que ha dicho el emisor, o una parte de lo que ha dicho.

— *Respuestas de interpretación de contenidos.* El profesional resume o interpreta lo que le dicen los padres: "lo que te pasa es...", "te sientes...", "tú crees que las cosas son..."

— *Mensajes yo.* Son expresiones que ponen de manifiesto actitudes personales del profesional. "A mí me gustaría que...", "yo creo que...", "a mí me sirve...".

— *Frases de afrontamiento.* Se trata de utilizar frases que pongan de manifiesto la búsqueda de alguna solución o salida a un problema planteado, ofreciendo sugerencias o propuestas de ayuda. Pretender resolver los problemas rápidamente no es una buena estrategia de escucha activa porque no se muestra como posible e invade al emisor innecesariamente. Una cosa es hacer propuestas y otra pretender resolver todo precipitadamente. Expresiones de afrontamiento pueden ser del tipo: "lo que podemos hacer es ...", "vamos a ver qué se puede hacer con...", "busquemos algo útil...".

— *Evitar frases que desestabilizan la relación.* Que denoten imposibilidad de cambio, por ej.: "es imposible...", "no hay quien pueda hacer...". Resultan demoledoras para un proceso de intervención. Si hay que reflexionar sobre las dificultades trataremos de emplear frases menos contundentes.

© narcea, s. a. de ediciones

— *Evitar frases centradas en los sentimientos del profesional* del tipo "estoy harto...", "no puedo más...", "no soporto..." dando una relevancia excesiva al papel de éste. O frases que persigan reforzar la posición del profesional y debilitar la de la familia del tipo: "ya lo decía yo...", "estaba seguro que pasaría...", "suelo tener razón...".

— *Evitar frases que quiten importancia* a lo que dicen las familias: "eso es una bobada...", "qué cosas tienes tan absurdas...".

— *Hacer preguntas pertinentes,* acordes con los contenidos de la conversación. Una pregunta se percibe por el receptor como muestra de interés siempre que sea apropiada a la situación; si no tiene nada que ver con lo que se está tratando es una muestra de que no interesa el tema y se desea dar un giro a la conversación.

— *Utilizar un lenguaje sencillo* y coloquial evitando tecnicismos.

— *Entresacar las ideas principales de la conversación,* de ese modo se percibe cómo se está comprendiendo el mismo.

• **Conductas a evitar.** Son conductas que conviene evitar:

— Interrumpir frecuentemente.

— Hacer juicios de valor o críticas mordaces.

— Convertir la entrevista en un interrogatorio.

— Buscar culpables.

— Mostrar una preocupación excesiva como si los problemas fueran irresolubles.

— Trivializar o hacer chistes con la información que se está manejando.

— Ofrecer soluciones inmediatas y prematuras sin una base real.

— Contar tus propias historias asumiendo el protagonismo que corresponde a la familia.

— Rechazar la expresión de sentimientos.

— Sabértelas todas.

— Mostrar preferencias o tomar partido por uno de los dos padres.

9. Programas de Intervención Familiar

Los Programas de Intervención Familiar son el conjunto de acciones a través de las cuales se realiza la intervención familiar. Todos ellos responden a los objetivos descritos en el capítulo 6 y en ellos se abordan los contenidos que se han detallado en el capítulo 7.

Las reuniones y las entrevistas van a ser las estrategias básicas que se utilizarán en los distintos programas. No obstante cada uno de ellos tiene unas características específicas y responde a diferentes necesidades de las familias.

En este capítulo se describen algunos programas siguiendo el siguiente esquema.

PROGRAMAS INDIVIDUALES	PROGRAMAS DE ACOGIDA	• *"Primera noticia"* • *"Padre a padre"*	Al inicio del programa de AT
	PROGRAMAS DE SEGUIMIENTO INDIVIDUAL	• Participación en sesiones de intervención • Seguimientos familiares • Contactos puntuales	A lo largo de toda la intervención
PROGRAMAS GRUPALES		• Grupos terapéuticos • Grupos de formación • Participación en actividades de ocio • Programas de respiro familiar • Implicación en los CDIATs	Momentos puntuales o durante períodos determinados

Programas Individuales

Programas de acogida

Vamos a incluir en este programa un conjunto de acciones que confluyen en el primer momento del proceso y que son de gran importancia para establecer un marco de intervención: son el Programa *"Primera noticia"* y el Programa *"Padre a padre"*.

PROGRAMA "PRIMERA NOTICIA"

El momento en el que los padres reciben la noticia de que su hijo presenta un trastorno del desarrollo o riesgo de padecerlo queda firmemente grabado en su memoria con una importante huella de carácter emocional. Algunos estudios (Frude, 1991) sobre la aceptación del diagnóstico en familias con hijos discapacitados, demuestran que existe una reacción inmediata de shock, pánico y desintegración que puede canalizarse como culpa, depresión o ira de la que ya hemos hablado en el capítulo 4.

La noticia irrumpe sobre una imagen ideal del hijo que desean o que creen que tienen y abre paso a un duelo por dicha pérdida. Llama la atención cómo después de varios años, aún mantienen la necesidad de contar cómo fue aquel momento y lo describen con todos los detalles. El impacto de carácter emocional da lugar a sentimientos muy fuertes que pueden dificultar o anular el juicio crítico.

La intervención en esta situación de crisis debe ser producir un cambio constructivo en la situación vital de las familias tan rápido como sea posible. Son muchos los errores que habitualmente cometemos los profesionales influidos por nuestras propias emociones de ansiedad o culpa como: usar mensajes poco claros que confunden al receptor, informar a uno de los padres en situación de indefensión afectiva, transmitir la información sin que los padres conozcan aún al niño, no cuidar las mínimas condiciones de intimidad, dar excesiva información y toda de carácter negativo, etc.

Pero ¿cómo se debe dar una mala noticia? Debemos pensar no solo en lo que hay que decir sino también en cómo hay que decirlo. Debemos preguntarnos: ¿Qué significa esa mala noticia para la familia? (Navarro Góngora, 2002). Los objetivos que persigue este programa son los siguientes:

© narcea, s. a. de ediciones

— Proporcionar información para resolver una situación de incertidumbre.

— Producir cambios constructivos en la situación vital de las familias tan rápido como sea posible.

— Cimentar un guión de esperanza (Navarro Góngora, 2002).

No hay un modo único de hacerlo, hay que adaptarse a la familia de la que se trate y a las características de la situación pero es conveniente tener en cuenta una serie de claves que pueden ayudar al profesional.

CLAVES A TENER EN CUENTA PARA DAR UNA MALA NOTICIA	
a) Desde el punto de vista del contenido del mensaje	— Claves de anticipación — Claves de significado y efecto — Claves de pronóstico — Claves de acción — Claves de expectativa positiva
b) Desde el punto de vista de la situación	— Claves de lugar — Claves de tiempo — Claves de apoyo emocional
c) Desde el punto de vista de las actitudes del profesional	— Claves de comunicación no verbal — Claves de escucha — Claves de proximidad

a) Desde el punto de vista del *contenido* del mensaje

— *Claves de anticipación.* Conocer a la familia antes de darle una mala noticia resulta una estrategia especialmente valiosa cuando es posible, de ese modo se puede ajustar el mensaje a las necesidades concretas de esa familia. Al comenzar la conversación se utilizarán fórmulas que hagan anticipar la proximidad de un contenido amenazador del tipo: "A continuación les voy a hablar de algo que puede ser doloroso". Dejando un poco de tiempo para asimilar dicho comentario.

— *Claves de significado y efecto.* Informaremos con claridad y sencillez sobre el trastorno, la etiología si es conocida y el efecto que tiene o puede tener en el niño. En un primer momento no se dará excesiva información sino aquella que resulte indispensable para no abrumar a la familia y se dejará abierta la posibilidad de poder profundizar más cuando los padres lo consideren necesario. Conviene esperar a ser preguntado y, por supuesto, no decir nada que no sea verdad.

— *Claves de pronóstico.* En el caso de que sea posible informaremos sobre el pronóstico y la evolución del trastorno. Si no está claro mantendremos la incertidumbre sin generar expectativas desajustadas, ni positivas ni negativas. Uno de los aspectos que provocan más ansiedad en las familias es la incertidumbre respecto al pronóstico variable que manejamos muy a menudo en AT, ya que dada la corta edad del niño apenas podemos prever su evolución. El profesional debe manifestar con honestidad la imposibilidad de definir un pronóstico.

— *Claves de acción.* Se informará sobre las posibilidades de acción a partir de ese momento en cuanto al tratamiento o intervención necesaria; los recursos disponibles, valorando positivamente la competencia de otros servicios con objeto de aumentar la seguridad de los padres; las pruebas o pasos necesarios para avanzar en el diagnóstico y la necesidad de que se cuide a los cuidadores, es decir, aquellas personas que se ocuparán a partir de ese momento del niño. Deben buscar ayuda para poder asumir su tarea. Ante la confusión de ese primer momento, la familia tiene que tener claro, al menos, lo que debe hacer a continuación. Eso reforzará su percepción de autocompetencia, para que, a pesar de la crisis emocional por la que atraviesa, pueda iniciar acciones que les permitan salir de la misma.

— *Claves de expectativa positiva.* Se dará la noticia desde las capacidades y no exclusivamente desde las carencias, ya que las familias deben abrir alguna puerta a la esperanza sin que ello implique ignorar las dificultades. Con frecuencia suele ocurrir que se hace un listado de problemas reales e incluso de trastornos que pueden venir asociados aunque en el momento aún no se hayan identificado. Los padres reclaman su derecho a escuchar, en ese primer momento, lo que su niño podrá hacer, en lugar de los riesgos y los problemas a los que tendrá que enfrentarse.

b) Desde el punto de vista de la *situación*

— *Claves de lugar.* La noticia se dará en un espacio que facilite la intimidad ante las reacciones iniciales que la noticia pueda generar. Los padres deben poder sentarse y expresar sus emociones.

— *Claves de tiempo.* Se buscará el momento adecuado, lo más pronto posible siempre que el diagnóstico sea fiable y a ser posible una vez que haya habido contacto de los padres con el niño y hayan podido establecer una primera relación, de este modo hablamos de un objeto de vínculo, no de un ser aún desconocido. Se dará a la familia el tiempo que necesite para reaccionar huyendo de conversaciones precipitadas. La información no se dará en una sola entrevista sino que esta primera es el inicio de un proceso en el que el profesional estará disponible para responder a las necesidades de la familia y dará paso a una intervención más prolongada o a la derivación hacia otros servicios más especializados.

— *Claves de apoyo emocional.* Se dará la noticia estando ambos padres presentes o al menos alguien cercano al receptor que pueda apoyarlo emocionalmente.

c) Desde el punto de vista de las *actitudes del profesional*

— *Claves de comunicación no verbal.* Se usarán los recursos gestuales, de ubicación espacial, de contacto físico y de mirada que favorezcan un clima de empatía y de confianza mutua. Se cuidará sobre todo la congruencia entre la comunicación verbal y no verbal de modo que el contenido del mensaje oral sea reforzado por la actitud expresada mediante gestos, miradas, etc. Utilizar gestos de proximidad por parte del profesional ayuda a la familia a sentirse más acompañada.

— *Claves de escucha.* Mediante respuestas en espejo, el profesional ayudará a los padres redefiniendo sus conductas, interpretando sus emociones, validando sus comportamientos en la situación de crisis, permitiendo la expresión de emociones: miedo, rabia, ansiedad, ira, tristeza o resentimiento y conteniéndolas sin darles un significado de agresión contra el profesional. Debemos tolerar el silencio si éste se produce y evitar a toda costa los juicios de valor. Se utilizarán estrategias de escucha activa, ya descritas en el capítulo anterior.

— *Claves de proximidad.* Se utilizará un lenguaje fácilmente comprensible evitando tecnicismos que coloquen al profesional en la posición de experto. Se explicará todo aquello que el receptor no comprenda y se mostrará disponibilidad y acercamiento a nivel emocional.

Generalmente son profesionales del sector médico los responsables de esta primera noticia, pero en muchas ocasiones es en los servicios de AT donde debe realizarse. El profesional debe estar adecuadamente capacitado para dicha tarea con una formación específica en habilidades de afrontamiento que impliquen silencio, empatía, escucha y asertividad.

PROGRAMA "PADRE A PADRE"

Este programa consiste en una serie de visitas a la familia que llevan a cabo otros padres que han pasado por una situación similar. Estas visitas pueden ser, bien al hospital nada más nacer el niño, a su domicilio o encuentros concertados entre ambas familias. Permite a los nuevos padres identificarse con los que les visitan desde una posición cercana, consultarles dudas en un clima de confianza y sobre todo observar modelos de familias, que habiendo pasado por una situación similar, han sido capaces de reequilibrarse y tener una vida normal.

Muchos padres manifiestan cómo los primeros contactos con otros padres que han experimentado y experimentan una situación parecida, con un hijo con el mismo tipo de discapacidad, fueron muy significativos y les aportaron información y ayuda desde una situación natural. Compartir la confusión de los primeros momentos favorece la empatía y los sentimientos de inclusión en un terreno nuevo y difícil. La perspectiva de otros padres les llega mejor ya que comparten una experiencia parecida. Se convierten en nexo de unión con los recursos existentes, bien con asociaciones o con profesionales de distintos servicios.

Para que sea verdaderamente favorecedor es necesario que los padres acogedores tengan unas características concretas. Deben tener una actitud positiva frente a la discapacidad, la información suficiente y fiable sobre los recursos, y la formación específica sobre habilidades de afrontamiento, de modo que realmente escuchen las necesidades de la nueva familia, sean capaces de tolerar sus emociones, acepten sus mecanismos de defensa y no hagan juicios de valor. Es importante que no confundan sus propios sentimientos con los de la familia acogida ni traten de imponer sus puntos de vista.

Los *objetivos* de este programa son los siguientes:

— Escuchar a la nueva familia en el momento de crisis desde la igualdad.

— Mostrar cómo puede ser el futuro con esa discapacidad en un miembro de la familia.

— Ofrecer un modelo de cómo afrontar la discapacidad y vivir con ella.

© narcea, s. a. de ediciones

— Colaborar en la construcción de atribuciones adecuadas respecto a la discapacidad.

— Transmitir confianza respecto a los servicios especializados, respecto a la AT, etc.

— Servir de modelo de competencia para educar al niño con discapacidad.

— Favorecer la expectativa de autocompetencia de los nuevos padres.

En ocasiones, las asociaciones disponen de un grupo de padres debidamente preparados que realizan esta tarea. Resulta especialmente relevante que no se lleve a cabo de un modo improvisado, ya que, a pesar de la buena voluntad de los implicados, si no está bien diseñado y evaluado, puede tener efectos contraproducentes.

Programas de Seguimiento Individual

Son aquellas acciones que se desarrollan con las familias a lo largo del tiempo en el que reciben AT. Están dirigidas a cada una de las familias teniendo en cuenta sus características y necesidades concretas. Los programas de seguimiento individual son la "participación en las sesiones de intervención", "los seguimientos familiares" y los "contactos puntuales".

PARTICIPACIÓN EN LAS SESIONES DE INTERVENCIÓN

Consisten en la presencia física de alguno de los padres o cuidadores habituales en la sesión de intervención que el profesional lleva a cabo con el niño. Cobran especial relevancia durante los primeros meses (0-24 meses) en los que la figura de referencia mantiene bastante incertidumbre sobre su capacidad para manejar y comunicarse con su hijo y es un momento clave en el establecimiento de las primeras relaciones de apego. La observación directa de los intercambios que el profesional realiza con el niño sirven de referencia y punto de reflexión sobre las propias estrategias de los cuidadores habituales. Los *objetivos* de esta acción son múltiples:

— Establecer una relación de confianza mutua padre-profesional de la AT.

— Reforzar la percepción de autocompetencia validando las estrategias individuales que los padres ponen en marcha con el niño.

— Aprender a observar las potencialidades del bebé dando significado a sus conductas y a las del adulto.

— Aprender técnicas concretas de interacción-comunicación.

— Aumentar la capacidad de reacción de los padres ante mínimas señales comunicativas del niño.

— Recoger información sobre las características y necesidades concretas de la familia.

Para que la participación en las sesiones sea constructiva se sugiere la utilización de algunas *estrategias,* que sin agotar todas las posibles, son de especial importancia:

— Explicar a las familias lo que se espera de ellas en la sesión, de modo que sepan cómo tienen que participar. No son meros observadores, sino agentes activos de la sesión. La existencia de un reglamento de régimen interior del Centro de AT donde se definan los derechos y deberes de los padres y profesionales puede facilitar la negociación inicial.

— Exponer claramente que no hay fórmulas establecidas y válidas para todas las personas. Se trata de descubrir la mejor forma de interactuar con el niño. Cada persona debe definir su relación con él en base a sus características y al vínculo existente.

— Partir de la interacción natural padre-hijo sin hacer juicios de valor, reforzando sus competencias y proponiendo acciones concretas, nunca imponiéndolas.

— Las propuestas se realizarán desde "lo que a mí me da resultado" como profesional, nunca como una enmienda a conductas poco apropiadas de los cuidadores básicos. Las expresiones del tipo: "no, así no debes hacerlo" deben transformarse por otras del tipo: "a mí me sirve hacer esto, ¿por qué no pruebas?".

— Aprovechar cualquier oportunidad para resaltar los roles diferentes de los padres y el profesional, evitando la profesionalización de dichas figuras. Sugiriendo la adaptación de juegos o acciones realizados en la situación de intervención a la situación natural de rutinas o juego en el hogar.

© narcea, s. a. de ediciones

— Responder a las dudas concretas que los cuidadores plantean y aplazar temas que requieran un abordaje más amplio para tratar en las entrevistas de seguimiento.

— Estar preparados para contener la expresión de emociones de los padres si se producen a lo largo de la sesión.

— Explicar las conductas del niño e interpretarlas con claves que ayuden a la familia a dar significado al comportamiento de su hijo aún en el caso de que sean poco explícitas.

— Modelar los tiempos de espera, favorecer su iniciativa en la propuesta de actividades de juego y comunicación y apoyar al padre o a la madre para que haga un ajuste idóneo a las respuestas del niño. Programas de intervención transaccional (Mahoney y Powel, 1988) hacen hincapié en la *"Toma de turnos"* o el *"Emparejamiento interactivo"* ayudando a los padres a sintonizar sus conductas para que éstas sean compatibles con las características del niño.

SEGUIMIENTOS FAMILIARES

Son las entrevistas que se realizan con los padres de forma periódica y sistemática, espacios que se dedican a la construcción de un sistema de atribuciones compartido entre la familia y los profesionales responsables de la AT que favorecen la percepción de autocompetencia y la corresponsabilización. Estos contactos proporcionan oportunidades de participación y materializan la toma de decisiones compartida. Es allí donde se intercambian opiniones, se expresan necesidades y emociones y se discuten distintas opciones en un clima de tranquilidad sin que las necesidades del niño reclamen la atención de los adultos.

Al principio del proceso se define con la familia en qué van a consistir estas reuniones, sus contenidos, la periodicidad y el papel que va a desempeñar cada uno con objeto de ajustar las expectativas mutuas respecto a esta acción.

Hay un profesional que es quien realiza el seguimiento con las familias y es el representante del trabajo del equipo de profesionales que trabajan con el niño. Las familias se sienten mucho más cómodas con un solo profesional porque pueden establecer una comunicación más fluida. El hecho de ser siempre el mismo profesional favorece la creación de un clima de confianza recíproca que permite ir trabajando progresivamente distintas atribuciones.

Algunos modelos de AT le llaman "profesional tutor", como el "Modelo Integral de AT" (García Sánchez, 2002) o "Responsable de caso" en el modelo de Grupo Base regional de Infancia, en Castilla y León. Esta persona forma parte de un equipo interdisciplinar o transdisciplinar que trabaja coordinadamente planificando las entrevistas con las familias y estructurando la información proveniente de los distintos campos de acción de modo que se ofrece a la familia un abordaje global.

Las entrevistas se realizan con una periodicidad ajustada a las necesidades de cada caso, en general una vez al mes es un período adecuado, pero en algunos casos puede ser mayor o menor o ir variando según las necesidades cambiantes de cada familia. Están previamente acordadas en unos momentos convenientes para ambos sistemas. Se propiciará la participación del padre y la madre, por lo que el ajuste horario a las posibilidades de ambos va a ser un elemento a tener en cuenta. Se seguirán las estrategias propuestas en el capítulo anterior para el desarrollo de la entrevista.

La realización de reuniones periódicas con la familia supone un punto de inflexión en la intervención que propicia la evaluación continua. Uno de los contenidos va a ser analizar la situación actual del niño, si ha habido cambios o no y se harán propuestas de acción con él. Para ello es necesario haber hecho un análisis y una evaluación no sólo de las adquisiciones del niño sino también del proceso seguido con él.

Los *objetivos* de este seguimiento familiar son los que ya se han mencionado en el capítulo 6 dando prioridad a unos u otros según las características de cada familia y el momento del proceso por el que atraviesan. En las entrevistas de seguimiento se pretende:

— Compartir el sistema de atribuciones respecto a la discapacidad, la intervención o los recursos.

— Proporcionar la información que precisa el sistema familiar respecto al diagnóstico, pronóstico, etiología, intervención, etc.

— Recoger información del entorno familiar.

— Coordinar los objetivos a trabajar con el niño y las estrategias empleadas en los distintos ámbitos para que el niño reciba una estimulación ajustada y coherente.

— Ofrecer apoyo emocional.

— Proporcionar oportunidades de participación y decisión.

— Ajustar expectativas respecto al niño o a la intervención.

— Crear conciencia de equipo (familia-profesionales) para evitar sentimientos de aislamiento.

— Generar autocompetencia en el sistema familiar y fomentar su progresiva autonomía.

Los *contenidos* se ajustarán a las necesidades concretas de cada familia. Están descritos en el capítulo 7 dedicado a los contenidos. El seguimiento familiar es la continuidad de un proceso iniciado con la primera noticia que sufre procesos cíclicos en los que hay que retomarla, bien para confirmarla, o para introducir las matizaciones correspondientes, por lo tanto, las claves ya explicadas en el programa "Primera noticia" van a ser también de mucha utilidad a lo largo de todo el seguimiento adaptándolas a las características propias de cada momento.

Contactos puntuales

Son una serie de interacciones que se producen espontáneamente con la familia, sin planificar, en cualquier momento del proceso. Un encuentro dentro o fuera del Centro de Desarrollo Infantil y Atención Temprana, un contacto telefónico, etc. Generalmente los *objetivos* de dichos contactos son:

— Concretar una entrevista.

— Resolver una duda o problema puntual.

— Hacer un comentario sobre el estado del niño.

— Valorar puntualmente alguna acción del niño, por parte de la familia o el profesional.

— Intercambiar materiales.

A esta acción, generalmente se le da poca importancia, pero desde el modelo que se propone, es necesario definirla dado que tiene gran influencia en el desarrollo de la relación con la familia. Los participantes son los mismos que en el seguimiento familiar o en la participación en las sesiones de intervención. En estas dos suele cuidarse el contenido y la forma de la interacción, mientras que en los contactos puntuales, al darlos menor importancia, el profesional puede mostrarse más espontáneo haciendo incongruente su actitud con la que habitualmente se produce en las otras dos acciones. Debemos tener en cuenta determinadas *estrategias* que son útiles en estos contactos.

Aprovechar los contactos puntuales para transmitir información positiva y para validar acciones concretas del niño o de la familia, contar alguna pequeña anécdota o transmitir una emoción producida por algún logro del niño son conductas que suelen dar muy buen resultado. Implican la inversión de poco tiempo y resultan gratificantes para todos. En ningún caso se aprovecharán estos momentos para transmitir a la familia problemas o dificultades ya que eso produciría incertidumbre y no se puede abordar convenientemente en ese momento.

Al tratarse de una acción puntual, el profesional no permitirá que se desvirtúe, llevado por la urgencia de la familia. Si surgen asuntos que reclamen más tiempo y una especial atención se derivarán a las entrevistas de seguimiento familiar donde pueden abordarse adecuadamente. Si es necesario incluso se modificará la temporalización de dichas entrevistas para dar una respuesta lo más inmediata posible.

Ignorar la presencia de la familia o evitar el contacto son estrategias que rompen la relación. Si no hay nada que decir, basta con un saludo afectuoso para que el contacto puntual mantenga la coherencia con el estilo habitual.

Es importante cuidar la congruencia entre estas acciones incidentales y otras acciones intencionales y planificadas. Si los padres y los profesionales realmente comparten un marco de referencia en su relación, no suelen aparecer posturas discordantes, pero la reflexión sobre la trascendencia de estos contactos favorece una correcta interacción.

Programas Grupales

Son un conjunto de acciones que se realizan con grupos de familias en momentos puntuales o durante períodos determinados. La característica de estos programas es que responden a necesidades compartidas por varias familias, bien sean de expresión de emociones, de formación, de ocio o de respiro.

Grupos terapéuticos

Son grupos, generalmente de padres, o a veces también hay grupos de hermanos, que se reúnen con una periodicidad concreta, y que abordan temas relativos a la discapacidad y su influencia en la vida familiar. Tienen por objeto la expresión de sentimientos en un contexto donde está garantizada la empatía por el hecho de que los participantes han vivido experiencias semejantes.

Los grupos pueden ser homogéneos o heterogéneos en cuanto a la discapacidad. Cuando se trata de trastornos más semejantes los padres se identifican mejor, sin embargo los grupos heterogéneos ofrecen perspectivas muy diversas que resultan fructíferas para las familias. Los *objetivos* de estos programas son:

— Facilitar el conocimiento entre los padres y el apoyo interfamiliar.

— Proporcionar nuevas fuentes de apoyo social estableciendo redes de ayuda y comunicación.

— Reducir la incertidumbre y los sentimientos de culpabilidad.

— Potenciar la participación y la implicación de las familias en iniciativas asociativas.

— Compartir experiencias relativas al hijo con discapacidad.

— Favorecer el equilibrio entre las demandas de la discapacidad y las necesidades de la familia.

— Descubrir las necesidades de los distintos miembros de la familia.

— Facilitar la aceptación de la discapacidad.

— Aprender estrategias de interacción con el hijo discapacitado.

— Expresar sentimientos en un ambiente de empatía.

— Favorecer el equilibrio entre las demandas del hijo y las necesidades de la familia.

La *metodología* que siguen estos programas es que son grupos cerrados con un número reducido de personas (entre 8 y 16) con objeto de facilitar la participación. Tienen un número de sesiones limitado para evitar la creación de dependencias.

Implican la aceptación de una serie de compromisos: acudir a la mayoría de las sesiones y respetar las manifestaciones de los participantes del grupo. A veces se utiliza una especie de contrato para garantizar esos compromisos.

Las sesiones son periódicas con un calendario establecido y conocido por todos. La existencia de un tríptico o similar que incluya las fechas y los temas facilitará la participación.

El horario se convendrá entre los participantes ya que puede variar según las características del grupo. Hay que potenciar la participación de ambos padres.

Es indispensable que exista un servicio de guardería especializado que atienda a los niños mientras se desarrolla la reunión para que los padres puedan estar tranquilos. Puede ser eficaz hacerla coincidir con alguna actividad grupal para los niños.

Es conveniente que lo coordinen dos profesionales. Uno de ellos dinamiza la reunión y asume las siguientes funciones:

— Estimular la participación de todos los miembros.

— Neutralizar manifestaciones de carácter aversivo para ciertos miembros del grupo.

— Reinterpretar contenidos confusos.

— Estimular el debate.

— Sacar conclusiones y devolverlas al grupo.

— Reforzar aportaciones eficaces para el grupo.

— Asegurar la posibilidad de expresión de todos.

— Respetar y hacer respetar todas las aportaciones.

— Evitar la realización de juicios de valor.

El otro profesional actúa como observador y recoge aspectos relevantes de la sesión que posteriormente se evalúan.

Los padres deben considerarse auténticos expertos sobre los contenidos que se abordan puesto que se habla de sus emociones, sus pensamientos, etc., y en ese contexto toda aportación es válida.

Las estrategias usadas pueden ser técnicas de dinámica de grupo como *Philips 6/6,* grupo interno-grupo externo, *Role playing,* lectura y análisis de un documento, debates, narración de experiencias, visualización de materiales audiovisuales y posterior análisis, etc. En todos los casos los padres deben participar activamente.

Se garantizará la confidencialidad de lo que allí se hable y se controlarán los juicios de valor sobre las aportaciones de los participantes. Normalmente se crea un clima emocional intenso por lo que el profesional que dinamice dichos grupos debe tener una preparación específica para ello. Resulta conveniente que el profesional cuide las relaciones con los participantes garantizando condiciones de igualdad. En ocasiones padres que tienen una relación de carácter individual con el profesional, pueden adoptar papeles poco favorecedores de la cohesión del grupo y que provocan rivalidad. Puede finalizarse con una actividad lúdica como una merienda o un café que se preste a dar continuidad a los temas abordados desde una perspectiva más espontánea.

Los *contenidos* habituales de estas sesiones suelen ser:

— Influencias de la discapacidad en la familia.

— Papeles de los miembros de la familia respecto a la discapacidad.

— Relaciones con la familia extensa.

— La visión de la discapacidad por la sociedad.

— Necesidades del niño y de la familia.

— Impacto de la primera noticia.

— El futuro de mi hijo.

— La autonomía del niño con discapacidad.

— Implicaciones de la discapacidad.

Se parte de una temática inicial pero el desarrollo de las sesiones debe ser muy abierto de modo que, con frecuencia, se abandona dicha temática y se da lugar a la espontaneidad de las familias abordando sus preocupaciones o necesidades de ese momento. Unos participantes sirven de apoyo a los otros aportando distintas visiones o emociones y van cambiando sucesivamente sus papeles.

En estos grupos se pueden observar muchas dinámicas entre los padres. Sus posiciones frente a la discapacidad suelen ser muy diversas y al entrar en contacto unas con otras, surgen dudas, comparaciones, rivalidades, etc.

El profesional debe estar muy atento a las reacciones individuales de los participantes para poder neutralizar los posibles efectos negativos de la interacción. De nuevo su papel es el de interpretar, dar sentido a algunas manifestaciones de modo que contribuya a la construcción de atribuciones generadoras de competencia. Un mismo enunciado, como ya hemos visto, puede ser interpretado por una familia como generador de competencia y para otra supone una atribución generadora de estrés.

El papel del profesional será evaluar, sobre la marcha, el efecto de esos enunciados para intervenir, introduciendo variaciones de matiz, si lo considera necesario.

Los padres suelen valorar positivamente estos programas. Habitualmente cuando el grupo culmina un programa de este tipo muestran interés por darle continuidad mediante otras acciones.

Grupos de formación

Son grupos de padres más abiertos que se reúnen para abordar contenidos de carácter formativo o informativo. El término "Escuela de padres", "Taller de padres", etc. se emplea para denominar tanto grupos terapéuticos como grupos formativos, la diferencia entre unos y otros estriba en los objetivos que pretenden.

Los *objetivos* de los grupos de formación son:

— Mejorar la formación de los padres en temas relativos a la discapacidad.
— Estimular la autonomía de las familias en la resolución de problemas.
— Capacitar a las familias en el uso de técnicas de intervención.
— Informar sobre la existencia de materiales y recursos existentes.

La *metodología* que se puede emplear es muy variada. Pueden ser reuniones aisladas o un programa compuesto por un conjunto de reuniones. No tienen por qué implicar compromiso de participación. Pueden estar abiertos a otras personas interesadas en los temas.

Pueden estar dirigidos por un experto en el tema o ser los mismos padres los que busquen, expongan o debatan la información.

Tienen que contar con un servicio de guardería para los niños que posibilite la participación de los padres.

La convocatoria de las reuniones es un aspecto a cuidar. Con frecuencia se organizan actividades de este tipo de las que se benefician pocas familias. Conviene hacer una difusión de las reuniones de forma que las familias queden informadas mediante cartas, llamadas telefónicas, carteles, etc. Un recordatorio verbal del profesional de AT que trabaja con el hijo suele ser el instrumento más eficaz.

Los recursos empleados deben responder a las características del grupo. Los medios audiovisuales suelen resultar atractivos, pero una ponencia bien dirigida también suele ser valorada por las familias.

© narcea, s. a. de ediciones

Conviene dejar un tiempo para que los padres pregunten o participen ya que eso facilita la aplicación de los planteamientos teóricos a las necesidades concretas de cada caso.

Finalmente, resumir los datos más significativos de la reunión en un soporte escrito suele ser también muy valorado por los padres porque les permite reflexionar en casa y compartir la información con otros miembros de la familia.

Los *contenidos* son muy variados, deben responder a los intereses de las familias. Los temas que suelen solicitar con más frecuencia son: el desarrollo en las distintas áreas; técnicas de intervención (lectura, razonamiento, psicomotricidad, etc.); aspectos legales; recursos existentes; hábitos de autonomía, rabietas y control de conducta; relaciones con amigos, sexualidad, programas de salud, etc.

Participación en actividades de ocio

Este programa consiste en la organización de actividades de ocio y tiempo libre en las que los padres pueden participar de forma voluntaria, solos o en compañía de sus hijos. Existe una gran variedad de opciones según los intereses de las familias. Fiestas con motivo de algún acontecimiento: navidad, carnaval, excursiones, cenas, meriendas, salidas organizadas al teatro, etc. Los *objetivos* que pretenden estas actividades son:

— Facilitar el contacto entre las familias estrechando lazos de ayuda y amistad.

— Potenciar el grupo de iguales.

— Proporcionar experiencias gratificantes a los niños junto con sus familiares y sus amigos.

— Normalizar las experiencias de ocio proporcionando los recursos necesarios para que puedan producirse.

— Responder a las necesidades de los padres de diversión y relación con otros adultos garantizando una atención adecuada de sus hijos.

La *metodología* a emplear es tan variada como nos permita la creatividad de los organizadores, pero hay que tener en cuenta algunos aspectos relevantes.

Algunas familias viven estas experiencias de un modo traumático porque se evidencian las diferencias de sus hijos discapacitados con otros no discapacitados o porque se resaltan los handicaps. Es importante que las familias analicen los beneficios de dichas acciones ya que su racionalización permitirá disfrutar de una experiencia realmente lúdica. Cuando se organizan actividades exclusivamente para los padres, algunos se resisten a participar porque hacen atribuciones de abandono del hijo, en estos casos también es necesario preparar al grupo para asegurar el éxito de la actividad.

No conviene sobrecargar a las familias con muchas actividades, ya que no van a poder acudir y pueden desencadenar vivencias de fracaso y deterioro del grupo. Las actividades hay que anunciarlas suficientemente y motivar a las familias para su participación; aún así hay que contar con que el porcentaje de implicación es reducido.

Pueden suponer vivencias difíciles para algunas familias ya que pueden observar el comportamiento de otros niños con la misma discapacidad que su hijo o con otras diferentes y por lo tanto aparecen procesos de comparación de sus habilidades con respecto a las del hijo. Este hecho puede resultar beneficioso porque ayuda a la familia a ajustar sus expectativas pero también se puede vivir con ansiedad. En estos casos surgirán atribuciones que se pueden manejar en los programas de seguimiento individual.

Programas de "respiro familiar"

Consisten en un conjunto de acciones variadas que implican la posibilidad de que los padres puedan dejar a sus hijos con discapacidad al cuidado de personas preparadas mientras ellos disponen de esos tiempos libres para realizar otras tareas como ir de compras, salir con amigos, participar en actividades de ocio, o simplemente descansar.

Normalmente se llevan a cabo con voluntarios a los que se ha preparado para desempeñar este papel, que o bien reúnen a los niños durante un tiempo establecido en un lugar de referencia o pueden acudir al domicilio familiar para hacerse cargo del niño. Estos programas suelen depender de asociaciones o servicios sociales locales. Suplen a la familia extensa o a otras redes sociales cuando éstas no existen o son escasas. Los *objetivos* de este programa son:

— Proporcionar a las familias tiempo libre en unas condiciones que les otorgan seguridad puesto que el niño está siendo bien atendido.

© narcea, s. a. de ediciones

— Ofrecer a los niños experiencias de interacción con otros niños de características similares y contextos distintos donde experimentar con adultos de referencia diferentes a sus familiares.

— Apoyar a las familias en el desempeño de sus tareas cotidianas.

En ocasiones las familias de niños muy pequeños muestran recelos para usar este servicio, dada la situación emocional de crisis que aún están atravesando y porque no sienten de momento dicha necesidad o la tienen cubierta con otros familiares o personas allegadas.

Para que este programa funcione hay que tener en cuenta algunas *estrategias* como: explicar pormenorizadamente a las familias el funcionamiento del programa para que se sientan seguros; ofrecer un servicio de atención con garantías en el que se planteen actividades atractivas con los niños y que respondan a sus necesidades; contar con personal preparado para la realización de dichas acciones con los niños y debidamente asesorado sobre cómo intervenir con cada uno de ellos y su familia; reflexionar con la familia sobre la conveniencia y/o necesidad del uso de este recurso eliminando sentimientos de culpabilidad pero no forzando posiciones si las familias no lo necesitan.

Implicación de la familia en los CDIATs

Recojo este apartado de implicación en los Centros de Desarrollo Infantil y Atención Temprana (CDIATs), como un programa de intervención más. Soy consciente de que no se trata de un programa en sí mismo pero me parece importante hacer referencia al conjunto de acciones relacionadas con la gestión del CDIAT en las que están o pueden estar implicadas las familias.

En algunos casos los CDIATs dependen de asociaciones cuyas juntas directivas están compuestas por padres. Esta situación implica un doble papel de las familias que no siempre resulta fácil desempeñar. Es importante que los profesionales tengan libertad de acción en la organización y gestión de los servicios y que no se confundan los papeles cuando los padres cumplen un papel de gestión por un lado y de usuarios del servicio por otro.

En todos los casos las familias deben implicarse como usuarios del servicio de AT. Pueden participar en los órganos de gestión de los mismos o hacer aportaciones con objeto de mejorarlos. En la actualidad estamos insertos en una corriente de preocupación por la calidad de los servicios, no sólo de los sectores productivos sino también del sector servicios. Milla (2006) nos recuerda

que la calidad es un derecho de todos los ciudadanos que cobra especial importancia en situaciones en las que se dan trastornos del desarrollo. Y define la calidad como la satisfacción de las necesidades del usuario. Para orientar los procesos de mejora es indispensable utilizar como referencia la percepción que las
personas tienen sobre el funcionamiento del Centro de Desarrollo Infantil
y AT.

Puede conocerse este nivel de satisfacción de los usuarios a través del intercambio de información que los profesionales tienen con los padres mediante los distintos programas descritos anteriormente. Pero esta información
es insuficiente si lo que se pretende es hacer un análisis exhaustivo de la efi-
ciencia del servicio o elaborar planes de mejora siguiendo el Modelo Europeo
de Gestión de Calidad (EFQM). Este modelo sugiere la realización de una
primera fase de evaluación donde se valoran diferentes criterios. A partir de
esa evaluación se obtienen unos puntos fuertes o débiles de la organización y
en base a ellos se seleccionan unas áreas de mejora. Para realizar la evaluación, las familias, como usuarios del servicio, podrán participar rellenando
cuestionarios o encuestas redactadas a tal efecto para aportar su visión objetiva sobre el funcionamiento del CDIAT y ofrecer propuestas de mejora.

© narcea, s. a. de ediciones

Bibliografía

Andolfi, M. (1984): *Terapia familiar*. Buenos Aires, Paidós.

Beck, A. (1976): *Cognitive therapy and emotional disorders*. Nueva York, International Universities press.

Bisquerra, R. (2000): *Educación emocional y bienestar*. Barcelona, CISS PRAXIS educación.

Bricker, D. y Cripe, J. (1992): *An activity-based approach to early intervention*. Baltimore, Paul H. Brookes.

Botella L. y Feixas G. (1998): *Teoría de los constructos personales. Aplicaciones a la práctica psicológica*. Barcelona, Alertes.

Bronfenbrenner, U. (1979): *The ecology of human development: Experiment by nature and desing*. Cambridge, MA. Harvard University Press. Edición española. Barcelona, Paidós, 2002.

Bruner, J. S. (1986): *El habla del niño. Aprendiendo a usar el lenguaje*. Barcelona, Paidós.

Candel, I. (1993): *Programa de atención temprana. Intervención en niños con Síndrome de Down*. Madrid, CEPE.

— (2003): *Atención Temprana. Niños con síndrome de Down y otros problemas del desarrollo*. Madrid, FEISD.

Confederación Española de Organizaciones a favor de las Personas con Discapacidad Intelectual (2001): *Atención Temprana. Orientaciones para la calidad. Manuales de buena práctica*. Madrid, FEAPS

Cross, T. G. (1977): *Mothers speech adjustments: the contribution of selected child listener variables* en Snow, C. E. y Ferguson, C. A. (eds.), *Talking to children: language input and acquisition*. Nueva York, Cambridge University Press.

Cunningham, C. (1995): *El Síndrome de Down. Una introducción para padres*. Barcelona, Paidós.

— y Davis, H. (1988): *Trabajar con padres, marcos de colaboración*. Madrid, Siglo XXI.

De Linares, C. (1997): *Estrés en la familia ante el nacimiento de un hijo con déficit.* En M. I. Hombrados (comp.), *Estrés y salud* (pp. 547-562). Valencia, Promolibro.

— (2003): *El papel de la familia en Atención Temprana.* En *Minusval* nº especial Atención Temprana, 67-70.

— (2006): *Bases de la intervención familiar en atención temprana.* En J. Pérez (comp.), *Manual de Atención Temprana* (pp 333- 351) Madrid, Pirámide.

— y Pérez López, J. (2006): *Programas de intervención familiar.* En J. Pérez (coord.), *Manual de Atención Temprana* (pp 354- 365) Madrid, Pirámide.

Dunst, C. J. (1989): *Family-centered assesment and intervention practices.* Family Sistems Intervention Monograf Series, vol. 1, nº 1. Family, Infant and Preschol Program. Morganton, Western Carolina Center.

— y Trivette, C. M.(1988): *A family sistem model of early intervention with handicapped and developmentally at risk children.* En D. R. Powell (ed.), *Parent Education as Early Childhood Intervention: Emerging Directions in Theory. Research and Practice* (pp. 131-179). Norwood, NJ, Ablex Publishing Corporation.

Ellis, A. (1977): *The basic theory of rational-emotive terapy.* En A. Ellis y R. Grieger (eds.), *Handbook of rational-emotive therapy.* Nueva York, Springer.

Freixa, M. (1993): *Familia y deficiencia mental.* Salamanca, Amarú.

Fuertes, J. y Palmero, J. (1995): *Intervención temprana* en M. A. Verdugo (dir.), *Personas con discapacidad. Perspectivas psicopedagógicas y rehabilitadoras.* Madrid, Siglo XXI.

García Sanchez, F. A. (2002): *Atención Temprana: elementos para el desarrollo de un modelo integral de intervención.* Bordón 54 (1), (39-52).

Grácia, M. (2003): *Comunicación y lenguaje en primeras edades. Intervención con familias.* Lleida, Milenio.

Grupo de Atención Temprana (GAT) (2000): *Libro blanco de la Atención Temprana.* Madrid, Ministerio de Trabajo y Asuntos Sociales. Real patronato sobre discapacidad.

— (2005): *Recomendaciones técnicas para el Desarrollo de la Atención Temprana.* Madrid, Ministerio de Trabajo y Asuntos Sociales. Real Patronato sobre Discapacidad.

Grunewald y Hall, E. C. (1979): *L'information des parents: L'énfant que vous avez...* Medicine et Higiene, 1344, Geneve.

Guralnick, M. (1997): *The efectiveness of early Intervention.* Baltimore, Paul H. Brookes.

— (1998): *Effectiveness of early intervention for vulnerable children.* American Journal on mental retardation, 102, (pp. 319-345).

— y Bennett, F. (eds.): *The efectiveness of early intervention for at-risk and handicapped children.* Nueva York, Academic Press.

Gutiez, P. (2005): *Atención Temprana. Prevención, detección e intervención en el desarrollo(0-6 años) y sus alteraciones.* Madrid, Editorial Complutense.

Hill, R. (1949): *Families Under Stress.* New York, Harper and Row.

Jacobs, J. (1992): *Understanding family factors that shape the impact of chronic illness.* En J. T. Akamatsu, et al. *Family health Psychology.* Washington, Hemisphere.

Kalmanson, B. (1996): *Overcoming challenges in working with families: A relationship based perspective*. Presentation at Infant Development Association of California, Plesanton, C.A.

Kaye, K. (1986): *La vida mental y social del bebé*. Barcelona, Paidós.

Kelly George, A. (1955): *Psicología de los constructos personales*. Buenos Aires, Paidós.

Lazarus, R. S. (1991): *Emotion and adaptation*. Nueva York. Oxford University Press.

— y Folkman, S. (1986): *Estrés y procesos cognitivos*. Barcelona, Martínez Roca.

Lock, A. (1980): *The guided reinvention of language*. Nueva York, Academic Press.

López, F. (1993): *El apego a lo largo del ciclo vital*. En M. J. Ortiz y S. Yarnoz (eds.), *Teorías del apego y relaciones afectivas* (pp. 11-62). Bilbao, Universidad del País Vasco.

— (1995): *Necesidades de la infancia y protección infantil*. Ministerio de Asuntos Sociales, Madrid.

— y Cols. (1999): *Desarrollo afectivo y social*. Pirámide, Madrid .

Mahoney, G. y Powell, A. (1988): *Modifying parent-child interaction: enhancing the development of handicapped children*. The Journal of Special Education, 22 (1) 264-278.

Mendieta García, P. y García Sánchez, F. A. (1998): *Modelo integral de intervención en Atención Temprana: organización y coordinación de servicio*. Siglo cero, 29.

Millá, M. G. (2006): *La calidad en los servicios de Atención Temprana: Una propuesta de futuro*. En Pérez López, J. (coord.), *Manual de Atención Temprana* (pp 370-380), Madrid, Pirámide.

— y Mulas, F. (2005): *Atención Temprana. Desarrollo infantil, diagnóstico, trastornos e intervención*. Valencia, Promolibro.

Minuchin, S. (1977): *Familias y Terapia Familiar*. Barcelona, Crónica.

Navarro Góngora, J. (1998): *Familias con personas discapacitadas*. Salamanca, Consejería de Sanidad y Bienestar Social. Junta de Castilla y León.

— (1999): *¿Qué podemos hacer? Preguntas y respuestas para familias con un hijo con discapacidad*. Salamanca, Consejería de Sanidad y Bienestar Social, Junta de Castilla y León.

— (2002): *Familia y discapacidad. Manual de intervención psicosocial*. Real Patronato de Prevención a Personas con Minusvalía. Junta de Castilla y León.

Palacios, J. y Rodrigo, M. J. (1998): *Familia y desarrollo humano*. Madrid, Alianza.

Pallás, C., De la Cruz, J. y Medina, M. C. (2000): *Apoyo al desarrollo de los niños nacidos demasiado pequeños, demasiado pronto*. Madrid, Real Patronato de Prevención y Atención a Personas con Minusvalía. Documentos 56/2000.

Pérez López, J. y Brito de la Nuez, A. (2006): *Manual de Atención Temprana*. Madrid, Pirámide.

Perpiñán, S. (2003): *La intervención con familias en los programas de Atención Temprana*. En Candel, I. (dir.), *Atención temprana. Niños con Síndrome de Down y otros problemas de desarrollo* (pp 57-80), Madrid, FEISD.

— (2003): *Generando entornos competentes*. Revista de Atención Temprana. Vol. 6, nº 1. (pp. 11-17), Murcia, ATEMP.

Peterander, F., Speck, O. y Bernard, T. (1993): *Les tendances actuelles de l'interventión precoce en Europe*. Bélgica, Mardaga.

Ponte, J., Cardama, J., Arlanzón, J. L., Belda, J. C., González, T. y Vived, E. (2004): *Guía de estándares de calidad en Atención Temprana*. IMSERSO.

Prettis, M. (2006): *Plan de estudios para la formación profesional en Atención Temprana*. En www.ebiff.org.

Rosnay, J. (1975): *Le Macroscope*. Paris, Editions du Seuil.

Sameroff, A. J. y Fiese, B. H. (2000): *Transactional regulation: The developmental ecology of early intervention*. En J. P. Shonkoff y S. J. Meisels (eds.), *Handbook of Early Childhood Intervention*. New York, Cambridge University Press.

— y Chandler, M. J. (1975): *Reproductive risk and the continum of caretaking casuality*. En F. D. Horowitz, E. M. Hetherigton, S. Scarr-Salapatek y G. Siegel (eds.), Review of Child Development Reseach (vol. 4, pp. 187-244), Chicago, University of Chicago Press.

Serra, E., González, A., y Oller, A. (1989): *Desarrollo adulto. Sucesos evolutivos a lo largo de la vida*. Valencia, Grupo Editor Universitario, S.L.

Spiker, D. y Hopman, M. R. (1997): *The efectiveness of early intervention for children with Down syndrome*. En M. J. Guralnick (ed.), The Efectiveness of Early Intervention (pp. 271-305), Baltimore, Paul H. Brookes.

Shonkoff, J. P., Hauser-Cram, P., Kraus, M. W. y Upshur, C. C. (1992): *Development of infants with disabilities and their families*. Monographs of the Society for Research in Child Development, 57 (6 serial nº 230).

Turnbull, A. P., Turbiville, V. y Turnbull, H. R. (2000): *Evolution of family-professional Partnership Collective Empowerment as the Model for the Early Twenty-First Century*. En J. P. Sonkoff y S.J. Meisels (eds.), *Handbook of Early Childhood Intervention*. New York, Cambridge University Press.

Verdugo, M. A., G. Bermejo, B. y Fuertes, J. (1993): *Maltrato infantil y minusvalía*. Madrid, Ministerio de Asuntos Sociales, Instituto Nacional de Servicios Sociales.

Vygotski, L. S. (1979): *El desarrollo de los procesos psicológicos superiores*. Barcelona, Crítica.

Watzlawick, P. (1983): *El lenguaje del cambio. Nueva técnica de comunicación terapeútica*. Barcelona, Herder

—, Beavin, J. B. y Jackson, D. D. (1987): *Teoría de la comunicación humana*. Barcelona, Herder.

Colección
EDUCACIÓN HOY

MARUJO, H. A.; *Pedagogía del optimismo. Guía para lograr ambientes positivos y estimulantes.*

MENCÍA, E.: *Educación Cívica del ciudadano europeo. Conocimiento de Europa y actitudes europeístas en el currículo.*

MORA, J. A.: *Acción tutorial y orientación educativa.*

MUNTANER, J. J.: *La sociedad ante el deficiente mental. Normalización. Integración educativa. Inserción social y laboral.*

MUZÁS, M. D.: BLANCHARD, M. y SANDÍN, M. T.: *Adaptación del currículo al contexto y al aula. Respuesta educativa en las cuevas de Guadix.*

NAVARRO, M.: *Reflexiones de/para un director. Lo cotidiano en la dirección de un centro educativo.*

NOVARA, D.: *Pedagogía del «saber escuchar». Hacia formas educativas más democráticas y abiertas.*

ONTORIA, A. y otros: *Aprender con Mapas mentales. Una estrategia para pensar y estudiar.*
—*Aprendizaje centrado en el alumno. Metodología para una escuela abierta.*
—*Mapas conceptuales. Una técnica para aprender.*
—*Potenciar la capacidad de aprender y pensar. Qué cambiar para aprender y cómo aprender para cambiar.*

OSBORNE, R. y FREYBERG, P.: *El aprendizaje de las ciencias. Implicaciones de las ideas previas de los alumnos.*

PASCUAL, A. V.: *Clarificación de valores y desarrollo humano. Estrategias para la escuela.*

PERPIÑÁN, S.: *Atención Temprana y familia. Cómo intervenir creando «entornos competentes».*

PIANTONI, C.: *Expresión, comunicación y discapacidad. Modelos pedagógicos y didácticos para la integración escolar y social.*

PIKLER, E.: *Moverse en libertad. Desarrollo de la motricidad global.*

POINTER, B.: *Actividades motrices para niños con necesidades educativas especiales.*

POLAINO-LORENTE, A. y ÁVILA, C.: *Cómo vivir con un niño/a hiperactivo/a.*

Comportamiento, tratamiento, ayuda familiar y escolar.

PROT, B.: *Pedagogía de la motivación. Cómo despertar el deseo de aprender.*

RAMOS, F. y VADILLO, J.: *Cuentos que enseñan a vivir. Fantasía y emociones a través de la palabra.*

ROSALES, C.: *Criterios para una evaluación formativa.*

RUEDA, R.: *Bibliotecas Escolares. Guía para el profesorado de Educación Primaria.*
—*Recrear la lectura. Actividades para perder el miedo a la lectura.*

SALVADOR, A.: *Evaluación y tratamiento psicopedagógicos. El Departamento de Orientación según la LOGSE.*

SÁNCHEZ, S. C.: *El movimiento renovador de la Experiencia Somosaguas. Respuesta a un proyecto educativo.*

SANTOS, M. A.: *Una flecha en la diana. La evaluación como aprendizaje.*

SCHWARTZ, S. y POLLISHUKE, M.: *Aprendizaje activo. Una organización de la clase centrada en el alumnado.*

SEGURA, M. y ARCAS, M.: *Educar las emociones y los sentimientos. Introducción práctica al complejo mundo de los sentimientos.*

SOLER FIÉRREZ, E.: *La práctica de la inspección en el sistema escolar.*

STACEY, K. Y GROVES, S.: *Resolver problemas: Estrategias. Unidades para desarrollar el razonamiento matemático.*

TORRES, S. de la, y otros: *El cine, un entorno educativo.*

TORREGO, J. C. (coord.): *Mediación de conflictos en instituciones educativas. Manual para la formación de mediadores.*

TRAIN, A.: *Agresividad en niños y niñas.*

TRIANES, M.ª V.: *Estrés en la infancia. Su prevención y tratamiento.*

VAILLANCOURT, G.: *Música y musicoterapia. Su importancia en el desarrollo infantil.*

VIEIRA, H.: *La comunicación en el aula.*

VILA, A.: *Los hijos «diferentes» también crecen. Cuando los hijos deficientes se hacen mayores.*